本书为国家社科基金（11CZX011）结项成果

黄枬森哲学思想研究

HUANGNANSEN ZHEXUE SIXIANG YANJIU

金承志 ● 著

安徽师范大学出版社

·芜湖·

图书在版编目（CIP）数据

黄枬森哲学思想研究 / 金承志著. — 芜湖: 安徽师范大学
出版社，2018.1
　　ISBN 978-7-5676-3010-9

　　Ⅰ.①黄… Ⅱ.①金… Ⅲ.①黄枬森－哲学思想－研究
Ⅳ.①B262.5

中国版本图书馆CIP数据核字（2017）第160428号

黄枬森哲学思想研究　　　　　　　　金承志◎著

HUANGNANSEN ZHEXUE SIXIANG YANJIU

责任编辑：吴顺安　　陈贻云
装帧设计：丁奕奕
出版发行：安徽师范大学出版社
　　　　　　芜湖市九华南路189号安徽师范大学花津校区
网　　　址：http://www.ahnupress.com/
发 行 部：0553-3883578　5910327　5910310(传真)
印　　刷：虎彩印艺股份有限公司
版　　次：2018年1月第1版
印　　次：2018年1月第1次印刷
规　　格：787 mm×1092 mm　1/16
印　　张：17
字　　数：287千字
书　　号：ISBN 978-7-5676-3010-9
定　　价：58.00元

黄枬森先生与作者合影

序

改革开放近40年来,在中华人民共和国历史上,是哲学事业发展最活跃、最繁荣、涌现成果最多的时期。其表现之一是,现代西方哲学著作被大量翻译出版、阅读研究,以至形成了一波又一波的讨论热潮。可以说,现代西方百十年来所积累的哲学文化成果,在不太长的时间内,几乎悉数被当代中国人所引进和思索。应该说,这一现象的出现,对活跃学术气氛、开阔视野、启发思想,增加人们对现代西方哲学的了解,乃至促进当代中国马克思主义哲学的发展都是有积极意义的。在这一过程中,人们所投入的热情和精力是空前的,以至西方那些二三流,甚至不入流的哲学家也被一些论者所关注。

然而与之形成鲜明对比的是,国内的当代哲学家,包括马克思主义哲学家,即使做出了相当杰出的哲学贡献,他们的理论成果被作为研究对象的也是寥寥无几。甚至可以说,直到目前为止,对中华人民共和国成立后成长起来的国内专业哲学家的系统研究近乎没有。应该说,这是很不正常的。这种情况的存在,对推进马克思主义哲学的中国化、当代化、大众化也是极为不利的。事实上,新中国成立以来,哲学事业特别是马克思主义哲学事业在我国取得了长足发展,也产生了一批较有影响的哲学家。可以说,他们都以自己的辛勤劳作,提供了富有价值的研究成果,从而在这一方面或那一方面,为推进新中国马克思主义哲学事业的发展做出了自己的贡献。

比如,拿该书所研究的主人公黄枬森先生来说,他就是研究领域宽广、理论成就享誉国中,并在国际上有一定影响力的马克思主义哲学家。他在辩证唯物主义基本原理、马克思主义人学、马克思主义哲学史、马克思主义哲学当代体系建构、中国特色社会主义理论的哲学基础以及文化理论等研究领域,都做出了值得称道的贡献。因而黄枬森先生的哲学思想是可以也是应该进行系统研究的。但由于种种原因,国内学术界对于黄枬森先生哲学思想的研究还较为单薄。这种单薄主要体现在两方面:一是虽然已有一些关于他某些哲学观点的研究,但无全面系统的研究;二是尽管有一些关于他哲学见解的叙述和介绍,但尚少深度的反思性的研究。就此而言,该书的出版,可以算得上是对上述不足的一种弥补。

在该书中,作者从七个方面对黄枬森先生的哲学思想进行了梳理、分析和反思、评价。这七个方面大体概括了黄枬森先生以辩证唯物主义为核心的主要哲学贡献,从而构成了一个相对系统的论述。作为系统研究黄枬森先生哲学思想的第一部著作,我认为,该书较为突出的学术价值主要有二。

其一,该书系统梳理了黄枬森先生的哲学历程,全面介绍、总结了他所取得的哲学成就,并从中总结出一些关于哲学发展和哲学家成长的规律性的经验。

哲学家之所以成为哲学家,总是时代的产儿。黄枬森先生也不例外,他是在新中国成长起来的哲学家。在这个意义上可以说,他的哲学人生就是新中国60多年来哲学发展的一个缩影。新中国哲学经历了从早年的发展,到中间的曲折,再到改革开放以来的繁荣。黄枬森先生的哲学人生也大体经历了这样一个"之"字形的发展过程。在这一过程中,如何正确看待哲学与社会、学术与政治、马克思主义哲学的中国化与教条化、马克思主义哲学的实际运用与实用主义、马克思主义哲学的当代发展等都有着许多经验教训。黄枬森先生的哲学思想正是在总结这些经验教训的基础上形成和阐述的。

正是基于这一认识,该书指出,哲学家必须贴近时代、贴近实践、贴近大众,从而把哲学不断推向前进,而黄枬森先生在这方面为我国哲学界树立了榜样。他不赶时髦,不跟风,在马克思主义哲学基本原理的守护上,顽强不屈,坚如磐石。但黄枬森先生在这里的坚持并非保守,而是守正与创新的统一,守正是创新中的守正,创新是守正基础上的创新。该书认为,这是黄枬森先生学术思想的一个重要特点。而马克思主义哲学的守正与创新,就当代中国而言,就是要把十几亿中国人民所进行的中国特色社会主义改革开放和建设实践与马克思主义哲学的基本原理结合起来,使其内容不断完善和丰富,从而具有持续不断的生命活力。该书认为,在马克思主义哲学的守正与创新结合方面,黄枬森先生进行了矢志不渝的追求。

黄枬森先生在哲学的园地里耕耘了近七十年,在多方面尤其是在马克思主义哲学研究领域形成了丰厚的理论成果。粗略统计,黄枬森先生已经出版了著作(含合著和主编)20多部,在公开刊物发表论文300多篇,其中不少著作和论文还获得了各类国家级表彰。更重要的是,他的严谨治学之道与高尚学者品格令所有熟悉他的人由衷钦佩。因此他的哲学思想无疑是当代中国哲学界一笔宝贵的精神财富。通过研究,传承和弘扬这笔精神财富也是十分必要的。因而该书在这一方面,也有所展现。

其二,该书阐发和弘扬了黄枬森先生一系列重要的学术见解,对澄清当前哲学界的一些理论是非,加深对马克思主义哲学精神实质的理解和对当代马克思主义哲学发展走向的把握,有重要意义。

20世纪80年代以前,我国哲学界在对马克思主义哲学的认识和理解上还比较一致,即都大体认可和赞同以往教科书《辩证唯物主义原理》或《辩证唯物主义和历史唯物主义》所阐述的观点。但到近二三十年以来,学者们对马克思主义哲学的认识和理解在观点上产生了分歧。分歧的焦点主要集中在以下几个问题上:一是马克思主义哲学的研究对象是人与世界的总体关系还是人化世界? 二是马克思主义哲学的首要的基本的观点到底是辩证唯物观点还是实践观点? 三是马克思主义哲学最恰当的称呼是辩证唯物主义还是实践唯物主义? 四是马克思主义哲学是否需要体系,怎样构建马克思主义哲学新体系? 等。与上述问题上的分歧和争论相联系,从现代西方马克思主义那里肇起的关于青年马克思与老年马克思、马克思与恩格斯、马克思与列宁等关系问题上的观点也开始在我国传播并发生影响。

比如有一些论者对西方马克思主义过分推崇,缺乏应有的科学分析和评价,甚至或明或暗地用西方马克思主义的理论观点来看待马克思主义哲学,来重塑马克思主义哲学,黄枬森先生认为这是很为不妥的。在他看来,西方马克思主义可以借鉴,但不能照搬;西方马克思主义可以为促进马克思主义哲学的发展所用,但不能喧宾夺主。如果不这样做的话,带来的危害将是巨大的。由此,黄枬森先生提出了自己的学术见解。比如,他认为把马克思主义哲学称之为辩证唯物主义符合马克思主义哲学根本精神。从世界观的角度说,马克思主义哲学的对象只能是人与世界的总体关系,而不仅是人化自然。马克思主义哲学作为辩证唯物主义世界观,同时其一个重要的特点就是实践性,因此从这个角度来看,把马克思主义哲学称之为实践唯物主义也是可以的。但我们决不能把实践唯物主义说成是和辩证唯物主义相对立的另一种哲学体系。对马克思主义哲学的坚持来说,就是要坚持辩证唯物主义的基本观点,就是要坚持辩证唯物主义的实践本性。即要把坚持辩证唯物主义观点与时代发展实践相结合、相统一。就当代中国而言,这就是要以实践为基础,也就是以中国人民所进行的改革开放和现代化建设伟大实践为基础,根据时代的变化,对传统的辩证唯物主义体系进行合理的补充和完善。马克思主义哲学在创立时,就是一个体系性的学说,否认马克思主义哲学的体系性是不对的。诚然,这个体系还不完善,还有缺陷,在逻辑上不严密。由此,黄枬森先生认为,当前中国哲学改革和发展的一个核心问题就是根据实践的变化来改造以往的哲学体系,从而为建设中国特色社会主义伟大事业提供哲学理论支撑。一方面,这一改造过程是一个完善过程,而不是推倒重建,也就是说必须维护马克思主义哲学的根本性质,必须坚持马克思主义的立场、观点和方法。另一方面,又必须立足实践,特别是中国人民所进行的改革开放和现代化建设伟大实践,与时俱进,来进行马克思主义哲学体系的改革创新,从而真正更好地为建设中国特色社会主义伟大事业服务。对黄枬森先生的这些重要的学术观点,该书不惜笔墨进行了较为全面、系统的说明,指明了坚持这些观点的重要现实意义。

当然,把黄枬森先生的哲学思想作为研究对象,要想研究得好,也的确是一件非常不容易的事。这是因为,第一,黄枬森先生不仅是当代中国著名的马克思主义哲学家,而且也是在马克思主义哲学研究多个方面均有建树的哲学家。他的哲学思想不仅内容丰富,而且时间跨度有近70年之长,因而对其研究,较有难度。第二,黄枬森先生是在新中国成长起来的哲学家,而且在近30多年来,他也是中国哲学界争论的一个焦点人物。因而对黄枬森先生哲学思想的研究,必须要把其置于新中国60多年来哲学发展,特别是改革开放30多年来哲学发展的大背景下来进行,这无疑增加了研究的难度。第三,既然是研究他的哲学思想,那么就不能是简单地引述和单纯情感性地肯定,而必须进行深入的反思、科学的分析和准确的评价。而要做到上述这些方面,也就对研究者本人提出了很高的要求。可以说,这些要求对于一个没有巨大艰辛付出的研究者来说,都是难以企及的。

虽然研究黄枬森先生的哲学思想并不是一个轻松的过程,但该书作者还是能够迎难而上,并为这个选题研究积极准备。该书作者是我的博士生,在当初确立博士论文选题的时候,他就在我的指导下,毅然选择了这个较为艰难的研究方向。之后,他多方收集相关资料,并在黄枬森先生生前,三次到访其北京大学家中,向黄枬森先生虚心请教和征询一些问题,得到了不少的一手资料,这些都为后续研究奠定了坚实的基础。特别值得一提的是,作者还同时以此相关选题成功申报了国家社科基金青年项目,获得资助,不能不说这是艰辛付出的结果。现在,这一成果通过国家社科基金项目结项鉴定,即将出版,值得令人欣慰。

当然,该书作者作为一名年轻学者,对该书研究内容的总体把握和细节处理,甚至包括文字表述等都还存在一定的不足之处,比如,对研究内容涉及的相关学术前沿问题较少给予交代,使读者难以把握其创新所在;再比如,既然是研究思想家的思想,就必须进行科学分析,正反结合,但该书对黄枬森先生哲学思想的某些局限性较少客观涉及,特别是对马克思主义哲学的唯物性、辩证性与实践性的关系问题着笔较少。尽管如此,在我看来,这本书仍不失为一本具有一定学术含量、令人有所启发的著作。

仅作以上感想,是为序。

陶富源

2017 年 3 月 20 日于芜湖

目　　录

第一章　上下求索：七十年哲学耕耘

黄枏森(黄楠森)先生是一位我们敬仰的、当代著名的马克思主义哲学家和哲学教育家。从其学术经历来看,他的哲学人生主要是伴随着中华人民共和国的诞生和发展这一时代经历而成长起来的,因而他的学术成长过程有着鲜明的时代特色。从时间上来讲,自他求学西南联大并以哲学作为专业学习开始,至其生命终点,形成长达70年的哲学研修时光。在这70年中,黄枏森先生上下求索、辛勤耕耘,不仅在哲学的园地中硕果累累、收获颇丰,而且他本人也从一个哲学爱好者逐渐成长为当代中国著名且具有一定国际影响力的马克思主义哲学家。当然黄枏森先生的哲学人生也并非一帆风顺,某种意义上说,他的哲学人生与中华人民共和国的历史进程一样,走过了一条艰难而又曲折的"之"字形成长之路。

一、马克思主义哲学事业的选择

黄枏森先生出生于公元1921年11月29日。从时间上来说,他是在苦难的旧中国度过了他的青少年时光。这使得他的早年求学时光恰恰处于中华人民共和国建立前的新民主主义革命时期。这一时期的时代特征主要就是民主思想蓬勃发展,革命特征鲜明。因此在家庭教育、学校教育、社会思潮等诸多因素影响下,黄枏森先生开始在中国传统文化、现代自然科学以及马克思主义哲学等方面都积累了一定的知识基础。在这一过程中,更具有代表性意义的是,作为青年学子的他在经过对国学、西学等不同理论的学习研究和比较推求后,最终选择和走上了一条学习、宣传和研究马克思主义哲学的学术道路。

(一)"蜀光"求学,"公能"训练

黄枬森先生出生在四川省富顺县的一个书香家庭,兄弟姐妹六人,他排行老三,家庭教育环境良好。富顺位于四川的西南方,行政规划上属于今天的自贡地区,长江的支流沱江就流经这片土地。由于这里水源丰沛,气候湿润,所以物产较为丰富,黄枬森先生就是在这一富饶之地度过了他的童年时光。

黄枬森先生的早年成长过程有着一定的家学因素影响。他的父亲名叫黄文杰,母亲殷氏。从懵懂记事起,黄枬森先生就受到了家学特别是他父亲对他的影响和熏陶。据黄枬森先生本人回忆,他的父亲是一位前清秀才,而且饱读诗书、满腹经纶,精通诗文书画,甚至被当地族人尊称为"文豪"。同时他的父亲还是一名儒医,因此父亲以教书行医,另兼做县政府小吏供养全家。在旧中国,普通人家的积蓄就是买房置地,黄枬森先生的父亲同样用教书行医及担任公职的收入购置了一些土地房屋,因此在19世纪的整个20年代,他的家道还是比较兴旺的,生活较为宽裕。

自幼开始,父亲就很重视对黄枬森先生进行一些关于中国传统文化的教育,同时这一过程也包含着一定的语言和文字能力训练和培养。尽管幼年时期的黄枬森先生体质不好,但却天资聪颖,尤其是擅长背诵诗词,深得父亲喜爱。到了大约6岁的时候,黄枬森先生便进入私塾学校进行学习。然而,宁静富足的日子很快就过去了。没过多久,担任县财政局收支所长的父亲因为官场矛盾被关进了大牢,虽经卖房卖地上下打点,最终父亲并无大碍,但一家人的生活从此一落千丈了。

在接下来动荡不定的日子里,黄枬森先生大部分时间都是在私塾中度过的。据黄枬森先生回忆,他的这一私塾学习过程很长,直到12岁,也就是1933年秋,他才第一次迈进了现代意义上的小学。当时因为年龄原因,他直接跳读高小,直到两年后小学毕业。因此除了两年的小学学习经历以外,黄枬森先生其余大部分童年时光都是在私塾度过的。在私塾里,黄枬森先生学习的主要内容是一些中国古代的典籍,比如《百家姓》《论语》《三字经》《孟子》等,黄枬森先生都能倒背如流。年龄稍大点后的黄枬森先生还表现出对中国历史的浓厚兴趣。据他本人回忆,在他12岁的时候,他已经将《资治通鉴》通读了一遍。某种意义上可以说，童年这一时期的国学和文字功底为他以后的治学研修打下了一定的文字基础。

1935年夏，富顺县全县各小学实行统考，黄枬森先生的考试成绩名列其所在学校的毕业班第一名，由于成绩优异他还获得了县里颁发的"后起之秀"光荣匾。本来像他这样的高才生可不经考试直接升入中学，但由于在这时期，他突然患上了严重的疟疾，一病就是大半年，直接影响到了他的升学。直到黄枬森先生16岁的那一年，他才重新考上中学，开始就读现代意义上的初中。1939年初，刚上初中一年半的他就直接跳班考上了高中。这时，由于抗日战场的节节败退，沿海大部分地区都沦陷了，但作为后方的自贡由于盐矿和天然气资源却兴旺了起来。由于意识到培养人才的重要性，国民政府当局决定兴建一所现代化的学校，这就是后来名满西南的蜀光中学。这样一所新型的现代化学校，对于当时的有志青年来说具有强大的吸引力。于是1939年夏天，18岁的黄枬森先生放弃已经学习了一个学期的高中，转而考入了蜀光中学的高中部。也就是在这里，他开始接触并接受了一些来自西方的现代科学文化知识。

不过，中学时期的黄枬森先生主要只是显示出了他较强的国学文字能力。尤其到了高中时期，他表现出更加爱好写作，诸如经常会写一些文章和诗等。据黄枬森先生回忆，这一时期他特别爱好写作，在写作上他特别崇拜鲁迅，因而也深受鲁迅的反封建思想影响。恰逢那时的蜀光中学氛围比较民主、开明。那时学校分别由当时著名的爱国教育家张伯苓、喻传鑑任董事长和校长，强调知识救国。学校尽量不问政治，也不禁止学生广泛阅读，在办学模式上也比较有自己的特色。比如那时的蜀光中学就把喻传鑑校长书写的"尽心为公，努力增能"八个大字作为学校的校训。并以这一校训为基础制定了本校学生在各方面获得全面发展的一系列具体训练措施，这一系列训练措施，后被黄枬森先生称为"公能训练"。在这样的大好条件下，黄枬森先生度过了他人生中一段很宝贵的学习时光。

值得一提的是，蜀光中学这样的民主氛围和良好的学习环境使得黄枬森先生开始有机会读到和学习当时的一些马克思主义哲学著作，并使他萌发了对哲学的初步兴趣。20世纪30年代的蜀光中学，已经有了中国共产党的地下活动。对这一段历史，黄枬森先生晚年是这样回忆的："在蜀光中学上高中的时候，我读了一些马克思主义哲学的著作，如艾思奇的《大众哲学》、潘梓年的《逻辑学与逻辑术》，还有一些苏联哲学家的著作，所以我在高中对马克思主义哲学就有了一定的兴趣。"①到了1942年,黄枬森先生从蜀光中学高中部顺利毕业。毕业前不久,他们那一年即将高中毕业的同学还通过集资方式在学校的体育场旁边修建了一个平台,并以此作为毕业纪念,取名曰"公能台"。虽然这座"公能台"今天早已不复存在,然而正如黄枬森先生所言:"物质的'公能台'虽已不复存在,但精神的'公能台'将永远在蜀光学子心中闪闪发光。"②

严格说来,在上述的人生这段时期黄枬森先生还未能真正接触到系统的马克思主义哲学理论,当然更谈不上对哲学有什么思考和研究了。但不可否认的是,他所处的那个时代背景及学习经历对他以后从事哲学事业,特别是马克思主义哲学事业无疑是有潜在影响的。这种影响体现在两个方面:一方面,来自家庭和私塾的国学教育以及中学时期的写作历练,无疑都培育了他一定的哲学理论文字功底。比如黄枬森先生接受的一些关于中国古代典籍的国学教育就蕴涵着很多中国传统哲学的理论智慧。另一方面,当时独特的时代背景,即马克思主义传入中国以及马克思主义哲学著作开始迅速传播,也使得黄枬森先生有机会接触到了诸如马克思主义哲学这样先进的哲学理论,并进而对哲学产生了初步的兴趣。从这个意义上可以说,这一时期的学习经历为黄枬森先生以后走上马克思主义哲学之路,从事马克思主义哲学事业提供了一定的最原始的基础。当然这也在某种程度上意味着自五四运动以来,由于马克思主义的传入,在中国众多如同黄枬森先生一样的青年学子,最终能成长为坚定的马克思主义者也就绝非偶然了。

(二)转系联大,初习西哲

进入蜀光中学后,这里良好的现代化教学设备和优秀的师资为黄枬森先生提供了一个良好的、广阔的学习环境。由于努力勤奋,蜀光中学时期黄枬森先生的各门功课成绩都比较优秀,堪称是一位品学兼优的高中生。这一时期尽管黄枬森先生总体来说比较爱好文学与哲学等文科课程,但同时他也非常认真地学习了各门理科课程。比如当时他的物理成绩就是各科中最好的,他也因此深受物理老师的喜爱。不仅如此,当进行高中文理

---

① 黄楠森:《黄楠森自选集》,重庆:重庆出版社1999年版,第1页。

② 摘自笔者2009年12月6日对黄枬森先生的访谈笔录。

科分组自选时,他还在老师的建议下选择了理科组,甚至在后来填报高考志愿时他还在物理老师的建议下报考了西南联大物理系。然而某种意义上可以说,黄枬森先生也是抱着为国效力的目的,甚至是为将来能更好地学习哲学打下自然科学基础,才选择了这样的报考志愿。黄枬森先生后来对这一经历回忆说:"从艾思奇、潘梓年等先生的著述里,我悟出这样一个道理:哲学与自然科学虽然分属文、理两个天地,二者的关系却非常密切,不懂自然科学就不可能真正懂得哲学。然而,哲学可以自修,自然科学特别是有基础地位的物理学,靠自己啃书本就根本不行了。"①

经过努力,1942年的秋天,黄枬森先生以优异的成绩被当时的西南联大物理系录取。西南联大物理系是当时录取分数较高的大学中的院系,能够考取这样的专业,蜀光中学的老师都很为黄枬森先生感到高兴。此时所谓的"西南联大",实际上是因为日本侵华的影响,由疏散到昆明的清华大学、北京大学、南开大学三所学校联合起来,临时举办的一所综合性大学。尽管如此,但当时很多学贯中西的有影响力的学术大师也因避难来到这里,从而使得这里一流学者荟萃,大师云集,学习氛围浓厚。

进入西南联大物理系学习以后,黄枬森先生同样非常认真和刻苦。但经过一段时间的学习以后,由于一些环境因素特别是他的兴趣爱好原因,他萌生了换专业的念头。后来黄枬森先生在回忆这一段往事时,归结为两方面的原因。一是在蜀光中学时期他就深受文科知识特别是哲学理论的影响,同时也是考虑为以后进一步研究哲学打下自然科学基础才选择报考物理专业的。二是那时的联大学校在理科专业的教学上还比较薄弱,特别是建校短造成的实验设备不足影响很大。比如黄枬森先生所在的物理专业从一开始就只布置一些简单重复的基本的物理实验内容,如关于重力加速度的实验等。可以说这些试验在内容上并没有多少新的创意和变化,这种单调重复的实验让那时思想比较奔放、活跃的青年学子黄枬森感觉到比较枯燥和压抑。笔者在一次采访黄枬森先生时,他就回忆说:"我这人天生不喜欢教条枯燥的实验,比如像是物理实验,由于那时的仪器设备简陋,做出来的数据往往误差很大,因此我并未能产生兴趣。"②

因此到了入学西南联大的第二年也就是1943年,由黄枬森先生自己主动申请,学校审议后,他被西南联大批准转到了哲学系。黄枬森先生回

---

① 金针:《黄楠森的哲学思想及其由来》,载《高校理论战线》2001年第7期,第47页。
② 摘自笔者2009年12月6日对黄枬森先生的访谈笔录。

忆这一段经历时说："那时的学校允许转系,经济、工程等专业在当时很吃香,很多同学都转学到经济、工程专业,并为将来出国做打算,因为那时出国也还比较容易,但我却因为自己的兴趣转到了哲学系。"①同时对于转专业这件事,包括父亲在内的家人当时也都是给了他默默的支持。

在刚转到哲学系学习时,黄枬森先生学习的专业课程主要是西方哲学。可以说这一时期他是如鱼得水,不仅享受着在哲学海洋里畅游的快乐,而且也不断领受着西方哲学大师的教诲。对此黄枬森先生曾提到,"在西南联大时西方哲学对我影响很深,那时我比较崇拜黑格尔,因为他是集大成者,我个人认为黑格尔比康德更伟大。"②某种意义上可以说,这段西方哲学的学习过程和经历进一步增强和激发了黄枬森先生的哲学兴趣,促进其思考中国的一些社会现实问题,这为他后来从事马克思主义哲学研究奠定了某种基础。

当然转到哲学系后,黄枬森先生并未完全放弃对自然科学的学习,他仍然继续选读了一些自然科学的课程,比如高等微积分等。当时的西南联大也比较重视通才教育。所谓通才教育就是在办学形式上理科生开有文科课程,文科生同样也开有理科课程,以达到博学的目的。应该说,这种人才培养模式对于拓宽人的思维和视野是大有裨益的。不过学校资源紧张,非常缺乏读书场所。但在战乱年代读大学的人尤其珍惜读书时光,学校没有读书场所时,黄枬森先生总是跑到街上茶馆里,买一座位,闹中取静,一心读书。

总体来说,从1937年上中学开始,到转入哲学专业学习之前的这段大约6年时间里,处于青年学生时代的黄枬森先生是以学习一些西方近代的自然科学文化知识为主的。在这一过程中,他同时也必然会受到一些西方近代科学文化思维方式的影响。这种学习经历和影响与之前的国学教育阶段相比发生了鲜明的变化。这种变化无疑大大地开阔了黄枬森先生的眼界,从而也和他之前所接受的国学教育基础一起深深地影响了他之后的治学之道和学术思想。

---

① 摘自笔者2009年12月6日对黄枬森先生的访谈笔录。

② 摘自笔者2009年12月6日对黄枬森先生的访谈笔录。

（三）复学北大，走向马哲

日本军国主义发动的侵华战争给黄枬森先生带来的不仅是读书的艰辛，还有半年的投笔从戎经历。就在黄枬森先生在西南联大专心攻读他的哲学专业时，中国的抗日战争进入了全面反攻前的困难时期。这时的抗日烽火已经燃遍了大半个中国，就连偏于一隅的西南联大校园也已经变得不再安静了。特别是到了1944年的冬天，日本侵略者的蹂躏已经波及贵州的独山地区，这使得整个大西南为之震动。就在这中华民族危难的时刻，有着强烈爱国主义情怀的黄枬森先生作出了投笔从戎的决定。为此他放弃了自己喜爱的哲学专业学习进而参加了当时的青年军。这一事件从黄枬森先生当时给他的同学李公天写的一封信上可以反映出来。信中黄枬森先生描述了他自己带着满腔爱国主义热情报名参加青年军的情形，同时诉说了日本侵略者的无耻行径已经让他再也不能安心学习，他唯有响应政府的号召参加当时的青年军。如今在云南昆明以及北京大学的勺园，还竖立着两块一模一样的写着"国立西南联合大学纪念碑"的石碑，石碑上面雕刻着那时834名参军的热血青年的名字，其中排在第483位的名字就是黄枬森。

加入了青年军之后，经过短暂集训，黄枬森先生就被安排到了当时中国援助印度的远征军中当了一名汽车兵，与另外约200名学生一起被编进了国民党军事委员会直属汽车兵第一团。在派遣他们过去时，主要由国民党政府安排，经著名的驼峰航线以空运的方式将他们运到了今天印度加尔各答附近的赖加。在赖加黄枬森先生作为青年军的成员接受了一些现代化的军事训练，甚至包括两个月的汽车驾驶训练等。当然这些都是在美国的援助之下进行的，为的是时刻准备着加入战争前线。黄枬森先生在赖加呆了约有半年时间。然而到了1945年春，国内的战场局势已经发生了很大的变化，一方面是抗日战争已经进入到反攻阶段，另一方面国内内战的苗头也逐渐开始显现。而实际上我们现在知道的是国民党政府当时发动的10万知识青年参军计划，用心是非常险恶的。主要是利用抗日的名义，进而在美国的帮助下，迅速组建一支拥有现代化装备和高素质技术人员的作战部队，以达到为发动内战做好军事准备的目的。一些青年学子随后也认识到了国民党的这一险恶用心，特别是有一天，一份联大学生反对内战的宣言竟然通过信检关卡,寄到赖加,联大学生兵争相传看,却被国民党以"触犯军纪"镇压。到抗战胜利后,联大学生兵利用各个大学复学的时机,纷纷要求离开青年军退伍回到向往的学校,黄枬森先生也随之退伍回到学校。

1946年的初夏,西南联大解散,原先组建西南联大的三大高校分立并开始逐渐迁回当时的北平校址。黄枬森先生选择继续就读于北京大学。就读学校的分配事宜刚办理完毕,黄枬森先生就接到了家里亲人生病的消息。这时离北京大学复学开学还有一段时间,归心似箭的他于是立即赶回了四川的老家,因此并没有随北京大学的大搬迁一起回到北平。意想不到的是,思想活跃的黄枬森先生回家后,却做了一件在当地比较有影响的事情。这就是他与一些回到家乡的同学一起办了一份名字叫作《民主生活三日刊》的小报。办报过程中,黄枬森先生还一度被推举为主编。在他的张罗下,这份小试牛刀的小报竟然以其先进的民主思想在当地颇受欢迎,甚至是每期都销售一空,让沉寂的小县城掀起了一股时尚的新颖的民主之风。当然,由于报纸宣扬民主和自由,矛头所指均是地方权贵和豪绅地主,揭露他们欺压百姓,最终引来国民党县政府的封锁和压制。结果这份小报在办了13期之后被强行关停了。之后,由于身体健康原因,黄枬森先生在富顺又滞留了半年时间,后期主要是在富顺中学和富顺女中教英语。但由于前期办报等原因,黄枬森先生后来被国民党的县政府列为"共党嫌疑",从而对其加以审查甚至被通缉。之后黄枬森先生不得不离开教书的学校,离开了自己的家乡。

到了1947年的年初,黄枬森先生来到了北京,并到北京大学哲学系报到。经历了诸多的磨难后,他重新开始了他喜欢的哲学专业学习。至为重要的是,也正是在此时,黄枬森先生开始真正意义上接触到了先进的马克思主义哲学。原来在北京大学迁回北平复校后,作为思想活跃的阵地,它便逐渐成为当时中国共产党地下组织进行舆论宣传的民主前线堡垒。比如以马克思主义作为指导思想的"反内战""反饥饿"民主运动就开展得如火如荼。而当时北京大学的一些民主运动主要是在中国共产党地下党的领导下根据实际情况采取一些灵活的方式进行。比如当时就有通过办读书会的形式来秘密宣传马克思主义,并进一步达到培养团结进步同学的目标。恰在此时,具有进步思想的青年学子黄枬森先生来到这一方热土。不久他便投入到这场轰轰烈烈的学生运动中去了,并悄悄地参加了北京大学的一个具有此类性质的读书会，叫作"腊月读书会"。这个读书会取名源于俄国的十二月党人。主要以哲学系的彭华为首，其他主要参加者有王亚生、李公天、诸有琼、汤一介以及许迈杨等20多人，甚至到后来发展到30多人。在读书会里，黄枬森先生不仅接受到了先进思想的熏陶，也更加强化了对哲学特别是对马克思主义哲学的兴趣。

此段历史可以反映出，这一时期的黄枬森先生不仅接受到了党的教育和培养，某种意义上也真正接触到了科学系统的马克思主义哲学理论知识。只不过这里必须特别指出的是，那时中国广为传播的马克思主义哲学思想和理论受列宁的影响相对比较大，而受斯大林的影响是比较少的。这是因为中华人民共和国成立前斯大林的著作在国内还是比较少见的，只是在中华人民共和国成立后国内才开始逐渐有了一些与斯大林著作相关的教材。

1948年，黄枬森先生大学顺利毕业，并继续攻读北京大学哲学系的研究生。当时他师从哲学家郑昕先生，研究方向为康德哲学以及德国古典哲学。在这一时期求学过程中，黄枬森先生的思想进步很快。也就是在同一年，即1948年，黄枬森先生经介绍秘密地加入了中国共产党。随后经党组织安排参加了一些地下组织工作，比如当时他的部分任务是秘密收听来自陕北的广播电台，之后根据收听的广播内容再整理刻印出来，然后进行暗中传阅。不仅如此，北京和平解放前夕，黄枬森先生还有另一大贡献，这就是为党组织劝说和挽留了北京大学一些同志留下来而不要南下，这为党留住一些人才起了相当大的作用。当然，就这一时期的经历而言，可以说加入中国共产党是黄枬森先生学术人生的一个重要的里程碑。由此他不仅确立了自己为共产主义事业奋斗终生的信念，而且也为之后他从事马克思主义哲学研究奠定了思想基础。

之后，从1949年到1950年，黄枬森先生还担任了当时北大研究生会的会长，协助有关部门做了一些组织工作。这一时期值得一提的是他还攻下了英德俄日四门外语。由于表现突出，从1950年开始，作为共产党员以及哲学系研究生，黄枬森先生受组织统一安排，被调去从事学校一线的政治理论课的教学工作。这也意味着他真正开始了以马克思主义哲学理论来作为自己的专业方向。

通过以上梳理可以看出，从1943年到1950年的这一时间段，可以视为黄枬森先生哲学人生的首个阶段。在这一时期他开始真正接触并迈入了哲学的殿堂。特别是在历经国学、自然科学、西方哲学等种种不同领域的比较学习之后，黄枬森先生走上了他的马克思主义哲学之路。进而马克思主义哲学的研究与教学最终成为黄枬森先生的终身事业。至此，我们可以看见的是，也正是由于黄枬森先生走过了这样一条不同寻常的比较推求、艰辛选择的人生之路，因而也造就了他之后对马克思主义哲学的信念是那样的坚定与执着。

二、马克思主义哲学的最初研究成果

中华人民共和国成立初期，摆在中国人面前的一个重要而又艰巨的任务，就是怎样稳妥地实现由原先的新民主主义社会过渡到社会主义社会。在当时的形势下，为了适应这样的社会发展需要，中国共产党领导的各级政府积极组织马克思主义理论工作者进行相关研究，这其中当然包括关于马克思主义哲学理论的学习和宣传。走上马克思主义哲学之路不久的黄枬森先生恰遇这样的时代背景，因而他也就积极响应政府号召，努力投入到对马克思主义哲学的学习、研究和宣传中去了。这同时也带来了他哲学人生的第一个大发展时期。特别是在马克思主义哲学的研究上，某种程度上可以说，黄枬森先生初次收获了他自己的系列的研究成果。

(一)参与办刊和哲学教材编写

中华人民共和国刚成立时，由于近代历史上的积贫积弱，特别是受长期战争的破坏，国内经济近乎崩溃，百废待兴。而在思想领域也呈现出一种杂乱无章的局面。"理论在一个国家实现的程度，总是取决于理论满足这个国家的需要的程度"①。面对这种思想领域的无序局面，作为中国革命科学指导思想的马克思主义理论在当时更是显得迫切需要壮大，需要加以宣传和组织群众学习。在这样的社会环境下，马克思主义理论在中国的学习和传播逐渐进入了新中国的第一个高峰。比如当时的马克思主义哲学理论研究就普遍得到了重视和提高，同时在中国也开始出现了一批包括黄枬

①《马克思恩格斯选集》第1卷，北京：人民出版社2012年版，第11页。

森先生在内的新中国自己的马克思主义哲学理论工作者。就此而言，在黄枬森先生的学术人生中，他的学术研究也就伴随着新中国的发展前进脚步开始前行了。特别是在新中国成立初的大约八九年时间里，随着新中国各项建设事业的蓬勃发展和理论的大繁荣，黄枬森先生哲学人生的第一个黄金大发展时期也就随之来临了。

在当时，由于种种原因，大多数群众甚至一些干部的马克思主义知识和理论水平都还是比较低的，对于马克思主义哲学更是知之甚少。在不少人看来，马克思主义哲学只有专家才能学。针对这一理论发展现状，很多地方的干部学校都开始把马克思主义哲学列为培训中必须学习的内容，为此许多哲学工作者也都自发地积极地参加这种基础理论的宣讲活动。比如大家都知道的是，艾思奇同志于1949年下半年就开始在许多单位开展关于"历史唯物论、社会发展史"的主题宣讲活动，后来还为此出版了《历史唯物论——社会发展史》一书。在当时，马特的《哲学研习提纲》与沈志远的《社会形态发展史》等相关著作也为这种大范围宣讲学习活动提供了有益的参考。

为了适应这种理论宣传的大形势，这一时期的黄枬森先生也在一些领域做出了自己的贡献。首先在教学上，他就精心设计开出了马列主义基础理论课，从而在广大学生中积极进行马克思主义哲学理论宣传。同时作为当时援华苏联专家的学术助手，他还积极帮助苏联专家来培养早期的我国自己的马克思主义专业研究生。他还曾一度担任艾思奇同志的助手，从事马克思主义哲学的相关教学和科研工作。这些经历为黄枬森先生以后对马克思主义哲学进行进一步的研究打下了良好的基础。其次在工作上，他担任了当时北京大学哲学系的辩证唯物主义和历史唯物主义教研室副主任。再次在研究成果上，他先后发表了十几篇研究论文，这其中包括《生产关系一定要适合生产力性质的规律在我国农业合作化运动中的作用》与《发展过程是否具有重复性？——关于否定之否定规律的一个根本问题》等。除了发表一些研究论文外，他还协助老一辈的当时著名的哲学家金岳霖、郑昕先生，创办了《光明日报》哲学副刊，并受命在那里担任编辑。这时的中国可以说还没有一家哲学专业刊物，因此包括黄枬森先生在内的专家学者们的努力开创了新中国哲学专业刊物创办的历史。就当时情况来看，《光明日报》哲学副刊，大约每周出版一期，每期都是一个整版，分量规模相当于一个月刊左右，非常的大，同时也产生了很大的理论影响。而对于黄枬森先生来说,这样的工作经历就是一个非常有益的思想交流平台。首先,参与编辑工作可以使他处在哲学战线的前沿,从而领略到各种哲学理论观点的异同。其次,这样的机会也使得他有机会全身心研习哲学,这样的累积为他以后继续学习和研究哲学奠定了很好的基础。由于理论水平的提升和学术的进步,到了1956年,黄枬森先生被特别借调到当时的中共中央政治研究室参与编写一些哲学教科书。

总结来说,这一时期黄枬森先生在其马克思主义哲学的学术生涯上是取得了比较大的进步的。这表现在:一方面,他以论文形式写出并发表了自己的一些初步研究成果;另一方面,他协助学术前辈创办权威的哲学专刊,实际参与编写哲学教科书等。这些学术活动都表明了黄枬森先生善于理论结合实际,注重实践,并顺应时代发展,积极投入当时的理论宣传和研究,从而在马克思主义哲学学习和研究上取得了非常大的发展。

(二)首部哲学专著面世

除了取得以上一些成就外,在黄枬森先生学术求索的接下来时期里,他的学术成果愈来愈多。这其中最具代表性的就是他著述的《群众路线——辩证唯物主义的认识论》一书。该书由河北人民出版社于1958年出版,值得一提的,这是黄枬森先生的首部学术专著。在这本处女秀里,黄枬森先生大胆论证、思路清晰、观点明确,就当时的理论界学术水平来说,体现了比较高的水准。

首先,全文的论述思路十分清晰。比如就纲要结构而言,《群众路线——辩证唯物主义的认识论》一书共分八个部分,每个部分都能紧紧相扣。书中最先是说明了群众路线不仅是党的政治路线,同时也更是党的工作方法。因而书中主要阐明群众路线作为一种工作方法,不仅在认识方法和工作方法方面有巨大意义,而且在和形而上学以及唯心主义斗争方面也有着重大意义。从第二部分开始,该书又从实践是人民群众改造世界的活动谈起,进一步说明人们的一切活动都是实践活动,但"我们决不能因此走向另一极端,把一切实践等量齐观。只有人民群众的劳动生产和阶级斗争,才是最基本的实践活动"①。

---

① 黄枬森:《群众路线——辩证唯物主义的认识论》,石家庄:河北人民出版社1958年版,第10页。

其次,全书的逻辑层次关系也较为分明。如书中前面三部分综合起来主要从群众路线的角度和视野阐明了辩证唯物主义认识论的一些基本观点。而书的第四部分,则是借走马观花以及下马观花这两个比喻来形象地说明感性认识和理性认识二者是统一的,它们统一的基础就是广大人民群众的实践。紧接着,书中从第五部分到第七部分又返回来从总体上总结和阐明了认识的两个具体过程。

最后,这本书提出的某些观点就是在今天也能经得住理论和实践检验,并继续发挥着一定的影响作用。比如,书中提到的关于认识论的观点,黄枬森先生就坚持了认识论的最根本理论基础,即辩证唯物主义的宇宙观。可以说这一理论思路是从论证认识论是对于世界的物质性和辩证性的宏观认识入手,表明了人类对自身认识过程的总结,这实际上也是从群众路线的实践中获得的。因此,"我们的认识论是唯物主义的,也是辩证法的,我们坚持认识是客观世界的反映,这是第一个前提,但我们并不认为这个反映是简单的,而认为是复杂的、曲折的、由浅到深发展着的、辩证的"①。除此之外,书中还多方面论证了人民群众的实践活动是认识的基础以及如何实现依靠群众、尊重实践等观点。

当然由于历史原因和资料局限,黄枬森先生的这本书还未能从理论上真正彻底说明群众路线与辩证唯物主义认识论二者之间的互动关系,甚至个别观点现在看起来显得是不够妥帖的,比如他认为当时的阶级斗争是最基本的实践活动之一的观点等。

综上所述,从中华人民共和国成立初到1958年间,这是黄枬森先生学术求索的一个重要时期。在这一时期,他由一个刚刚步入马克思主义哲学殿堂的热血青年,成长为一个真正的马克思主义哲学理论工作者,同时也初步获得了他自己在马克思主义哲学研究领域的丰硕成果。这一时期也正是中国由新民主主义社会向社会主义社会转变的重要时期。"在这个时期里,以毛泽东为主要代表的中国共产党人继续创造性地把马克思主义的普遍真理同中国革命新的实践相结合,又取得了一系列新的经验,而对于这些新经验的哲学概括和总结,标志了毛泽东哲学思想在新的历史条件下

---

① 黄枬森:《群众路线——辩证唯物主义的认识论》,石家庄:河北人民出版社1958年版,第41-42页。

的进一步发展"①。显然,黄枬森先生就是这里"中国共产党人"中的重要一员,因为他就是自觉地以把马克思主义的普遍原理同中国时代实践创造性相结合为己任,并努力对其加以哲学上的概括和总结,以自身的实际行动为中华人民共和国成立初这一时期的马克思主义及其哲学发展做出了自己的贡献。

当然,经过以上梳理,我们也可以看出,黄枬森先生这一时期的哲学思想的成长与发展过程,是与那一时代的新民主主义社会向社会主义社会转变的时代实践是分不开的。正是这一马克思主义哲学中国化的具体鲜活的时代实践历程造就了他的早期哲学学术经历和学术思想。而反过来说,在这一历史时期,新中国也正是由于有无数个像黄枬森先生一样的马克思主义理论工作者,他们自觉地把自己的学术研究与时代的实践结合起来,即把马克思主义的普遍原理同中国的一些具体实践相结合,在某种意义上进一步地推进了马克思主义包括其哲学理论的中国化历程。

三、坎坷中的《哲学笔记》研究

从1959年到改革开放以前的近20年间,我国在经济、政治以及文化等方面都历经了不少坎坷。在这样的大形势下,黄枬森先生的学术人生也遭遇了一些挫折。但他并没有消沉,面对困难,他默默地选择开始了关于列宁《哲学笔记》的研究,某种意义上而言,他的这一研究也可算是开启了国内关于马克思主义哲学史理论研究的新篇章。

(一)《哲学笔记》注释

列宁写作的《哲学笔记》应该说是一本马克思主义哲学史上既有意义又非常重要的哲学著作。然而我国由于种种条件所限,当时的国内哲学界对这本经典著作的研究近乎为零。即使有一部分学者对此可能有所了解,但基本上也是通过苏联哲学家间接了解到的。这种宽泛的、间接的了解,

---

① 黄楠森、施德福、宋一秀主编:《马克思主义哲学史》下册,北京:北京大学出版社1987年版,第314页。

毫无疑问是肤浅的、隔膜的,这也导致国内哲学界在此领域的研究是人云亦云、教条僵化。

为了扭转这一局面,早在1956年,黄枬森先生在其担任苏联哲学专家萨波日尼可夫的学术助手时,就下定决心来开展我们自己的关于列宁《哲学笔记》的研究工作。然而这个时候,国内学术界的马克思主义哲学史研究往往是以论代史,史论不分,特别是更加缺乏对马克思主义哲学史进行研究的一些方法和范式。尽管有诸多困难,黄枬森先生并没有退缩。相反他知难而上,克服种种困难毅然投入到这场具有开拓性意义的研究中。

这一研究过程并不顺利。先是在20世纪50年代的反右斗争中,黄枬森先生遭到错误批判,进而受到不公待遇。1959年他被错误地开除了中国共产党党籍。这一事件对共产主义信仰坚定的黄枬森先生及其学术人生影响很大,直到1978年拨乱反正后,他的党籍才恢复。与此同时,黄枬森先生还因此被剥夺了讲课的权利,从哲学系的辩证唯物主义和历史唯物主义教研室调到资料室,这又是一大打击。

面对以上困难和打击,黄枬森先生并没有气馁。来到资料室之后,他便组织同样受到错误打击来到资料室的其他一些学者们开展了关于列宁《哲学笔记》的研究活动。比如从1960年到1962年间,他就组织张翼星、宋文坚、辛文荣、庄宝玖、钱广华等同志进行了一部分关于《哲学笔记》的注释工作。这其中主要包括《黑格尔〈逻辑学〉一书摘要》《黑格尔〈哲学史讲演录〉一书摘要》《黑格尔〈历史哲学讲演录〉一书摘要》《费尔巴哈〈宗教本质讲演录〉一书摘要》等。特别是《黑格尔〈逻辑学〉一书摘要》于1962年作为《〈哲学笔记〉注释》的上册进行了铅印,并同时作为内部资料进行了校际交流。

到了1974年,黄枬森先生又和彭韩燕合作编写了《辩证法的要素》的简介以及《谈谈辩证法问题》的简介及注释,这些研究成果在当时也进行了校际交流。1979年到1980年左右他又再次组织辛文荣、庄宝玖、张翼星、彭韩燕、夏剑豸等同志对以前所有的全部注释成果再一次作了大范围修订。这次努力的成果就是形成了由黄枬森先生作为主编的《〈哲学笔记〉注释》一书,该书最终由北京大学出版社于1981年出版发行。全书分为上下册两部分,共选注了列宁《哲学笔记》的10篇摘要。上册主要包括《黑格尔〈逻辑学〉一书摘要》等2篇,下册主要包括《费尔巴哈〈宗教本质讲演录〉一书摘要》等8篇。

某种意义上可以说,这本《〈哲学笔记〉注释》在马克思主义理论界是具有重要学术意义和价值的一本研究资料。一方面它不仅开始了改变当时我国国内马克思主义哲学史研究"有论无史"的最初尝试;另一方面也为我国国内开展列宁《哲学笔记》的教学和研究提供了一份重要的参考资料和成果,从而填补了国内对这一领域研究的空白。

(二)《哲学笔记》与辩证法

就在《哲学笔记》的相关注释研究工作开始后不久,为了充分挖掘和提炼《哲学笔记》的辩证法思想,黄枬森先生便计划着手来写另一本书,目的是进一步阐述《哲学笔记》中关于辩证法的基本思想,并加以引申和发挥。就在这一计划准备开展时,"文化大革命"开始了,黄枬森先生又遭受了一些挫折和打击。

付出总有回报,尽管历经挫折和曲折,但黄枬森先生根据他自己在注释工作中的研究成果,继续进一步深入研究,并进行整理和挖掘,不断积累,从而形成了他自己的关于唯物主义辩证法体系的一些看法和观点。这一过程一直持续到20世纪80年代初。在经过长达20年的不懈努力后,黄枬森先生最终从宏观理论的高度,系统地完成了对列宁《哲学笔记》中关于辩证法思想的一些研究成果的归纳和概括,从而形成了《〈哲学笔记〉与辩证法》一书。

《〈哲学笔记〉与辩证法》一书于1984年2月由北京出版社在全国公开出版发行。全书内容分为九章,思想丰富,总计约20万字。在列宁《哲学笔记》的研究领域中,这可以说是由国内学者撰写出的第一部研究性的理论专著,这一事件在当时我国的马克思主义理论学术界引起了不小的震动和反响。

就作为我国较早的马克思主义哲学史研究专著而言,《〈哲学笔记〉与辩证法》一书具有以下两个方面的实践意义:其一,书的内容体系安排科学合理、层次分明、逻辑清晰、深入浅出,这对于学习和研究列宁《哲学笔记》的国内学者有很大的帮助;其二,书中很多的观点都较为新颖和有见解,特别是体现了黄枬森先生在研究过程中不惟经典是从而所作的一些引申和发挥。比如书中黄枬森先生提出的一个他自己的关于唯物辩证法体系的草图,就是他从列宁的辩证法要素十六条开始,逐步深入,进而探索唯物辩证法的整个体系问题最终形成的。

应该说,书中体现的黄枬森先生的这些引申和发挥不仅反映着他本人对一些辩证法问题的独特理解,也体现了他运用列宁的唯物辩证法思想来分析哲学基本问题的思维方式。尽管从现在的视野来看,这些在引申和发挥中形成的观点并不新颖,但就当时的哲学理论研究教条理解和僵化状况而言,这些引申和发挥的破冰意义无疑是重大的。正如黄枬森先生在该书序言中说:"本书为什么不叫《〈哲学笔记〉中的辩证法思想》呢?因为本书不仅对列宁的辩证法思想作了介绍和解释,而且作了一定程度的发挥。发挥一种思想,就有脱离这种思想的危险,就《哲学笔记》来说,这种危险更大。但是,对于《哲学笔记》这样的书,不发挥、不引申,是解释不清楚的。于是我只好冒险大胆地把本书奉献给广大读者和专家。如果本书能对准确而深入地学习列宁《哲学笔记》的思想起一点推动作用,我的目的就算达到了。"①

在研读黄枬森先生此书时,笔者也注意到,尽管他对列宁《哲学笔记》的研究,是从对列宁的辩证法思想作系统介绍和阐释入手的,但他始终没有忘记结合当时的中国的理论与实际去进行一定程度的发挥。比如在他看来,当时我们的工业和农业、重工业和轻工业、生产水平和文化教育,都要在辩证法思想透射出的相互作用下才能前进。因此像他这种能结合时代实际而产生的研究成果也就必然具有了很强的现实指导意义,这在某种程度上也直接反映了马克思主义哲学中国化的必然要求。正因为如此,黄枬森先生的研究成果不仅在国内学术界,就是在当时的国际学术界也产生了一定的积极影响。比如20世纪80年代末,苏联的杂志《哲学问题》就发表了一篇文章,认为在中国出现了一个以黄枬森为代表的、以全面系统研究列宁《哲学笔记》与辩证法为主旨的学派②。

在此基础上,从1963年到1964年间,黄枬森先生还对列宁的另一部哲学著作《唯物主义和经验批判主义》进行了一定的学习和思考。也写了一些东西,但这些文字并未能公开发表。到了"文化大革命"期间,黄枬森先生和其他一些学者在其1963年到1964年间研究的基础上,继续加大研究力度,潜心撰写了一部名叫《〈唯物主义和经验批判主义〉解说》的书稿,这

---

① 黄枬森:《〈哲学笔记〉与辩证法》,北京:北京出版社1984年版,序言。

② 参见王东主编:《21世纪哲学创新——黄枬森教授八十华诞纪念文集》,北京:中央编译出版社2001年版,第364页。

一书稿后来进行了铅印和内部交流。《唯物主义和经验批判主义》一书是列宁于1908年2月至10月间写成的,于1909年5月在莫斯科出版,总共长达200多页。在书中,列宁详细考察和深刻揭露了马赫主义的唯心主义实质,批判了修正主义者企图用马赫主义取代辩证唯物主义的险恶用心。就此而言,这本书在马克思主义哲学史上是同样具有相当重要地位的。

在研究列宁这一著作的过程中,黄枬森先生始终秉承着这样一个研究原则,即马克思主义经典著作,也要作为特定时代的历史文献,放到一定的历史条件下,来进行科学评价,来评判其是非得失。具体说来,既要充分评价其历史贡献,也要实事求是地看到其局限和不足之处。可以说"正是在这种时代大潮中,黄枬森不仅积极参加了真理标准的大讨论,而且提出了一个在今天看来理所当然,当时却是振聋发聩的新思想:章学诚所说的'六经皆史',不仅适用于中国古典文献,而且适用于马克思主义经典著作"①。

总结来看,从1959年受到错误处分,直到1978年恢复党籍,黄枬森先生经历了一系列挫折,但他并没有气馁和放弃,他自觉克服困难,不畏险阻,顽强拼搏在马克思主义哲学研究的前沿阵地。这其中的典型事例是对列宁《哲学笔记》与《唯物主义和经验批判主义》这两部堪称马克思主义哲学史上重要的经典著作的研究工作。可以这么说,逆境中的种种磨难丝毫没有动摇他对马克思主义哲学的坚定信念,也正是他的这种坚持探索真理的大无畏精神,成为他后来在学术生涯中敢于守正的动力源泉。

因此完全可以说,尽管经历近20年的坎坷磨难,但这也深深地锤炼了黄枬森先生的学术毅力。因此当党和国家的命运发生了历史性的转折时,黄枬森先生的学术春天也就再次蓬勃而发了。正如他自己所说:"我从事马克思主义哲学专业工作大致可以分为两个阶段:一个阶段是1978年改革开放以前,另一个是改革开放以后。改革开放以前我主要是向学生讲授马克思主义哲学原理和马列哲学著作,同时自己也做些研究。但这种研究现在来看是不深入的,不系统的。我真正对马克思主义哲学进行比较深入系统的研究,而且对于马列的哲学思想有所发挥,也就是说提出自己的一些观点,是1978年真理标准讨论以后的事情。"②

---

① 王东主编:《21世纪哲学创新——黄楠森教授八十华诞纪念文集》,北京:中央编译出版社2001年版,第364—365页。

② 黄枬森:《哲学的科学化——黄枬森自选集》,北京:首都师范大学出版社2008年版,第2页。

四、从《哲学的足迹》到《人学的足迹》

随着1976年"四人帮"反革命集团被彻底粉碎，历史步入了正轨，我们的社会主义各项建设事业从此开始进入了一个崭新的历史时期，人们的思想也得到了极大的解放。特别是党的十一届三中全会以后，学术活动如同我国的建设事业一样开始空前地繁荣昌盛起来。那时全国各地每年都召开着各式各样的学术会议，各种大小报纸杂志也都讨论着各种学术问题。正是改革开放的春风使得黄枬森先生重新焕发了他的学术青春。

（一）参加"真理标准"大讨论

1978年5月11日，《光明日报》发表了《实践是检验真理的唯一标准》一文，这篇文章在当时的学术和思想界引起巨大的轰动，也继而引发了一场在全国范围内展开的关于"真理标准"的大讨论。这场大讨论深入持久、范围广泛、影响深远、意义重大，这在我们党的历史上是前所未有的。随后1978年底就在北京召开了党的十一届三中全会。这次会议实现了一次伟大的历史性转变，它从根本上冲破了长期"左倾"错误的严重束缚，重新确立了以实事求是为核心的辩证唯物主义思想路线，并明确了党的指导思想，因而此次会议具有深远的历史意义。它表明中国共产党在经历了20多年的曲折发展后，重新又回到了马列主义、毛泽东思想的正确理论轨道上来。正如邓小平同志所说："三中全会确立了，准确地说是重申了党的马克思主义的思想路线。"①

正是在这种思想解放潮流的引领和鼓舞下，黄枬森先生厚积薄发，一方面积极参加当时的"真理标准"大讨论，另一方面积极进行学术研究写作，并发表了大量学术论文。短短的七八年时间，他所发表的文章篇数和字数都超过了他之前的总和。在他这一时期撰写的文章中，很多都是关于讨论"真理标准"问题的，如《列宁论真理的实践标准》《社会实践是检验认识的真理性的唯一标准》等。

① 《邓小平文选》第3卷，北京：人民出版社1993年版，第242页。

在对这一时期的热点话题即关于人道主义的研究过程中,黄枬森先生不仅发表了大量的学术性研究论文,而且文章中还体现出了一个重要的有时代价值的观点,即不存在历史观意义上的马克思主义人道主义,但人道主义价值观是马克思主义蕴涵的。这一观点对当时的马克思主义哲学理论界产生了重大影响。

除此之外,黄枬森先生还提出了马克思主义经典著作"六经皆史"、马克思主义哲学史具有自己的发展规律等在马克思主义哲学史方面的相关研究观点。尽管现在看来这些观点并不新颖,但在史论不分的当时,这无疑是国内学术界具有重大创新价值的一种新思想。

(二)前行中的哲学足迹

从1978年开始,到大约这之后的七八年间,黄枬森先生又相继发表了许多关于哲学基本理论方面的学术文章。从内容上看,这些文章主要涉及当时国内哲学界争论比较激烈的一些主要问题。比如哲学基本问题、真理标准和真理的阶级性问题、党性原则问题、人道主义和异化理论问题、物质文明与精神文明的关系问题、对列宁哲学思想的评价问题等。

某种意义上可以说,黄枬森先生发表的这些文章较为全面地反映了1978年之后的七八年间我国哲学事业发展的状况和取得的进步。因此在当时一些学者的建议和要求下,中国社会科学出版社主动联系了黄枬森先生,特别选取了他撰写的关于马克思主义哲学理论和历史方面的总共29篇文章[1],汇集成册。这样一来使得这些文章排列有体系,从而能更好地服务广大读者。在为这本册子命名时,黄枬森先生认为他的这些研究成果不值一提,至多只能看作是我国哲学事业发展中的一些印迹,最终便将这一文集命名为《哲学的足迹》。正如书中前言黄枬森先生所说:"一个人在前进的时候有勇往直前,也有徘徊踟蹰,甚至有迂回反复,脚步有深有浅,有正有歪,有左有右,有整齐划一,有零乱错落,这些情况都会在他的足迹中

---

① 另包括刘继岳在《社会科学辑刊》1982年第5期上的文章《坚持恩格斯区分唯物主义和唯心主义的标准——与黄枬森同志商榷》、1983年第6期的文章《本原与反映——与黄枬森同志再商榷》以及卞敏在《中国社会科学》1981年第4期上的文章《辩证法体系的雏形——对列宁〈哲学笔记〉中的辩证法十六要素初探》等三篇争鸣文章。

反映出来。哲学在前进时也难免如此。"①

这本文集由社会科学出版社于1987年3月公开出版发行,反响很好,深受学者欢迎。《哲学的足迹》一书在内容编排上分为四部分:具体来说,第一部分内容主要是关于唯物主义认识论的;第二部分内容主要是关于唯物辩证法的;第三部分内容主要是关于马克思主义的人的理论的;第四部分内容是关于一些其他问题的。这些内容相互联结,从总体上来说,集中反映了黄枬森先生在这一段历史时期的学术历程和学术成果,事实上,这在某种程度上也反映了同一时期我国哲学事业发展的前进足迹,因而对于哲学事业的进一步发展有相当重要的指引作用。

(三)探索中的人学足迹

20世纪80年代,人学在我国还是比较陌生的新名词,它的内容还不太为人所了解,人学学科也没有正式建立。正因为如此,当时的学术界有很多学者把人学抽象化,甚至将其等同于西方人道主义。面对这一学术困境,黄枬森先生早在20世纪80年代的"人道主义与异化问题"的大讨论中,就以自己独到的视野洞穿了这一问题。他不仅看到了人学在马克思主义理论大厦中的研究不足,也看到了马克思主义人学在我国的学科前瞻性,意识到人学应该作为一门科学来加以建设和发展。为此,他一方面率先展开自己的人学领域研究,另一方面在马克思主义学术界积极倡导和推动建设人学学科。从这个意义上可以说,不论是在马克思主义人学理论研究上,还是在推动我国人学学科的建设和发展上,黄枬森先生都是不折不扣的先驱。

从20世纪80年代后期到90年代,黄枬森先生又是科研硕果累累。特别是有大量的学术论文公开发表,这其中就有不少是关于人学方面的文章。为了能更好地将黄枬森先生的这些人学研究成果进行推广和传播,中共中央党校的韩庆祥先生和北京大学的曾至先生,对黄枬森先生这一时期发表的关于人学方面的文章进行了筛选并编纂成书,最终取名为《人学的足迹》,由广西人民出版社于1999年公开出版发行。纵览该文集可以看到,黄枬森先生对很多当时的有关人学问题都进行了探讨。比如人学的研究对象和人学的科学体系问题;社会主义人道主义问题;人的本质和人的

① 黄枬森:《哲学的足迹》,北京:中国社会科学出版社1987年版,前言。

发展规律问题;人的活动的主体性问题等。可以说,作为一本系统论述我国当代人学有关问题的学术文集,该书为后来的学者进一步推动我国人学的发展奠定了某些研究基础。

总结而言,从1978年开始,随着"真理标准"问题的讨论和思想大解放,黄枬森先生的哲学人生重新焕发了青春,由此黄枬森先生也迎来了他的学术辉煌时期。通过对他这一学术成长过程的考察,我们完全可以说,黄枬森先生在哲学(包括人学)研究上的每一个进步,都与这个特定的时代分不开。他的这一学术历程不仅真切地反映了当时中国的时代变化,也体现了中国的社会主义建设实践激发了广大哲学研究者的巨大创造力。从这个意义上可以说,黄枬森先生的哲学思想就是在社会主义建设的实践中产生和前进的,同时也是对中国社会主义建设实践的某种反思。就此而言,任何哲学都是时代的产物,都可以找到其赖以存在的时代根据,同时这一哲学也必然有它的作用领域,哲学不能离开现实。

五、中国特色社会主义理论与文化理论研究

到了改革开放以后,随着社会主义市场经济的建立和初步发展,我国的国情发生了很大的变化,特别是中国特色社会主义的理论与实践问题尤为突出。作为一位能积极投身于社会主义建设实践的哲学家,黄枬森先生尤其注重马克思主义哲学理论的时代性、实践性等问题,为此他积极开展了关于中国特色社会主义理论及文化理论等哲学问题的研究。

(一)中国特色社会主义理论的哲学基础研究

早在1983年4月,作为我国学术界的代表,黄枬森先生就应邀到巴黎参加了由联合国教科文组织举办的纪念马克思逝世100周年的学术研讨会。在此次研讨会上,黄枬森先生从哲学与历史的高度,做了题为《在马克思主义指导下建设有中国特色社会主义》的精彩发言。这是自邓小平同志1982年9月在中国共产党第十二次全国代表大会开幕词中首次提出"中国特色社会主义"一词以来,中国学者第一次在国际论坛上论述"中国特色社

会主义"概念，以及"中国特色社会主义"理论与马克思主义的关系。随后1984年2月在全国首届列宁哲学思想研讨会上，黄枬森先生又和他的博士生王东合作提交了《列宁对社会主义革命和建设的道路的创造性探索》一文，在这篇文章中，黄枬森先生明确解答了中国特色社会主义改革开放道路的理论渊源与历史渊源问题。

邓小平同志南方谈话后，党的十四大确定了中国经济体制改革的目标是建立社会主义市场经济。面对这一经济体制改革目标，黄枬森先生又紧跟时代步伐，积极投身于社会主义市场经济方面的哲学基础理论研究。1993年他在《哲学研究》第7期上发表了《关于建立社会主义市场经济的几个哲学问题》一文。应该说，这算是一篇他涉足社会主义市场经济研究的较早文章。该文以马克思主义为指导，重点分析了社会主义市场经济、市场与计划的矛盾、公有制与私有制的矛盾、资本主义与社会主义的矛盾、所有权与经营权、社会主义市场经济与人的主体性等问题。1994年在《北京大学学报》（哲学社会科学版）第4期上，黄枬森先生又发表了《再论建立社会主义市场经济的哲学问题》一文，全面深入阐述了社会主义市场经济理论在建设有中国特色的社会主义理论中的地位问题。

此外，在黄枬森先生主编的几个版本的《马克思主义哲学史》教材中，也同样始终蕴涵着这样一个思想，即一定要从马克思主义的思想长河中来找出中国特色社会主义的思想源头和理论基础。特别是在1998年重新编排的由高等教育出版社出版的《马克思主义哲学史》教材中，黄枬森先生特别强调了马克思主义中国化的问题，比如该教材在最后一章中就专门讲述了中国特色社会主义理论的形成过程、理论来源以及哲学基础。

黄枬森先生在对有关中国特色社会主义理论的哲学基础的研究中，对邓小平理论的相关哲学基础研究尤为深入。1995年他在《中国特色社会主义研究》第5期上发表的《有中国特色的社会主义是一种特殊的科学社会主义》一文就是其重要的代表作，文中他明确认为邓小平理论是科学社会主义在中国改革开放以来的一种特殊的社会主义理论形态。不仅如此，黄枬森先生还牵头联合一些其他学者主编了有关邓小平理论哲学基础的两本专著，分别是中国人民大学出版社2004年出版的《邓小平理论的哲学基础研究》和北京大学出版社、黑龙江教育出版社2005年出版的《邓小平理论与当代中国哲学》。

在江泽民同志提出"三个代表"重要思想之后，年届80的黄枬森先生仍然克服困难积极投身于对"三个代表"重要思想的哲学基础研究之中。在此研究领域他先后发表了《"七一"讲话与马克思主义哲学创新》《"三个代表"与每个人的自由而全面的发展》《始终做先进文化前进方向的代表》以及《"三个代表"重要思想:马克思主义世界观方法论的创造性运用》等文。这些文章对于从哲学基础理论角度深入理解"三个代表"重要思想具有非常重要的价值。

在中央提出科学发展观后,黄枬森先生同样与时俱进,不甘落后,又发表了《"以人为本"原则在科学发展观中的位置》《"和而不同"与"和谐"概念》《关于科学发展观和构建社会主义和谐社会理论的哲学思考》《党的基本路线是实现科学发展的政治保证》等文,积极从哲学基础的角度阐述了他自己对于科学发展观以及"以人为本"的思考。

结合以上黄枬森先生这一时期的研究领域、学术经历以及研究成果,我们可以看出,其哲学思想形成过程既体现了对马克思主义哲学的本真精神追求,同时又凝聚着很强的时代气息和实践精神。就此而言,黄枬森先生的哲学思想称得上是富有创新精神的,并非为某些学者所诟病的"因循守旧"。因为他既坚持马克思主义哲学理论的精神精髓和本真价值,又关注马克思主义哲学理论的当代发展特别是这一理论的中国化问题。

(二)文化理论研究

随着中国改革开放事业的不断发展,文化问题一直是国内相关学者们研究的热门话题。在这繁荣景象的背后,黄枬森先生却从哲学基础理论的角度看到了一丝担忧。因为"对文化问题我们谈得很多。但是关于文化的一些理论问题,其至文化的一些基本概念,大家的理解却存在很大分歧"①。为了进一步厘清上述分歧,说明有关文化理论基础问题,阐明中国特色社会主义文化观,已步入晚年的黄枬森先生毅然展开了相关文化理论的哲学研究。经过不懈努力,在这一领域他不仅拓深了有关文化基本理论问题的研究层次,而且还基本构建了一个理论体系,进而成为他自己学术研究和学术思想的一个重要组成部分。

黄枬森先生在文化领域的研究成果主要集中在关于中国特色社会主

---

① 黄枬森:《哲学的科学化——黄枬森自选集》,北京:首都师范大学出版社2008年版,第14-15页。

义文化建设方面,构建一个有中国特色的社会主义文化理论体系是黄枬森先生在文化领域开展研究的重点。其对中国特色社会主义文化建设的研究成果主要集中体现在由他主编的《有中国特色社会主义文化研究》一书中。

此外,同一时期他还发表了大量的文化方面的论文,如《唯物史观与文化的共性和个性》《论文化的内涵与外延》等。这些文章对文化的组成部分、文化内涵与外延的界定、文化史观、文化与政治和经济的关系、马克思主义文化观、中国特色社会主义与和谐文化建设、中国传统文化与现代文化的关系等方面都做了一定的探讨。

总之,从这一阶段黄枬森先生的学术思想成长历程来看,他所开展的中国特色社会主义理论哲学基础及文化理论的相关哲学研究,一方面既源于当时中国特色社会主义建设的实践,另一方面又反过来有助于中国特色社会主义建设实践。从这个方面的意义来说,他的这方面思想不仅构成了其哲学思想的重要组成部分,也成为其学术研究贴近现实、敢于创新的一个重要典范。他的这一学术历程充分表明了一个哲学家在成长过程中唯有自觉将自身的理论研究与时代实践结合起来,并加以创新,才能结出丰硕成果,从而更好地为指导实践服务。从这个意义上说,哲学不仅是要面向现实,而且更是要超越现实,进而引领现实。

六、马克思主义哲学体系的当代构建

进入21世纪,马克思主义哲学体系的当代构建问题逐渐成为我国哲学理论界研究的热点。究其原因,自改革开放以来传统的辩证唯物主义体系的不足和缺陷明显显露出来,或者说这一旧体系已经很难适应时代发展的需要了。在这种理论背景下,黄枬森先生一方面积极展开对传统马克思主义哲学体系,即辩证唯物主义体系的反思,另一方面依据时代变化和实践要求,主张在坚持传统体系的基础上,按照哲学科学化的建构原则对其加以创新完善,从而建立起一个更加完整严密的当代马克思主义哲学科学体系。

（一）坚持辩证唯物主义

回顾历史,应该说传统辩证唯物主义体系(俗称旧教科书体系)在传入我国后在马克思主义理论宣传、普及以及对当时的实际斗争需要和理论发展诉求等方面都发挥过重要作用。但那时也形成了这样一种观念,即认为马克思主义哲学就是传统辩证唯物主义体系,对此我们只能学习领会,不能加以研究和评价,更不用说做一些变化了。

直到30多年前,由于中国改革开放的实行,进而社会主义市场经济体制的建立,中国特色社会主义道路的形成,马克思主义哲学在中国的发展也正经历着一场深刻的变革,马克思主义哲学的中国化在不断推进。特别是自"真理标准"问题的大讨论、"双百方针"的贯彻后,整个中国思想解放了,学术活跃了。在这一时代背景下,传统马克思主义哲学体系存在的一些历史局限和不足都被提了出来。应该说,传统马克思主义哲学体系需要变革既体现了当代中国实践发展的哲学需要,也体现了马克思主义哲学理论自身发展的需要。

然而如何看待这一变革过程,或者换句话说,如何改革呢? 应该说我国理论界围绕这一问题提出的种种观点还难以统一,甚至有时是针锋相对的。在这一过程中,特别是受西方一些理论的影响和冲击,国内理论界近年来出现了一股来势凶猛的批判甚至否定、拒斥辩证唯物主义体系的思潮。有不少学者根据各种理由质疑了辩证唯物主义体系的科学性、权威性,甚至提出了"实践本体论""实践一元论""实践超越论"等观点。

面对以上出现的这些情况,黄枬森先生的观点是,为了建设好中国特色社会主义,首先我们今天应该自觉地努力构建一个更加完整的、严密的、科学的马克思主义哲学理论体系,但这一关乎当代马克思主义哲学命运的体系改革并不是另立门户,而只能是对原有体系的补充和完善。在他看来,尽管传统辩证唯物主义体系存在诸多不足,很多方面也都难以满足现时代发展的需要了,但其主体还是科学的,它的很多基本原理还是具有普遍真理性的,它的主要基本观点是不会被推翻的。因此针对有部分学者对西方马克思主义观点不加分析,进而刻意根据各种理由质疑甚至否定、取消辩证唯物主义的观点及理论倾向,黄枬森先生不仅加以了批驳,还特意强调了现时期坚持辩证唯物主义的重要性。因为在他看来,在苏联解体后，在国际共产主义运动处于低潮的时候，马克思主义哲学受到轻视甚至否定是可以理解的，但这只是暂时现象。而我们应当深刻认识到的是，对现有的马克思主义哲学体系，我们不能根本否定，而应该抱一种坚持、发展和完善的态度，其中首先是坚持。为了说明这一点，他先后发表了《必须坚持辩证唯物主义》和《辩证唯物主义世界观只会被发展而不会被消解》两篇代表性文章，成为国内捍卫辩证唯物主义的一面旗帜。

当然在坚持辩证唯物主义的同时，黄枬森先生还非常注重对马克思主义哲学的创新。实际上在他看来，坚持辩证唯物主义某种程度上就是为了能更好地发展辩证唯物主义，换句话说，他的坚持是基于创新的坚持，他的创新是在守正基础上的创新。在这一点上，黄枬森先生反对两种观点：一是机械、教条地坚持；二是只唯新，不求真。从这个意义上可以说，黄枬森先生的哲学思想体现了顺应时代的马克思主义哲学守正与创新，实现了守正与创新的有机统一。

同时在马克思主义哲学创新的研究成果上，黄枬森先生也在多方面取得了一些进展。这些成果主要表现在以下几个方面：（1）国内最早突破苏联哲学教科书体系模式，开展《哲学笔记》与辩证法研究，开创了中国马克思主义哲学史研究的先河。（2）某种程度上奠定了当代中国人学的理论基础。（3）提出了建构马克思主义哲学体系新形态的构想。（4）开展了与时俱进的中国特色社会主义理论的哲学基础研究。（5）拓展了中国特色社会主义文化理论。

总而言之，黄枬森先生的哲学思想并不为某些学者认为的那样，是斯大林哲学的翻版、是旧哲学的复辟，是"保守主义"的当代代表。相反，他的哲学思想与时俱进、紧贴时代，不仅把握了马克思主义哲学的精髓，且具有很强的创新意识。从这个意义上可以说，他的哲学思想就是一种在坚持马克思主义哲学精神实质基础上创新发展马克思主义哲学的思想，并且已取得了一定的成果。

（二）倡导哲学科学化

在上述理论分析的基础上，我们需要进一步强调的是，黄枬森先生在认为马克思主义哲学需要贴近时代、贴近实践从而实现不断创新的基础上，他又独具慧眼地看到，我们今天之所以出现这种在马克思主义哲学认识上众说纷纭、莫衷一是的局面,是因为我们在创新发展马克思主义哲学时,没有把哲学看成是一门真正意义上的科学,缺乏正确的指导思想,没有按照科学的建构要求来加以建设,以至造成众多学者各成一家之言,不能形成统一认识。因此到了晚年他一直把他自己的马克思主义哲学研究重点放到倡导哲学的科学化上。

黄枬森先生认为,实现哲学科学化,首先,必须从本质上看到马克思主义哲学同西方哲学、传统中国哲学的区别。这种区别在于马克思主义哲学是对客观规律的正确反映,它具备科学都必须具备的一些基本条件。具体来说,黄枬森先生认为马克思主义哲学符合一般科学所必须具备的三个前提条件:(1)有一个明确的对象。(2)有一系列原理、判断和命题,而且是正确的,即与认识对象是一致相符合的。(3)这些原理、判断和命题构成一个逻辑体系。有了这样三个前提条件,马克思主义哲学就可以成为一门科学。

其次,黄枬森先生认为我们应该坚持哲学的科学化之路,按照科学的原则要求来对原有辩证唯物主义体系加以建构。特别是要把已经经过实践检验的辩证唯物主义体系看成一门科学来讨论它的不变性与可变性,并不断加以完善。这就是说,对经过实践证明为科学合理的体系内容我们要坚守,对不科学合理的一些过时的观点要创新地修改或完善。因此他说:"人类认识史告诉我们,任何一门科学都有一个从学科转变为科学的过程,哲学是一门学科,哲学终将转变成科学。"①

由此得出的结论是,一方面我们要坚持被实践证明为基本科学的体系即辩证唯物主义和历史唯物主义体系;另一方面我们又要不断创新、发展和完善这一传统马克思主义哲学体系,特别是要建构与现时代相适应的能充分体现时代精神的马克思主义哲学体系新形态。在黄枬森先生看来,如果这个新形态确实能反映时代的科学发展,那么是能够在我国理论界和人民群众中取得优势地位而被信奉的。尽管马克思主义哲学作为一门科学还没有得到全世界的认同,但这一天终会到来的。

黄枬森先生晚年在倡导哲学的科学化方面做出了诸多努力。首先表现在他把自己的哲学研究方向努力地指向了这一学术目标,并为此笔耕不辍。他先后编写了三本都与此相关的文集。一本是《哲学的科学之路——

---

① 黄枬森:《哲学的科学化——黄枬森自选集》,北京:首都师范大学出版社2008年版,自序第4页。

马克思主义哲学的科学体系研究》，这是一本以论文集形式出现的专门论述哲学的科学化思想的著作，由北京师范大学出版社于2005年出版。文集按照一定的顺序排列，分上下两篇。上篇主要是从哲学学科建设的层面来论述哲学科学化涉及的一些基本问题以及哲学作为科学的形成和发展史；下篇则对建构马克思主义哲学科学体系的一些哲学原理进行了一定的研究和探讨。总之这本文集的宗旨正如黄枬森先生在该书的后记中所说："这本论文集是围绕一个主题展开的，那就是：把哲学作为一门科学来建设。"[①]

体现这方面努力的第二本书是《哲学的科学化——黄枬森自选集》。2007年《北京社科名家文库》编委会向黄枬森先生约稿，文库的主题是"展现20世纪80年代以来的理论创新，能够反映作者学术探索历程"。于是黄枬森先生认真选择了自己的部分相关论文，并编成一本文集，以《哲学的科学化》为之命名。从书名就可以看出这本文集的主旨思想。这本文集分为五个部分，这些部分可以说从多个层面展示了黄枬森先生在这一领域的研究成果。

最后一本书是《人学的科学之路》。这是由韩庆祥担任主编的《马克思主义人学与当代中国丛书》中的一本，于2011年3月由河南人民出版社出版。全书的整体思路是从人学在当代中国兴起的社会背景、人学的基本问题、人的存在与发展的客观规律、人性与人的本质、人的发展及其规律、人权、人道主义、"以人为本"原则、中国传统人学贡献、西方传统人学贡献、西方马克思主义人道主义思想等11个部分对黄枬森先生研究的人学理论问题做一个系统编排。这种编排也反映了黄枬森先生试图按照哲学科学化的要求建立一个科学的人学架构。

总之，晚年的黄枬森先生不仅献身而且极力呼吁和倡导更多学者来从事哲学科学化方面的研究工作。因为在他看来，建构一个适合当代实践的马克思主义哲学新体系已经成为当前哲学界的首要任务，然而遗憾的是，当前各股哲学研究力量并没有很好地协调起来，达成一致意见，进而发挥最大的效益。事实上这就是30多年来中国马克思主义哲学学科建设的成果还不很明显的主要原因。要想解决这一问题，根本的是当前中国的马克思主义哲学改革与发展必须统一思想，即统一于走一条哲学科学化之路。

---

① 黄枬森：《哲学的科学之路——马克思主义哲学的科学体系研究》，北京：北京师范大学出版社2005年版，第420页。

在黄枬森先生看来,这条哲学的科学化之路就是以传统的体系为起点,以时代和实践的发展为依据,取长补短,按照科学的建构原则来加以建设马克思主义哲学新体系。"总而言之,尽管在哲学学科建设上仍然是意见分歧,莫衷一是,但其中隐隐出现的一股强劲的推动哲学成为科学的力量已不再是可望而不可即了"[①]。

(三)对马克思主义哲学科学体系的构想

当然关于当代中国马克思主义哲学理论的建设问题,在经过长达30多年的争论后,也达成一些共识。比如学者们一致同意马克思主义哲学是时代精神的精华,因而其改革方向就要体现出与现时代及其精神的变化具有一致性。这表现在进入21世纪后,很多学者都主张从建构新的更适合当代中国社会实践的哲学体系入手,来改革和发展马克思主义哲学。

对于以上这一理论共识,黄枬森先生是同意的。但同时他又认为,马克思主义哲学的传统体系,即辩证唯物主义和历史唯物主义,是迄今为止唯一的相对科学、成熟的马克思主义哲学体系,在建设新体系时不应是另起炉灶、推倒重来。当然原先这个旧体系确实也存在不少的问题,需要加以完善,从而使之成为一个科学合理的新体系。为此黄枬森先生主张在坚持辩证唯物主义基础上,对这一传统体系加以创新地补充完善,即按照哲学科学化的要求,以逻辑与历史的统一等作为主要构建原则,构建一个符合当代中国实践的新的马克思主义哲学科学体系。

为了实现这一宏大理想,已经身处高龄的黄枬森先生坚持笔耕不辍。这方面他的学术求索历程尤其令人敬佩。在2002年,已81岁高龄的他主持了"马克思主义哲学体系的坚持、发展与创新研究"课题,并被作为国家重大课题立项,之后又在北京社科联出版基金的大力资助下,形成了最终的理论成果《马克思主义哲学创新研究》。此成果共分为四部分,文字总数超过300万字。尤其是第一部分《马克思主义哲学体系的当代构建》,是由黄枬森先生自己担任主编完成的。《马克思主义哲学体系的当代构建》一书,内容丰富、翔实,不仅体现了黄枬森先生在建构一个当代的马克思主义哲学新体系方面的艰辛尝试,同时也可以说是一部带有重大理论突破和学

[①] 黄枬森:《哲学的科学之路——马克思主义哲学的科学体系研究》,北京:北京师范大学出版社2005年版,第422页。

术价值的著作。

此外,黄枬森先生还在《北京行政学院学报》2006年第2期上发表了《关于马克思主义哲学新体系的构想》一文。该文就简洁明了地阐述了他关于当代中国马克思主义哲学新体系的构想。就文中主要观点来看,他特别强调了以下几个方面:(1)构建马克思主义哲学科学体系应该遵循这几个前提,即真正承认哲学是一门学科;哲学一定要有自己的明确研究对象;哲学应当有许多经过实践检验而成立的原理;这些原理构成了一个前后一贯的完整严密体系。(2)要正确分析原有体系即辩证唯物主义与历史唯物主义体系的得失。(3)在分析得失基础上弄清楚辩证唯物主义与历史唯物主义体系的不变性与可变性,从而在新体系中坚持不变性,完善可变性。(4)新构想应体现逻辑与历史的统一等主要建构原则。(5)新构想中马克思主义哲学新体系的研究对象要按这样一个次序排列:第一个层次是宇宙观或世界观;第二个层次有两个组成部分,一个是历史观,一个是人学;第三个层次有三个组成部分,即认识论、价值论和方法论。

归根到底,"马克思主义哲学不能不有一个理论体系,但这个体系不会是单一的,也不会是僵化的。说到底,真正的哲学既然是时代精神的精华,而时代及其精神总是不断发展的,马克思主义哲学及其体系当然是会相应地不断变化发展的。不存在一劳永逸的一成不变的绝对完美的哲学体系,我们只能不断地探索更加真实、更加完整、更加严密的哲学体系"①。

由本章前面阐述的所有内容可以看出,黄枬森先生的哲学人生漫漫70年。一方面,在这上下求索的70年间,黄枬森先生的哲学思想的形成与发展过程是与时代紧密联系在一起的,或者说是有着鲜明的时代印迹的。作为一名在新中国成长起来的哲学家,他的学术人生是与新中国的发展经历相一致的,表现为同样走了一段艰辛的"之"字形发展之路。可以说在这一过程中,不论是他自己身处某种逆境,还是马克思主义哲学面临理论挑战,他都坚信马克思主义哲学的科学性、实践性,始终如一,并为马克思主义哲学事业发展鞠躬尽瘁,死而后已。另一方面,这种和时代发展经历的相似性也充分说明了黄枬森先生的哲学思想既是我们中国社会主义建设事业的产物,又是对当前中国社会主义建设实践的反思成果和对当前伟大时代精神的本质把握。就这个意义而言,研究黄枬森先生的哲学思想也就

---

① 黄枬森主编:《马克思主义哲学体系的当代构建》上册,北京:人民出版社2011年版,序第11页。

具有了相当重要的理论和实践意义。某种程度上可以说,黄枬森先生的哲学思想成长经历就是新中国马克思主义哲学事业不断发展的见证,这一见证反映了新中国60多年来马克思主义哲学不断发展的过程、规律与趋势,也展现了中华人民共和国成立后马克思主义哲学中国化的一个基本逻辑进程,即把马克思主义哲学基本原理与中国社会主义建设的实践不断结合的发展之路。

第二章　坚定不渝：捍卫辩证唯物主义

马克思主义哲学的内在本质究竟是什么？这是坚持和发展马克思主义哲学必须清楚认识的首要问题。然而如何科学、准确地表述这一内在本质，目前在我国马克思主义哲学界还没有形成一个共识。在各种不同的认识中，多数人肯定马克思主义哲学其内在本质就是辩证唯物主义，但同时也有不少人提出异议。甚至这种异议一度发展成为我国哲学理论界的一个理论潮流，并由此引发了近二三十年来不同观点在我国马克思主义哲学理论界的激烈争论。在这一争论过程中，黄枬森先生旗帜鲜明地坚持辩证唯物主义，当然他的坚持是通过深入地研究和认真地思索进行的。为此他在这个领域发表了大量的研究成果，这些成果构成了对辩证唯物主义基本理论进行的目前国内哲学界最为集中和系统的论述。

一、科学面对辩证唯物主义面临的挑战

应该说，马克思主义哲学的本质是否等同于辩证唯物主义这一争论，其所牵涉的不仅是对这一哲学本身根本性质的理解，而且还牵涉到当前理论界如何坚持和发展马克思主义哲学的问题。对于上述这一争论，黄枬森先生思维清醒、立场坚定。他既看到辩证唯物主义当前确实面临种种困难，马克思主义哲学的本质受到挑战，必须警惕和重视起来，同时他也充满信心，从而把这些辩证唯物主义面临的挑战看成是一次良好的发展机遇。

(一)辩证唯物主义理论体系在发展中面临挑战

20世纪80年代以来,辩证唯物主义理论体系遭到了不少人的质疑甚至否定。随着形势的变化,有不少论者认为,表述辩证唯物主义的苏联模式的传统教科书体系并不符合马克思的哲学思想,原因是它只是恩格斯、列宁甚至是斯大林的哲学,是一种机械直观的、见物不见人的旧哲学,是已经过时的近代思维哲学。而真正的马克思主义哲学是一种实践的哲学,是一种经由马克思开启的现代思维哲学等。

面对上述这些观点,黄枬森先生没有选择回避,而是直面以对、认真分析。比如他曾经提到:"马克思主义哲学在其萌芽、创立和发展的过程中已经建立了一个科学体系,那就是辩证唯物主义和历史唯物主义。但是,近三十年来,这一体系受到种种挑战。"[①]

那么,应该如何看待和迎接这些挑战呢? 首先要做的就是知己知彼。为此,黄枬森先生通过认真梳理,将这些挑战概括为大约七个方面的问题:(1)关于马克思主义哲学的体系问题;(2)关于世界观问题;(3)关于历史观问题;(4)关于人的问题;(5)关于主体与客体关系的问题;(6)关于认识论的问题;(7)关于应用哲学的问题。

随后,以此概括为基础,黄枬森先生又对这些挑战的理论依据或性质做了如下的分类。第一类是实证主义类的挑战。对此黄枬森先生指出:"实证主义把人的认识限制于感觉之中,否认外部客观世界的可知性,甚至否定其客观存在。……近30年来它在中国成了反对辩证唯物主义的主要流派。它的最常见的说法是:辩证唯物主义世界观是一种本体论思维方式(西方称'拒斥形而上学'),是近代自然科学的思维方式,已经被20世纪现代自然科学推翻了,早已过时了。它提倡一种'实践论思维方式',把实践范畴摆在比物质范畴更根本的地位。"[②]

从上述这一段黄枬森先生的论述中可以看出,在他看来,这第一类挑战观点是一类最主要的挑战,在目前中国也就成了反对辩证唯物主义的主

---

① 黄枬森:《更完整严密构建马克思主义哲学体系的必要性与可行性》,载《北京大学学报》(哲学社会科学版)2007年第6期,第5页。

② 黄枬森:《更完整严密构建马克思主义哲学体系的必要性与可行性》,载《北京大学学报》(哲学社会科学版)2007年第6期,第5页。

要流派。而此类观点在我国当前之所以能出现主要是因为受到了西方实证主义的影响。

"实证主义是现代西方哲学的一个重要流派。该派强调感觉经验,拒斥形而上学,试图超越于唯物、唯心之上。它在哲学上主要是继承了英国经验主义,特别是休谟主义,并以此来反对黑格尔的思辨哲学"①。作为20世纪西方比较流行的哲学思潮,实证主义在改革开放后也传入我国,并在某种程度上产生了不小的理论冲击和影响。就实证主义主要观点来看,其通常认为,一个命题只有在被经验证实或证伪的情况下,才是可证实的科学命题,也才是有意义的,而哲学命题是无法通过经验来证实或证伪,因而也就是无意义的、非科学的。因此,实证主义往往是从否定本体论入手,否定马克思主义哲学本体论成为一种科学的可能性,进而否定辩证唯物主义是一种科学。

对于上述这些实证主义理论观点,黄枬森先生的看法是,这种实证主义否定了本体论,也就在实质上否认了外部客观世界的客观存在性,因而往往更多地表现出是一种唯心主义经验论,因此它们在一旦面对现实时,又不得不违心地承认唯物主义。从这个意义上可以说,实证主义的言论与行动是背离的。

其实,严格说来,对实证主义最有力的驳斥恰恰是马克思主义哲学自身。因为实证主义拒斥的形而上学问题并非理论难题,这一问题在马克思主义哲学那里恰恰通过实践途径解决了。"这一事实启示我们,批判旧的形而上学,并不能对之一概拒斥,即不能把其中蕴涵的形上追求,或如恩格斯所说的思维的'至上性'加以否定。与此相关联,也不能把关于本体论问题的思辨性思维方式加以否定"②。

在黄枬森先生看来,第二类挑战观点就是主体性哲学的挑战。所谓主体性哲学中的主体性就是指人在实践活动中作为活动主体所具有的本质特性,也就是人们通常所说的自主性、能动性、创造性等。在实践中,主体性哲学中的主体性实际上就是指某种主观性,是指人作为某种活动的主体进而表现出来的一种功能、作用、影响等。即是说,凡是被打上了作为主体的人的痕迹的客观事物也就往往具有了一定的主体性。主体性哲学往往夸大主体的作用,认为自然界对于人而言就具有一种主体性,客观辩证法

① 陶富源、张涛:《关于"超越论"的反思》,载《马克思主义研究》2010年第11期,第99页。

② 陶富源、张涛:《关于"超越论"的反思》,载《马克思主义研究》2010年第11期,第99页。

或自然辩证法是根本不存在的。对于这种挑战观点,黄枬森先生认为,这种观点提及的主体性某种意义上它只能代表人的某一种属性,并不完全等同于人的属性,这样一来,在这个基础上形成的主体性原则其适用范围是非常窄的。一般说来,这种主体性原则仅适用于人和人化自然,而并不适用于非人化自然等其他世界领域。

因此,黄枬森先生特意指出:"主体性哲学夸大主体的作用,认为不仅人类社会中一切都具有主体性,自然界中一切也均是如此,所谓不以人的意识为转移的客观存在的观点是自相矛盾的,客观辩证法或自然辩证法是根本不存在的。这种观点自认为是现在自然科学的产物,其实它就是古代唯心主义的后代。"[①]所以,如果有人试图以主体性原则来改造马克思主义哲学的话,其不仅在理论上是行不通的,而且也经不起实践的检验。因为这种观点实际上是把主体性原则主观地扩展为某种本体论原则,并将之贯彻到整个宇宙世界,从而把认识的主体性与世界的主体性混为一谈,这样的结果必然是把人化自然的主体性与一切事物存在的客观性对立起来。当然反过来说,黄枬森先生也看到,传统的马克思主义哲学过去对主体性问题研究不够,这正是我们目前需要完善的,也是我们把马克思主义哲学面临的挑战作为发展机遇的原因,但我们决不能以主体性原则代替辩证唯物主义。

就上述分析而言,虽然说主体性哲学在历史上作为一种哲学流派和哲学观点,对于提升人的主体性曾经发挥过很大的作用,但主体性哲学毕竟不是科学的马克思主义哲学观,其在反对"主体失落"的马克思主义哲学改革过程中又往往"无限夸大主体性",甚至脱离客观。因此主体性哲学的缺陷不在于其刻意研究和强调了主体性,而在于其过于夸大了主体性的范围和作用,甚至是否定了世界的物质客观性本质,从而曲解了主体性的真正内涵。所以,如果我们简单地说没有主体性的东西就是不存在的或没有意义的,或者说有主体性的东西就不能说它的存在是不为人的意志为转移的,这些观点都是不能成立的。从这个意义上来说,黄枬森先生批驳这一观点的论述是一语中的,击中了主体性哲学"无限夸大主体性"倾向的要害。

再一类是人道主义的挑战。人道主义或称为人文主义,这一概念最早

---

① 黄枬森:《更完整严密构建马克思主义哲学体系的必要性与可行性》,载《北京大学学报》(哲学社会科学版)2007年第6期,第5页。

应该出现于西方文艺复兴时期。这一时期这种思想是作为一种价值观来争取人权和反对神权的。然而到了后来,欧洲的启蒙学者为了政治斗争的需要,就把人道主义进行了一定程度的理论提升,从而将其作为反对封建专制主义的一种思想武器来利用。也正是这一过程,人道主义就开始从价值观演变成了一种历史观。

在价值观与历史观的不同上,马克思的人本主义思想最终有一个从历史观向价值观转变的过程。黄枬森先生曾指出:"马克思也曾经信奉过人本主义历史观,并以此论证他的社会主义理想,这就是他的劳动异化理论。后来他批判了人本主义的唯心史观,创立了唯物史观……然而马克思并未明确区分作为价值观的人道主义和作为历史观的人道主义。"①某种意义上可以说,这种没有区分导致20世纪二三十年代在苏联的马克思主义者中出现了这样一种情况,即他们在否定人道主义历史观时却同时全盘否定了人道主义。而西方马克思主义在对待这一问题上则走向了另一个极端,他们在肯定人道主义价值观的同时,却连人道主义历史观也肯定了,走上了一条唯心主义的道路。黄枬森先生认为,上述这两种态度都是错误的,因为马克思的人本主义思想有一个从历史观向价值观转变的过程。到了20世纪80年代初,随着思想的解放,在我国也兴起了一场关于人道主义的大讨论。然而上述两种错误的认识依然存在,一方面有学者否定人道主义,这不可取。另一方面,在这场大讨论中人道主义价值观虽然在我国得到广泛的肯定,但我们在恢复人道主义价值观的同时,如果如一些学者主张的那样,把人道主义价值观与人道主义历史观混为一谈,全盘接受,这种人道主义实质上很可能就是宣扬一种西方的人道主义历史观,从而否定历史唯物主义,最终否定辩证唯物主义,这是非常危险的。

对于以上这三种辩证唯物主义面临的主要挑战观点,黄枬森先生还加以概括和总结,找出了它们的共同特征。他说:"这三种挑战有一共同特点,就是认为号称马克思主义哲学的辩证唯物主义与历史唯物主义理论体系并不是马克思的观点,而是恩格斯、列宁、斯大林的观点,因而把马克思哲学和马克思主义哲学对立起来,强调马克思哲学而忽视马克思主义哲

---

① 黄枬森:《人本主义、"以人为本"与"人权入宪"》,载《"'人权入宪'与人权法制保障"理论研讨会论文集》2004年,第270页。

学,这就对马克思主义哲学的发展史造成了不少争论与混乱。"①由黄枬森先生的这一论述可以看出,他对辩证唯物主义面临的这些挑战的认识是清醒的。他通过深刻的分析,指出了这些挑战的共同优点和缺点,批驳了其不科学所在,称得上是抓住了问题的本质,而不至于自乱阵脚。比如在他看来,作为这些挑战的理论观点,有其有价值的一面,对于这些方面如果我们能加以借鉴和学习,从而在某些地方弥补我们以前的不足,这无疑有很大意义。但另一方面我们必须清醒的是,如果利用这些挑战理论妄图推翻或取代马克思主义哲学理论,这就变味了,这是我们必须要旗帜鲜明反对的。

因此完全可以看出,当前我国马克思主义哲学界的坚持辩证唯物主义与否定辩证唯物主义之争,其实质就是对马克思主义哲学本质的坚持与否定之争。面临各种挑战,只有认清这一点,才能真正做到坚持和发展马克思主义哲学,不断推进马克思主义哲学中国化。所以,黄枬森先生认为"这(面临的各种挑战,笔者注)不仅是马克思主义哲学的一个重要问题,也是马克思主义的一个重要问题,其是非曲直不能不搞清楚"②。

有了对待各种挑战的正确态度还不够,知彼后面更重要的是知己。由此黄枬森先生不仅科学认识和对待各种挑战,他还主动地去剖析辩证唯物主义理论自身在时代发展实践中存在的一些不足。按他的话说,只有自己对自身的理论有着清醒的认识,才能更好地迎接别的理论的挑战。在黄枬森先生看来,旧的传统辩证唯物主义理论的缺陷主要表现为以下两个方面:一是当今世界科学技术的发展与实践向传统辩证唯物主义提出了很多的新问题,这些新问题都要求我们能从哲学世界观的高度作出正确回答,然而这点我们还远没有完成;二是我国鲜活的改革开放实践以及近年来世界形势和政治格局的重大变化都要求辩证唯物主义从哲学的高度对这些历史事件加以概括和总结,因为一个理论体系不仅在理论上要自成其说,还必须经得住实践的检验。而现有的辩证唯物主义理论体系在这些方面的解答还存在很多空白。以上这些问题具体来说表现为以下几点。

第一,自20世纪以来,当代世界的科学技术发展非常迅速,尤其是自

① 黄枬森:《更完整严密构建马克思主义哲学体系的必要性与可行性》,载《北京大学学报》(哲学社会科学版)2007年第6期,第5页。

② 黄枬森:《哲学的科学之路——马克思主义哲学的科学体系研究》,北京:北京师范大学出版社2005年版,第49页。

然科学领域的发展。由于这一变化，科学技术对传统的理论就提出了一些新的问题，这些新问题都要求哲学理论能够从世界观的高度作出回答，而目前的辩证唯物主义体系在这些问题的回答上还需要进一步完善。对此，黄枬森先生说："20世纪的自然科学同19世纪相比，进入了一个崭新的阶段，时空观、宇宙学、物质结构理论、生命科学、脑科学都发生了革命性的进展，大大改变了19世纪所了解的世界图景，也大大改变了19世纪对一般规律的理解。"①然而，时代的发展和进步虽然给人类带来了巨大的变化。但是，人对宇宙的认识以及对人与宇宙关系的把握就必然相应需要一定程度的加深，这就需要在哲学理论上进一步加以概括。当然客观上讲，这种进一步的概括，既是对原有马克思主义哲学理论体系提出了某种新要求，同时也是为马克思主义哲学发展提供了某种新机遇。因为人类认识的发展不仅会改造辩证唯物主义的旧范畴或以新内容来充实它，而且也会给辩证唯物主义提供一些新范畴。

第二，我国当前的中国特色社会主义改革开放实践使得马克思主义哲学在发展中面临着许多前所未有的新问题。要想顺利解决这些在实践中遇到的新问题，在黄枬森先生看来，就需要我们具备更远的眼光、更高的智慧，进而去不断创新和完善原有的马克思主义哲学体系，而不是推倒重来。比如，如何看待以及学习、借鉴西方马克思主义哲学？邓小平理论的哲学基础是什么？如何看待社会主义市场经济理论与辩证唯物主义？怎么理解"三个代表"与每个人的自由而全面的发展？如何看待辩证唯物主义与"以人为本"为核心的科学发展观？等。

第三，近年来世界形势和格局发生的重大变化产生了一系列马克思主义理论新问题。这些新问题既考验着我们的马克思主义信念，也要求我们要进行自身的适应性调整。从这一要求看，原有的辩证唯物主义理论体系在这些调整方面明显显得不足。为此，我们当前哲学改革的重要任务就是，依据世界形势和格局发生重大变化这一实践，及时根据当下的中国具体国情来创新完善原有体系。当然黄枬森先生也同时看到，随着苏联解体、东欧剧变，国际共产主义运动处于一种相对的低潮，这个时候，马克思主义哲学受到某种程度的轻视甚至怀疑、否定是可以理解的，但必须看到这是暂时的。因为我们知道，马克思主义哲学作为富有极强生命力的科学

① 黄枬森：《论辩证唯物主义体系的不变性与可变性》，载《中共中央党校学报》2001年第4期，第9页。

真理,它经受住了历史的检验,作为真理我们坚信其必然能够随着时代的发展而发展。就当代中国而言,中华人民共和国成立后不断中国化的马克思主义哲学已经逐步形成了自己的一个完整体系,这一体系既继承了传统体系的科学内涵,又把马克思主义哲学的基本原理同我国当前的中国特色社会主义建设实践相结合,适应了时代的发展,从而使马克思主义哲学焕发出了新的生命活力,成为我们认识世界和改造世界,建设中国特色社会主义的有力思想武器。

(二)必须坚持辩证唯物主义的基本原理

在面对辩证唯物主义面临的诸多挑战时,黄枬森先生不仅有着自己清醒的认识,信念坚定,同时还能把握住问题的实质。比如他认为,迎接辩证唯物主义面临的挑战其问题的关键是必须坚持辩证唯物主义,特别是坚持辩证唯物主义的基本原理不动摇。在黄枬森先生看来,这不仅是坚持马克思主义哲学精神本质的需要,也是发展马克思主义哲学的一个根本前提。

为此,黄枬森先生曾严肃地指出:"辩证唯物主义和历史唯物主义无疑要发展,要大大发展,但其基本观点——唯物主义、辩证法、实践观点、社会存在决定社会意识的观点、社会基本矛盾的观点、群众观点、反映论等等,是不会被推翻的,也不可能被推翻。中国要现代化,要成为富强、民主、文明的社会主义现代化国家就离不开马克思主义哲学的指导,丢掉辩证唯物主义的旗帜将是中华民族的一场历史性灾难。"[1]因此,从根本上来说,我们不能因为传统的马克思主义哲学体系曾经有缺点、有不完整、有不足,就把它加以全面推倒、甚至抛弃。如果这样做只会不知不觉地远离真正的马克思主义哲学,甚至走向丢弃马克思主义的极端。这不仅因为辩证唯物主义的基本原理是经实践检验证明为科学的理论,也是因为坚持辩证唯物主义的基本原理才能使我们不断取得改革开放和中国特色社会主义建设事业的新胜利。所以在当前辩证唯物主义遭遇种种挑战的特殊情况下,必须保持镇静、头脑清醒。这里所说的清醒,包括以下两个方面:一是要坚定信念,坚持辩证唯物主义,即坚持辩证唯物主义的基本原理不动摇;二是要与时俱进,不断创新辩证唯物主义,同时要克服以往辩证唯物主义的种种不

---

[1] 黄枬森:《必须坚持辩证唯物主义》,载《北京大学学报》(哲学社会科学版)1998年第2期,第168页。

足和缺陷,从而使辩证唯物主义不断走向丰富和完善。只有这样才能符合时代的需要、实践的需要、人民的需要,也只有这样才能不断激发马克思主义哲学新的生命活力。

总之,面对辩证唯物主义面临的种种挑战,如果我们随波逐流,采取鸵鸟政策,或是是非不分,采取折中调和态度,不能正确地加以应对,就不能捍卫马克思主义哲学在我国的主导意识形态地位和真正发展马克思主义哲学。就此而言,在改革开放的今天,尽管西方各种思潮带来的很多思想在某些方面值得我们学习和借鉴,但学习的同时更为重要的是我们要分清本质,把握是非,决不能只求新,而不要真。如果是不要真的新,这样的新就不是马克思主义内在本质上需要的科学创新了,充其量只能是一种赶时髦的伪科学。由此,正如黄枬森先生所提倡的,我们既要坚持辩证唯物主义不动摇,也要坚持创新辩证唯物主义不动摇。

(三)变挑战为辩证唯物主义发展的机遇

没有坚持就没有发展,但坚持也离不开发展。为此,黄枬森先生进一步强调:"马克思主义哲学今天面临两方面的任务,一是捍卫马克思主义哲学——辩证唯物主义与历史唯物主义的基本观点,一是建构与当代社会发展水平相适应的有中国特色的马克思主义哲学的新形态,也就是振兴、弘扬和发展马克思主义哲学的任务。"[①]可见,在黄枬森先生那里,他的坚持辩证唯物主义观点并不如某些学者所诟病的那样保守,确切地说是一种在守正基础上更好地发展马克思主义哲学的观点。也正因为如此,黄枬森先生在面对辩证唯物主义面临的种种挑战时,异常冷静。他采取了这样的一种客观态度来对待,那就是既不畏惧、退缩,也不抱怨、仇视,而是将这些挑战当作是辩证唯物主义难得的一次良好的发展机遇。表现为他敢于积极同各种挑战观点对话,既不简单地予以反驳,也不一味加以模仿追随,而是真正贯彻"双百"方针,对这些观点加以认真分析,开展不同观点的相互交流和对话,做到摆清事实、讲清道理、分清是非。

也正是因为采取了这样一种包容的态度,黄枬森先生才能真正做到把种种挑战变成辩证唯物主义发展的难得机遇。他曾提到:"各种思潮向辩

①黄楠森:《辩证唯物主义世界观只会被发展而不会被消解》,载《北京大学学报》(哲学社会科学版)2001年第2期,第29页。

证唯物主义的挑战也是发展辩证唯物主义的极好机遇。挑战现象的出现说明哲学界不再顾虑行政干预，敢于独立思考和发表自己的见解，这就是学术自由，没有学术的自由就没有学术的繁荣。"①因此，我们当前面临的对辩证唯物主义的挑战绝不是一次简单的仅仅带来不利影响的挑战，在黄枬森先生看来，实际上挑战与机遇并存。也就是说，对发展辩证唯物主义而言，这同时是一次良好的机遇，因此要抓住这一机遇，积极完善和发展当代的马克思主义哲学体系，绝不容许错过。

有了上述的科学认识之后，面对辩证唯物主义遭遇的种种挑战时，黄枬森先生就自然显示出了他的冷静和睿智。这种冷静和睿智表现在他一面坚定信仰，坚持辩证唯物主义不动摇，一面积极迎接挑战，善于抓住这次发展机遇，积极吸纳各种挑战观点的长处。比如当黄枬森先生面对实证主义的挑战时，就采取了这样一种态度，而不是不分具体情况对其一概否定。换句话说，实证主义某些方面也有它一定的可取之处，比如实证主义对实证材料的重视等。因此，我们看到的是黄枬森先生既强调"辩证唯物主义和历史唯物主义不能否定，不能推翻，只能不断发展。应通过学术争鸣把问题搞清楚，真理不怕争论，真理不怕批判，真理越辩越明，争论是好事"②。同时他又强调，"单单提出和讨论不同观点就是一种进展，因为不同观点在十年前是不可能提出的，而它们的讨论毫无疑问深化了对马克思主义哲学的认识，丰富了它的内容"③。

此外，黄枬森先生还在他的《哲学的科学之路——马克思主义哲学的科学体系研究》一书中，详细地就各种质疑、否定辩证唯物主义的观点以及对丰富、完善辩证唯物主义理论体系的种种正面作用作了归纳。主要有：（1）推动了对马克思主义哲学的对象、内容、特征、体系、功能的研究。（2）推动了马克思主义哲学史的研究。（3）推动了对人的地位和作用的研究。（4）推动了对实践的研究，特别是对人化自然、人与自然关系的研究。（5）推动了对认识和客体的主体性研究。（6）加强了马克思主义哲学同自然科学、社会科学的联系，推动了马克思主义哲学对非马克思主义哲学的借鉴

---

① 黄楠森：《辩证唯物主义世界观只会被发展而不会被消解》，载《北京大学学报》（哲学社会科学版）2001年第2期，第29页。

② 黄楠森：《我对马克思主义哲学有争议的几个问题的看法》，载《国家高级教育行政学院学报》2001年第2期，第2页。

③ 黄枬森：《十年来马克思主义哲学在中国的发展》，载《高校社会科学》1989年第1期，第22页。

和吸收①。

　　总而言之,在黄枬森先生看来,辩证唯物主义在当前遭遇的挑战中不仅没有任何损伤,反而是大大发展了,正如他所总结出的那样,"20多年来关于辩证唯物主义和历史唯物主义的争论包括质疑、挑战、攻击和辩解、论证、发挥并没有损伤它,而是使它更加完善、更加严密、更加丰富。20多年来关于马哲史和原理的争论大规模的有十多次,小规模的不计其数。……这些讨论和争论的结果并没有推翻马克思主义哲学,也没有伤害它的筋骨,而只是或者纠正了它的体系中的某些偏颇,或者加强了它的体系中的某些薄弱环节,或者充实了它的体系的具体内容,总而言之,是发展了它。它好似一块钢铁,经过烈火的焚烧和巨锤的敲打,并没有被粉碎,而是更纯粹、更坚硬了"②。

　　经过以上论述,总结来看,面对当前辩证唯物主义面临的挑战,黄枬森先生采取了一种科学的态度来对待,他的态度给我们的启示是:面对当前辩证唯物主义面临的挑战,既要把这种挑战看成是一种压力,敢于守正,坚持真理,积极应对,努力改正自身不足,同时也要把其看成是一种动力,能够在坚持基本原理不动摇的基础上,变挑战为机遇,不断积极寻求改革和创新。可以说,面对当前辩证唯物主义面临的挑战,黄枬森先生采取的这种态度是值得我们学习的,持有的坚定信念是值得我们认可的,体现的包容精神是值得我们提倡的,凝聚的创新意识是值得我们推崇的。正因为如此,那些视黄枬森先生坚持辩证唯物主义的观点为"保守"思想,或简单断定其思想缺乏创新的各种观点都是不能成立的。

二、解析辩证唯物主义理论体系的形成过程与内涵

　　在对辩证唯物主义的形成过程与理论内涵进行一番解析后,黄枬森先生认为,辩证唯物主义在马克思主义哲学史上算得上是一个得到大家公认

---

　　① 参见黄枬森:《哲学的科学之路——马克思主义哲学的科学体系研究》,北京:北京师范大学出版社2005年版,第48页。

　　② 黄枬森:《世纪之交我国马克思主义哲学的现状与前景》,载《中国特色社会主义研究》2002年第2期,第7页。

的相对完整的世界观体系。在他看来,辩证唯物主义作为一种我们对马克思主义哲学的称呼,并不是妄加揣测、无中生有,事实上这是有着一个具体的科学形成过程的。这一过程向我们科学说明了辩证唯物主义是一个在实践中被证明为具有正确理论内涵的科学哲学体系。为了说明这一点,黄枬森先生对此进行了系统的论述,从而论证了辩证唯物主义称呼的科学由来。

(一)辩证唯物主义理论及其名称形成过程的历史追溯

改革开放后,辩证唯物主义在我国的马克思主义理论界之所以受到种种质疑,甚至被批判和否定,其中一个非常重要的原因是很多学者认为马克思本人并没有在其著作中集中系统地阐明过他的辩证唯物主义思想,也没有明确提出"辩证唯物主义"名称。可以说,正因为如此给不少人对辩证唯物主义理论产生动摇留下了空间。如《文化学刊》2010 年刊发的《论马克思的新世界观在哲学史上的伟大革命——兼评黄楠森先生的"辩证唯物主义世界观"》一文就提出观点认为"黄先生既然提出马克思主义的世界观是辩证唯物主义世界观,表明他认同、接受和赞赏斯大林的观点。可是,这里必须指出:在马克思的全部著作里是找不到'辩证唯物主义世界观'这一表述的,即是说'辩证唯物主义世界观'不是马克思的世界观"[①]。

应该说,此文的这一观点确实提出了一个马克思主义哲学史上不可回避的历史问题。但问题的关键是,在马克思的全部著作里找不到"辩证唯物主义世界观"这一用词表述是否就意味着辩证唯物主义不是马克思的世界观呢? 在笔者看来,是不能这么简单地、武断地下结论的。实际上,如何正确看待这一问题,还必须回到马克思那里,回到文本中,从历史的角度去把握马克思哲学的精神实质,从而真正理解马克思的哲学。

为了解答上述问题,对于辩证唯物主义的具体诞生和发展过程,黄枬森先生特意作了一番考证。这其中他首先对辩证唯物主义名称的具体形成过程作了考证。他曾提出:"据考证,狄慈根首先于 1886 年在《一个社会主义者在认识领域中的漫游》中提出这个概念,后来,普列汉诺夫于 1890年在《黑格尔逝世 60 周年》中第二次提出这个概念。他们的称呼符合恩格

---

① 周树智:《论马克思的新世界观在哲学史上的伟大革命——兼评黄楠森先生的"辩证唯物主义世界观"》,载《文化学刊》2010 年第 3 期,第 23 页。

斯的思想。列宁对辩证唯物主义在马克思主义哲学中基础地位的确立起了决定性作用:辩证唯物主义是唯物史观的世界观基础和认识论基础。第一次以'辩证唯物主义'名称推出的是德波林的文章(1909)和书(1916)。苏联20年代末就出现了辩证唯物主义与历史唯物主义,内容大致是唯物论、辩证法、认识论和唯物史观,到30年代不断完善。斯大林于1938年提出的《辩证唯物主义与历史唯物主义》是当时通行的哲学体系的简本。因此,说这个体系是斯大林创造的是不对的,它起源于恩格斯,完成于苏联哲学家。中国解放前后均采用此体系,只是解放初期苏联专家采用过斯大林简化的体系。"①从上述的一系列相关论述不难看出,黄枬森先生是以马克思主义哲学史上的一些史实为根据来对辩证唯物主义的名称由来加以考察的,并以这些材料为基础在逻辑上加以逐层推演,从而得出结论的。正因为如此,我们完全可以说黄枬森先生的相关观点有理有据、逻辑清晰、环环相扣,具有较强的说服力。

在上述观点基础上,黄枬森先生又进一步指出:"马克思是马克思主义第一创始人,如果辩证唯物主义不符合马克思的思想,它就没有资格称为马克思主义哲学,所以首先应考察一下它同马克思的关系。"②因此,在黄枬森先生看来,马克思主义哲学究竟能否使用辩证唯物主义这一称呼,最为重要的一个证据还需要考察辩证唯物主义与马克思本人的哲学思想之间的关系。为了说明这一问题,黄枬森先生从以下两个方面来加以了考察。

一方面,从马克思创立新世界观的主要理论来源来看,足以证明马克思本人就是一个辩证的唯物主义者。在马克思主义哲学史上,马克思本人的哲学思想受到了当时欧洲一些重要的哲学理论的影响,可以说这些思想也成了马克思创立新世界观的重要理论来源。实际上,任何一个哲学理论,可以说不管它多么科学和先进,它都需要以一定的前人思想为基础,并加以传承和扬弃,从而形成自己的理论体系。对比而言,马克思的相关哲学思想的形成也不例外,其也是从一定的思想前提出发的,也就是说有自己的理论来源。正如恩格斯说的那样,"每一个时代的哲学作为分工的一个特定的领域,都具有由它的先驱者传给它而它便由以出发的特定的思想

---

① 黄枬森:《辩证唯物主义世界观只会被发展而不会被消解》,载《北京大学学报》(哲学社会科学版)2001年第2期,第24-25页。

② 黄枬森:《辩证唯物主义世界观只会被发展而不会被消解》,载《北京大学学报》(哲学社会科学版)2001年第2期,第24页。

资料作为前提"①。那么马克思的哲学思想受什么思想来源的影响最大呢？

在黄枬森先生看来，在马克思的哲学思想的所有理论来源中，黑格尔的辩证法思想无疑是最为至关重要的。因为马克思是在吸取了黑格尔的辩证法思想后，才进一步超越了旧唯物主义和费尔巴哈唯物主义的缺点和局限性形成了自己的新唯物主义哲学世界观。哲学史上，黑格尔是一位影响深远的辩证唯心主义哲学家，他的伟大贡献在于用发展的眼光去看待历史，因此他的哲学是包含着丰富的辩证法思想的，他以抽象的思辨的方式说明了历史发展的辩证过程，他认为科学绝不是某种现成的东西，而是一种正在形成的东西，发展是绝对的。马克思深受其辩证法思想影响，以至于马克思后来毫不隐讳地承认自己是"黑格尔这个大思想家的学生"。恩格斯也形容黑格尔的"这个划时代的历史观是新的唯物主义观点的直接的理论前提"②。因此，完全可以说辩证法思想在马克思的新世界观中具有独特的地位。

另一方面，从马克思创立唯物史观的整个逻辑进程来看，也可以证明马克思就是一个辩证的唯物主义者。事实上，哲学理论界关于这方面的争论也非常大。现实中，西方马克思主义者甚至包括部分国内马克思主义哲学研究者常常极力否定辩证唯物主义世界观是马克思的世界观，之所以提出这样的说辞，他们的理由是，马克思的历史功绩事实上仅仅在于他早年天才地发现了唯物史观，但随后的马克思并没有去建构一个所谓的辩证唯物主义世界观理论体系，甚至可以说马克思本人一生并没有形成真正的属于他自己的一个世界观理论体系。对于以上这种说法，黄枬森先生尖锐指出，这种观点实质上就是炮制了青年马克思与老年马克思对立、世界观与历史观对立，因而这些观点是站不住脚的。原因是，从马克思主义哲学史的真实发展过程来看，马克思的哲学思想的底蕴就是辩证唯物主义世界观。换句话说，在马克思主义哲学创立的曲折过程中，随着唯物史观的逐渐形成，作为世界观成果的辩证唯物主义也实际逐渐产生了，只是客观上讲两者在最终完成体系化的时间上还存在着差异。因此从哲学史角度来说，即使马克思本人确实没有在字面上说过自己的世界观体系是辩证唯物主义世界观，但如果我们从马克思主义哲学的精神实质出发来考察，完全可以看出马克思本人就是一个辩证唯物主义者。

---

① 《马克思恩格斯选集》第4卷，北京：人民出版社1995年版，第485页。

② 《马克思恩格斯选集》第2卷，北京：人民出版社1995年版，第121页。

　　如何看待黄枬森先生的上述观点呢？事实上从世界观（又称宇宙观）这一领域或角度来说，其作为对人与世界关系的总的根本的看法，不是先天而有的，它也是人们在自身各种社会实践的基础上逐渐积累形成的，也就是说，总体上讲世界观体现在社会生活的方方面面，而哲学就是系统化、理论化的世界观。而从逻辑上来说，世界观在人们的一系列实践活动中，往往首先形成的是对于现实世界各种具体事物的看法和观点，然后在这基础上再逐渐形成最终的关于世界的本质、人和客观世界的关系等总的看法和根本观点。所以，不管人们是自觉还是不自觉，事实上他们都客观上有着自己的世界观，并有意识地以此来观察和处理一些具体问题。依此逻辑，作为在哲学史上发动了伟大哲学变革的马克思肯定也有着他的世界观，并且这一世界观影响着、决定着他的其他一些思想。因而如果我们说马克思一生并没有真正形成一个属于他自己的世界观理论体系，这一观点根本是站不住脚的。而如果从世界观与历史观二者的关系上来讲，完全可以看出，即使马克思本人并没有明确以辩证唯物主义这一名称命名自己的世界观理论体系，但实际上在其提出的唯物史观理论中，就蕴含着辩证唯物主义世界观的思想。

　　之所以强调这一点，是因为在马克思主义哲学史上，从马克思创立唯物史观的逻辑进程来看，我们就完全可以证明上述这一点。一开始由于马克思深受哲学家费尔巴哈的人本学唯物主义影响，他曾努力尝试从异化理论的角度来说明历史的发展。但后来鉴于费尔巴哈唯物主义过多地强调自然但却过少地强调社会政治，马克思才将自己的哲学研究方向转向了自然与政治的"联盟"，从而实现了从唯物主义自然观到唯物主义历史观的向上发展。这种向上发展提出了"人化自然"的概念，主要强调自从有了人，自在自然就不断地转化为人化的自然，而历史也就相应变成了一部"自然的历史"。这样一来，可以说人类社会在实质上就是通过人的活动而实现的一种自然历史过程。之后随着理论思索的进一步深入和扩大，马克思开始对早前的异化劳动理论有了新的认识，并同时开始进行批判改造。可以看到到《德意志意识形态》一书时，马克思最终放弃了"异化理论"，进而从生产力与生产关系的角度来说明人类历史的发展，这就是科学的唯物史观的形成过程。这一过程说明"作为人类史观的历史唯物主义并非马克思的一般世界观理论，但它具有马克思世界观的意蕴。即它是立足于人类实践，从社会历史角度或领域去展示的人与世界总体关系的辩证唯物主义世界观理论"①。

对于世界观与历史观这二者的关系,黄枬森先生也有着自己的看法。比如在其发表于《高校理论战线》2003年第5期的《辩证唯物主义世界观是不是马克思的哲学?》一文中就有关于这两者关系的详细说明,他说:"世界(宇宙)与人类社会的关系是整体与部分的关系;世界观与历史观的关系是一般与特殊的关系。如果我们肯定历史唯物主义是马克思的历史观,我们就可以问:马克思有没有世界观?如果有,它是什么? 当然,一个学者可以宣称自己只有历史观,没有世界观,但他的历史观却不可能没有世界观作为他的历史观的前提,因为历史观经常涉及人类社会的自然环境。至于马克思,他虽然没有提出一个完整的世界观理论体系,但确实有不少世界观的观点,特别是他明确地提出了'辩证方法'的概念,而辩证方法的理论根据就是世界观,因为哲学方法是最一般的方法,最基本的方法,这种方法的根据只能是世界观。硬要说马克思只有历史观,没有世界观,实在是难以令人信服。"②可见,在黄枬森先生那里,他也赞成马克思的历史观是具有辩证唯物主义世界观意蕴的。

经过以上考察,我们可以看出一个明确的具体的历史过程,即辩证唯物主义理论体系的形成和发展有一个清晰的脉络。首先,马克思在创立其唯物史观时,就蕴涵着辩证唯物主义思想。其次,在他和恩格斯共同形成哲学世界观之后,这时的世界观已经初步趋同辩证唯物主义世界观,而后由狄慈根首先提出辩证唯物主义概念,经其后的马克思主义者不断阐发,特别是列宁加以了很大的完善,最终在20世纪二三十年代由苏联的哲学家经过一定程度的体系化,从而形成了目前我们所见到的辩证唯物主义与历史唯物主义理论体系。就上述这一历史过程而言,可以看见,辩证唯物主义事实上并不为某些学者责难的那样,只是个别人(如列宁、斯大林)创造的,实际上它是由马克思、恩格斯、列宁等马克思主义经典作家及其他一些马克思主义哲学家共同努力,逐渐加以完善而形成的,并且这一过程在时代的实践发展过程中还在继续。因而通过以上对辩证唯物主义名称由来的考察,可以说,"辩证唯物主义的出现是进步不是倒退"③。

---

① 陶富源:《世界观·人类史观与历史唯物主义》,载《马克思主义研究》2009年第6期,第106页。

② 黄楠森:《辩证唯物主义世界观是不是马克思的哲学?》,载《高校理论战线》2003年第5期,第27页。

③ 黄枬森:《评对实践唯物主义的一种理解》,载《哲学研究》1989年第11期,第23页。

综上所述,马克思主义哲学世界观的形成即辩证唯物主义世界观的形成在马克思主义哲学史上有一个渐进的科学的实践过程。我们在认识这一问题时决不能只看表面,而要从把握马克思主义哲学的精神实质出发去理解。如果这样做了,我们就不难发现,马克思也是一个辩证唯物主义者。尽管历史上马克思确实没有明确提出自己的世界观理论,但他提出的唯物史观理论中是含有辩证唯物主义世界观意蕴的。这种意蕴表现在以下两个方面:一是,从马克思创立唯物史观的历史过程来看,这一过程离不开他的正在形成的辩证唯物主义世界观的影响;二是,马克思创立唯物史观的过程也就必然促使着他的辩证唯物主义世界观的自然形成。正因为这样,我们说辩证唯物主义就是马克思主义世界观的一种恰当名称。

(二)辩证唯物主义理论一些科学内涵的阐发

在科学地说明了辩证唯物主义及其名称形成的具体历史过程的基础上,为了能够更好地帮助广大哲学爱好者彻底了解辩证唯物主义的科学本质,黄枬森先生还进一步地阐释了辩证唯物主义的一些具体理论内涵,特别是对唯物性、辩证性、实践性三大辩证唯物主义特征的关系进行了说明。

1.辩证唯物主义理论体现了实践性有赖于它的唯物性、辩证性

把握好辩证唯物主义三大特征之间的关系,对于科学理解辩证唯物主义的理论内涵来说有相当重要的作用。黄枬森先生曾指出:"应明确'唯物主义'这一概念。马克思一再明确称呼自己的哲学为唯物主义,而唯物主义的最根本观点是承认外部物质世界的客观存在,即承认它的存在是不以人的意识为转移的,如果承认它的存在依赖于实践、依赖于主体,这种观点还能叫做唯物主义吗?"[①]由此可见,在黄枬森先生看来,不论是什么样的唯物主义,其最根本之处是必须承认外部物质世界的客观存在,即它的唯物性。所以辩证唯物主义尽管不同于以前的旧唯物主义,但其唯物主义理论本身就说明了马克思主义哲学的实践性有赖于它的唯物性、辩证性。

对于黄枬森先生的以上见解,我们可以从以下几个角度去加以理解和把握:一是马克思主义哲学中的实践作为认识和改造世界的手段,其本身是以世界的客观存在为前提的,物质是马克思主义哲学的最基本范畴。也

① 黄枬森:《评对实践唯物主义的一种理解》,载《哲学研究》1989年第11期,第18页。

就是说，马克思主义哲学中的实践性并不能离开唯物性，在两者的关系中，唯物性是基础。二是从社会现实看，人之所以需要通过实践来认识和改造世界，就是因为世界具有一种按其固有本性运动、变化的客观物质性，这种本性独立于人的意识之外，有自己的规律，从而并不必然适合于人的需要，这就是人与自然的关系不和谐，所以人需要通过自身实践去解决这一矛盾。三是客观世界具有一种辩证性，这种辩证性恰恰为人能通过自身实践改造世界提供了可能性。因为辩证性说明客观世界本身是运动的，是可以变化的，这种可变性决定了人可以通过自身实践对其加以改造和利用。

然而，现在很多否定辩证唯物主义的论者却忽视了上述的关系。这些论者大多持有这样一种观点，他们认为我们的世界应该是属人的世界，因而那种所谓的"客观世界"是一种"自在世界"，实际上是与人无关的，说白了，在人之外的世界对人来说是没有任何意义的，因此强调唯物性也就没有任何意义了。为了说明和论证这一观点，他们往往会引用马克思的下面这一段话来作为证据，那就是"被抽象理解的、被固定为与人分离的自然界，对人来说也是无"①。那么究竟什么是与人分离的自然界呢？实际上这里的"与人分离的自然界"表明了马克思对黑格尔抽象自然观的一种批判，但这种批判并不是马克思对自在客观世界的排斥。因为，在马克思看来，"对自然作与人分离的抽象理解，对人来说是无意义的，并不是说自在世界是与人分离的，更不是说自在世界无意义。换句话说，在马克思看来，自然是与人相联系的，因而它对人来说是有意义的，只有那种把自然与人武断地割裂开来，对自然所作的抽象理解，对人来说是无意义的"②。

因此，究其本质，马克思主义哲学是尊重自在客观世界的存在的，并以其作为理论前提。相反那些主张"自在世界与人无关"的各种观点是一种断裂的、僵化的思维结果，因而必然站不住脚。这类观点把"人"与"人之外世界"完全割裂，局限于这种教条僵化的思维就好比古希腊神话中的"芝诺悖论"，硬生生给我们自己划一条鸿沟，因而出现阿喀琉斯甚至跑不过乌龟那样的荒谬结论。从逻辑上来说，脱离或否认"人之外"的现实世界的客观实在性，人就把自己局限在现有的认识范围内，那么又如何能不断地扩大自己的实践阵地呢？实际上最终的结果就是无法发挥"人"自身的主体实践作用。从这个意义上来说，这类观点最终难以自圆其说甚至最终滑向唯

①《马克思恩格斯全集》第3卷，北京：人民出版社2002年版，第333页。

② 陶富源、方芳：《自在世界与人》，载《高校理论战线》2008年第11期，第40页。

心主义。

2.辩证唯物主义理论说明唯物观点是马克思主义哲学的首要的基本的观点

要弄清楚马克思主义哲学的本质内涵,有一个问题必须弄清楚,那就是马克思主义哲学的首要的基本的观点究竟是什么? 对于这一问题,现在很多学者往往都把实践的观点看作马克思主义哲学的首要的基本的观点,很多的马克思主义哲学原理教科书也甚至把这一点作为全书的指导思想,进而来安排书的结构。然而,黄枬森先生并不赞同这一观点。比如他在接受《求是》期刊记者采访时就明确提出:"实践观点是不是马克思主义哲学的首要的基本的观点呢? 我认为,不能这样讲。马克思主义哲学是在实践的基础上建立的,但任何科学也都是在实践的基础上建立的,难道能说实践的观点是任何科学(例如物理学、天文学)的首要的基本的观点吗? 说实践是马克思主义哲学的基本观点之一是可以的,说它是首要的基本的观点就过分了。"[①]

之所以这么说,黄枬森先生是经过一番思考和研究的。首先它对很多学者之所以认为"实践的观点是马克思主义哲学的首要的基本的观点"的理论根源进行了一定的分析。在他看来,"实践的观点是马克思主义哲学的首要的基本的观点"显然是从列宁的这句话,即"生活、实践的观点,应该是认识论的首要的基本的观点"假想过来的。而实际上,略加分析便可以看出,虽然列宁上述的这个观点可以扩展到历史观以及关于人类社会的一些其他部门哲学,但最为重要的是其并不能扩展到自然观、世界观领域。而马克思主义哲学作为科学的哲学理论首先就是世界观理论,就此而言,说实践的观点是马克思主义哲学的重要观点可以,但却不能片面地认为实践的观点就是马克思主义哲学的首要的基本的观点。

为此,黄枬森先生特别指出:"只要认真推敲一下就可以发现这个观点是似是而非的,不是对马克思主义实践观点的真正贯彻,而是对实践观点的夸大。请问,如果实践观点是首要观点,唯物观点、辩证观点算是什么观点呢? 有的教科书一方面讲实践观点是首要观点,另一方面又讲物质与意识的关系问题是哲学基本问题,这是不是自相矛盾呢? 说实践观点是首要

① 黄枬森:《哲学的科学之路——马克思主义哲学的科学体系研究》,北京:北京师范大学出版社2005年版,序言第5页。

观点,是不是承认先有实践,后有外部世界,物质世界是实践的产物呢?"①
因此,在黄枬森先生看来,我们很有必要对马克思主义哲学的首要的基本
的观点究竟是什么加以研究,从而使其得到一定的澄清。事实上,唯物观
点、辩证观点、实践观点是马克思主义哲学的三大观点,首要的基本的观点
肯定是其中之一,从整体上来说,如果一定要问马克思主义哲学的首要的
基本的观点是什么,黄枬森先生认为,答案就只能是客观实在的观点即唯
物观点。原因是唯物观点无处不在,而实践的观点往往只有在进入社会历
史领域之后,才能成为首要的基本的观点。

当然,在这一过程中,如何恰当地处理好实践观点的地位这一问题很
重要。换句话说,片面地夸大或者缩小实践观点在马克思主义哲学中的地
位都是不可取的,我们必须正确定位。对于这一问题,在黄枬森先生看来,
尽管他自己不赞成把实践的观点看成是马克思主义哲学的首要的基本的
观点,但是他却并不贬低和轻视实践观点。甚至在他看来,在马克思主义
哲学中,实践观点就是整个思想体系的灵魂,起主导作用。为此他特别对
实践论的有关内容及其重要意义作了专门研究,其主要成果集中于《教学
与研究》1996年第1期的《论实践论在马克思主义哲学中的地位》一文中。
在该文中,黄枬森先生提出了三个重要的关于实践论的观点:一是,不能把
实践论等同于马克思主义哲学;二是,实践论属于历史观的范围,不是世界
观;三是,实践论是历史观的核心部分,比认识论更重要,就这点而言,实践
观点就是马克思主义哲学的思想灵魂。

总之,正是从上述这些方面来说,实践的观点很重要,是马克思主义哲
学基本观点之一,但从逻辑上来说,这又并不意味着实践观点就是马克思
主义哲学首要的观点,因为首要的观点往往是作为基础或前提条件存在,
由此唯物观点更适合担任首要的基本的观点这一角色。

实际上,对于上述什么是马克思主义哲学的首要的基本的观点这一问
题的理解,其关键在于如何看待马克思主义哲学与旧唯物主义哲学的关
系。仔细分析可以看出,认为实践观点是马克思主义哲学的首要的基本的
观点的论者,他们无疑都片面强调了马克思主义哲学对旧哲学的批判。应
该说,这一批判以实践为主导原则,实现了哲学史上一次最伟大的变革。
然而另一方面,遗憾的是不少持这些观点的论者在谈到马克思主义哲学的

---

① 黄枬森:《哲学的科学之路——马克思主义哲学的科学体系研究》,北京:北京师范大学出版社
2005年版,第32页。

这一"批判"功能时往往忽视了其他方面。比如对马克思的这句话"从前的一切唯物主义(包括费尔巴哈的唯物主义)的主要缺点是:对对象、现实、感性,只是从客体的或者直观的形式去理解,而不是把它们当做感性的人的活动,当做实践去理解,不是从主体方面去理解"①,很多学者就作了把马克思的唯物主义与旧唯物主义绝对对立的简单理解,换句话说,在他们看来,马克思全面批判了旧唯物主义,进而特别强调从主体方面去理解客观世界,因而马克思实际上也就完全否定了物质本体论。应该说,上述这种观点是非常偏颇的,其理由有二:

一是,在上述引用的马克思的这句话中,马克思意图表达的仅仅是以往旧唯物主义的"缺点",即没有从主体方面去理解世界,因而不是意图根本否定唯物主义,我们从马克思强调"只是"二字就完全能领会他的本意。换句话说,在马克思看来,一切旧唯物主义的错误不在于它承认了对象的客观实在性,而恰恰在于它忽视了人的活动的主体性,忽视了人的实践的作用。因此,马克思在《德意志意识形态》中尽管批评费尔巴哈说:"这种活动、这种连续不断的感性劳动和创造、这种生产,正是整个现存的感性世界的基础,它哪怕只中断一年,费尔巴哈就会看到,不仅在自然界将发生巨大的变化,而且整个人类世界以及他自己的直观能力,甚至他本身的存在也会很快就没有了。"②之后,他又紧接着刻意补充说:"当然,在这种情况下,外部自然界的优先地位仍然会保持着,而整个这一点当然不适用于原始的、通过自然发生的途径产生的人们。"③

二是,在马克思的新哲学世界观那里,"马克思的新唯物主义仍然承认现实世界的不以人的意识为转移的客观实在性,这种承认表现了马克思的新唯物主义对旧唯物主义不仅有批判也有继承,是批判与继承的统一"④。为什么强调这一点呢?因为批判与继承的统一实际上就是问题的关键所在。具体来看,马克思的新哲学世界观的批判之处在于,旧唯物主义世界观对物质理解的形而上学或直观性。而其实新哲学世界观亦有继承之处,这在于旧唯物主义世界观的唯物性。正是将这种批判与继承相统一,马克

①《马克思恩格斯选集》第1卷,北京:人民出版社2012年版,第133页。

②《马克思恩格斯选集》第1卷,北京:人民出版社2012年版,第157页。

③《马克思恩格斯选集》第1卷,北京:人民出版社2012年版,第157页。

④ 金承志:《也评黄枬森的"辩证唯物主义世界观"——答周树智先生相关评论》,载《北京行政学院学报》2012年第1期,第58页。

思才从人的实践出发,实现了哲学主题的转换,创立了他的新哲学世界观。为此,可以看到的是,在阐述他的新哲学世界观时,马克思也是以物质的客观存在为逻辑起点的,并自始至终一再强调他是唯物主义者。特别是马克思在肯定实践的能动作用和革命意义时,也总是把世界的物质性这个唯物主义原则,即自然界的客观实在性和优先性原则,当作基本的前提加以说明。

总之,经由以上论述,我们可以得出的结论是:"二十多年来,一直有人试图以实践范畴为逻辑起点来阐述马克思主义哲学体系,但是这种努力至今没有成功,可以斗胆预言,今后也不可能成功。因为这样做违背了马克思主义所要求的历史与逻辑相统一的原则。"①事实上,从逻辑上来讲,也只有承认现实世界的那种不以人的意识为转移的客观实在性,我们才能进一步以实践为基础来认识和改造世界,否则人的实践将无用武之地,这是马克思主义哲学实践观的理论前提。可见,这种坚持世界物质性原则的逻辑前提不仅充分说明了唯物性是实践性的基础,也说明了唯物性才真正是马克思主义哲学的首要的基本的观点。也只有真正认识到这一点,才能使人类的实践领域得到不断扩展。

(三)辩证唯物主义理论体系与一些其他不同理论体系的比较

改革开放后,随着思想的解放,理论视野的打开,哲学界许多学者开始对马克思主义哲学的本质内涵究竟是什么有了多重的理解,并对这一问题进行了大量的研究和讨论,从而在此基础上提出了多种多样的观点。这些观点中,不认同马克思主义哲学的本质内涵就是辩证唯物主义的观点归纳起来主要有两种:其一,认为马克思哲学的本质内涵就是一种实践唯物主义;其二,认为马克思哲学的本质内涵只是历史唯物主义。如何看待上述这两种不同于传统理解的观点呢?对此,黄枬森先生认为这些观点是站不住脚的,但我们并不能只是一味反对这两种观点,正确的做法是在全面比较和深入研究的基础上,将以上这两种观点与传统理解进行对比,讲清是非、辨明得失,从而能够给出一个有理有据的说明。

---

① 陶富源:《也谈"实践"在马克思主义哲学体系中的地位》,载《学术界》2007年第1期,第102页。

1.关于实践唯物主义与辩证唯物主义的关系

应该说,目前学术界主张用以取代辩证唯物主义称呼的名称中最具代表性的就是实践唯物主义了。改革开放后,赞成这种提法的学者人数越来越多,从某种意义上来讲,这种观点影响也最大,很有市场,甚至是一度备受推崇,成为理论潮流。只不过,实事求是地讲,对于主张实践唯物主义的学者来说,怎么样界定或科学定义实践唯物主义理论体系,其内部也并不完全思想统一,某种意义上可以说,目前实践唯物主义可能还是一个比较泛化、散乱的概念。表现在近些年来学者们就实践唯物主义理论本身展开的学术争论也是异常频繁和激烈,并提出了对这一理论体系的多种理解。

具体说来,在这些不同理解中,有人认为实践唯物主义就是一种实践哲学、实践主义,也有人认为实践唯物主义就是一种实践人本主义,甚至有人认为实践唯物主义就是实践本体论或实践一元论。那么,究竟应该如何看待以上这些不同观点呢?黄枬森先生对此类观点进行了归类并进行了分析。在他看来,不少论者一方面强调或主张实践唯物主义,可另一方面,却又明显地离开唯物主义,嘴上一套,背里一套,言行不一,进而把实践唯物主义片面理解为"实践哲学、或实践主义、或实践人本主义,有的人甚至认为实践本体论或实践一元论才是真正的马克思主义哲学"①。

首先对于实践本体论、实践人本主义或实践一元论这些观点来说,这些观点都存在一个致命的缺陷,即缺少唯物主义基础。因为唯物与唯心是不能调和的,将实践作为本体或一元论,其实质就是某种唯心主义或者最终滑向唯心主义。其次,对于其他诸如实践哲学、实践主义等观点,黄枬森先生指出,对这些观点可以作两种性质截然不同的理解。其一,对这些观点如果作一种脱离唯物主义基础的思路来加以理解,强调实践本体论或实践一元论,这同样会滑向唯心主义。其二,对这些观点如果作为一种理论体系的特征来理解,也就是说仅是试图表明唯物主义除了唯物性之外还有其他的特征,那么这些观点是可以成立的。所以,黄枬森先生才认为"从这里引申出'实践的唯物主义',我认为是可以的,其含义也是说明了这种唯物主义的一种特征。这种唯物主义显然是马克思的哲学,它的主要内容在

---

① 黄楠森:《我对马克思主义哲学有争议的几个问题的看法》,载《国家高级教育行政学院学报》2001年第2期,第1页。

当时是唯物史观"①。

根据以上论述,可以看出,理论界以实践冠名的各种理论观点,并非都能称为科学的唯物主义。特别是实践本体论、实践人本主义或实践一元论等类似观点,其实质就是一种唯心主义。而即使是诸如实践哲学、实践主义等观点,也要警惕其是否是一种科学的实践唯物主义,这主要是看其是不是以唯物主义为基础。如果是,强调实践的唯物主义是一件好事,但如果不是,那么实践哲学或实践主义就把实践抽象化了,甚至滑向唯心主义,当然也就不能称之为一种唯物主义了。

因而在黄枬森先生看来,对于实践唯物主义的科学理解,可以从以下两个方面来进行。

一是如果把实践理解为某种特征,这样一来,实践唯物主义就是以实践作为一种特征的唯物主义理论。只不过,这里要注意的是,实践尽管是马克思主义哲学极其重要的一个特征,但其绝不是唯一也不是首要的特征。所以把马克思主义哲学称为"实践唯物主义"是可以的,但严格说来并不很确切。因此,"今人仿效西方马克思主义,喜欢称之为实践唯物主义,我认为这不算什么错误,但比较起来还是以辩证唯物主义为好,因为作为世界观,'实践的'只是唯物主义的特征;'辩证的'则不仅是唯物主义的特征,也是整个世界、宇宙的特征"②。

二是如果把实践理解为哲学对象,这样一来,实践唯物主义也就成了一种以实践作为研究对象的唯物主义理论。所以"把'实践'理解为对象,实践唯物主义就是以实践作为研究对象的唯物主义理论,正如历史唯物主义就是以人类社会历史作为研究对象的唯物主义理论一样,这样,它就是唯物主义实践论。唯物主义实践论,作为马克思主义哲学的一个组成部分,当然是可以成立的,但如果以它取代辩证唯物主义世界观,成为马克思主义哲学的称呼,那就以局部取代了整体,实际上把世界观取消了"③。因此,在黄枬森先生看来,这种以实践作为研究对象的唯物主义理论,其实质就是唯物主义实践论,而现在如果将这种称呼加以扩展为对整个马克思主义哲学的称呼,无疑是将马克思主义哲学的世界观消融了。

① 黄楠森:《论实践论在马克思主义哲学中的地位》,载《教学与研究》1996年第1期,第44页。
② 黄楠森:《辩证唯物主义世界观是不是马克思的哲学?》,载《高校理论战线》2003年第5期,第27页。
③ 黄楠森:《论实践论在马克思主义哲学中的地位》,载《教学与研究》1996年第1期,第44页。

　　总之，在黄枬森先生看来，把马克思主义哲学称为一种实践唯物主义也勉强可以，但必须明确说明这里的实践指的仅仅是马克思主义哲学的一种特征。当然权衡起来，这不是最恰当，也不是最科学的称呼，因为正如前文分析的那样，实践唯物主义在逻辑上还存在一种不完整和容易引起误解的倾向。因此，黄枬森先生的结论是："实践唯物主义这一称呼的含义值得推敲。在我看来，这里有个两难的局面：如果'实践'是对这种唯物主义的特征的描写，当然是可以的，但意义不大；如果'实践'是这种唯物主义研究的对象，它就是唯物主义实践论，称之为实践唯物主义是容易引起误解的。"①

　　为了能更加清晰地说明上述这一问题，黄枬森先生还对实践唯物主义一词的概念形成过程给予了考证和说明，以进一步增强说服力。他说："马克思本人并没有'实践唯物主义'这一概念，它是从马克思的'实践的唯物主义者，即共产主义者'（《马克思恩格斯全集》第3卷，第48页）这一句话中引申出来的。这样的引申能不能成立，理解是否符合马克思的思想，都应当仔细研究。"②事实上，马克思这里谈的实践的唯物主义者不过是说作为共产主义者的唯物主义者是实践的、革命的。因为当时马克思已经把自己的哲学称作新唯物主义了，因此"如果从'实践的唯物主义者'中可以逻辑地引申出'实践唯物主义'的话，那么，'实践唯物主义'不过标明了唯物史观的重要功能，即改造世界，并没有提出什么与唯物史观截然不同的崭新的唯物主义形态。……因此，实践唯物主义这个概念不过是在马克思用以称呼唯物史观的众多称呼中增加了一个称呼而已"③。

　　由黄枬森先生的这一段论述可以看出，在哲学史上，实践唯物主义概念事实上只是从马克思的"实践的唯物主义者，即共产主义者"这一句经典语句中引申出来的。事实上这句话只不过是马克思对他创立的唯物史观的进一步解释和说明，而并非强调或命名与唯物史观不同的另一种新唯物主义形态，因此并不能作为实践唯物主义的出处。所以，根据历史考证也不难看出，马克思本人从来没有在世界观层面上表明或强调自己的哲学是实践唯物主义。

　　诚然，对于辩证唯物义与实践唯物主义二者关系的看法，尽管目前学

　　① 黄枬森：《黄枬森文集》第4卷，北京：中央编译出版社2012年版，第42-43页。

　　② 黄枬森：《评对实践唯物主义的一种理解》，载《哲学研究》1989年第11期，第17页。

　　③ 黄枬森：《黄枬森文集》第3卷，北京：中央编译出版社2012年版，第421页。

术界还有不少分歧,但毫无疑问学者们都提出了自己的见解,这种争论无疑对繁荣哲学事业有相当大的作用。只不过值得注意的是,我们在讨论这一问题时,对上述二者的关系不能作一种简单的非此即彼的二律背反式的理解。而实际上可以看到,有些学者正因为对此二者关系作了这种理解,才在这一问题上产生了一定程度的迷惑。比如有一些学者把马克思主义哲学简单归结为辩证唯物主义,从而去否定实践唯物主义;而有一些论者恰恰相反,他们把马克思主义哲学往往简单归结为实践唯物主义,从而去质疑辩证唯物主义。两类观点互不相让,以致难以统一。实际上,就马克思主义哲学的创立历史过程而言,以上两种观点所彰显的辩证性与实践性特征反映的是马克思主义哲学同一思维过程的不同角度,相辅相成,并不矛盾。因此可以说,真正的马克思主义哲学应该包含这两种不同角度的思维过程。也就是说,我们只有把辩证唯物义与实践唯物主义作统一方面的理解,而不是作一种对立的理解,才能完整地对它进行理论上的概括,彰显其科学性。

其实,黄枬森先生本人也认同以上的看法。经笔者考证,黄枬森先生从早期一直到近期的文章都或多或少地表达出了这一思想。比如,早在1988年的《天津社会科学》第4期上,他就撰文提出不能把辩证唯物主义与实践唯物主义两方面对立起来,当然更不能以后者取代前者,正确的做法应当从辩证唯物主义前进,而不是后退。随后,他在1989年《哲学研究》第11期的《评对实践唯物主义的一种理解》一文中也指出:"正确理解的实践唯物主义同辩证唯物主义是完全一致的,把实践唯物主义同辩证唯物主义对立起来是没有根据的。"①

从以上一系列论述中可以看出,哲学史上,实践唯物主义一词事实上与辩证唯物主义一样,确切地说,都没有在马克思的著作中完整原貌出现。但另一方面,如果经由一个科学的对它们各自的概念形成过程的分析,或者说从马克思主义哲学的历史性、现实性出发,是可以获得这样一个结论的:实践唯物主义与辩证唯物主义互不排斥,然而从马克思主义哲学的整个发展历史过程来说,辩证唯物主义一词作为整个马克思主义哲学的名称相对更为合适。

关于上述实践唯物主义与辩证唯物主义二者的关系,陶富源先生还对

---

① 黄枬森:《评对实践唯物主义的一种理解》,载《哲学研究》1989年第11期,第23页。

此作出了别具一格的新解读。他指出:"马克思所实现的哲学变革,就根本点来说,也就是以贯穿自己唯物主义哲学的实践主导原则取代了旧唯物主义的直观受动原则和唯心主义的抽象能动原则。马克思哲学的本质内涵就是实践的唯物主义,即以实践为基础来理解和改造对象的唯物主义。这个对象如果是指人与世界的总体关系,那么其理论成果就是作为马克思主义世界观的辩证唯物主义;这个对象如果是指人类历史,那么其理论成果就是人类史观上的历史唯物主义;这个对象如果指的是人,那么其理论成果就是科学的人观,即现实的人及其历史发展的科学;如果这个对象是指人的认识,那么其理论成果就是能动的革命的反映论。"[①]因此在陶富源先生看来,这里的关于实践唯物主义的定义是从唯物主义的现实基础、思维方式和革命功能的角度来展开说明的,"因此,那种把实践唯物主义与辩证唯物主义对立起来的观点是不对的;把实践唯物主义理解为历史唯物主义的别称也是不对的;另外把实践唯物主义说成是实践本体论、实践一元论的观点,则更是错误的"[②]。应该说,陶先生的这种解读是非常值得耐人寻味的。

2.关于辩证唯物主义与历史唯物主义的关系

现在理论界质疑或否定辩证唯物主义的观点中,除了以上分析的实践唯物主义外,用历史唯物主义来替代辩证唯物主义也可以算是一种比较盛行的观点。如《哲学研究》1995年第3期中的《重新认识马克思的哲学和黑格尔哲学的关系》一文就提出了这样一种观点,认为马克思主义哲学实质上就是一种广义的历史唯物主义。如何看待此类观点呢? 黄枬森先生又有什么样的见解呢?

实际上,要澄清此类观点就必须要能够正确说明历史唯物主义与辩证唯物主义二者的关系。对于这一点,黄枬森先生首先是从板块结构的观点来入手进行系列论证和说明的。他在《教学与研究》1996年第1期的《论实践论在马克思主义哲学中的地位》一文中说:"板块结构的指责也不是实事求是的。马克思、恩格斯、列宁和所有马克思主义哲学教材都指出过,从逻辑上而不是从历史上讲,历史唯物主义是以辩证唯物主义的一般原理为指导研究人类社会历史而得出的理论,是辩证唯物主义在人类社会历史领域

① 陶富源:《世界观·人类史观与历史唯物主义》,载《马克思主义研究》2009年第6期,第111页。

② 陶富源:《世界观·人类史观与历史唯物主义》,载《马克思主义研究》2009年第6期,第111页。

的体现,它们之所以并列起来,一是为了叙述的方便,二是为了突出历史唯物主义的重要性。这个结构不是板块结构,而是层次结构。"①可见,在黄枬森先生看来,历史唯物主义与辩证唯物主义二者的关系是,历史唯物主义是辩证唯物主义在人类社会历史领域的体现,其以辩证唯物主义的一般原理作为指导,在板块结构上是局部与整体的关系。

再比如,黄枬森先生还同样指出:"马克思主义哲学的各个组成部分都可以说是辩证唯物主义的,如辩证唯物主义自然观(自然辩证法)、辩证唯物主义历史观(历史唯物主义)、辩证唯物主义实践论、辩证唯物主义认识论、辩证唯物主义价值论,等等,因此,辩证唯物主义是马克思主义哲学的核心,而它之所以能成为核心,是因为它是世界观。所以,只有辩证唯物主义能代表马克思主义哲学这一学科群,马克思主义哲学可以简称为辩证唯物主义。"②

根据以上论述可以看出,历史唯物主义尽管是马克思主义哲学很重要的一个组成部分,但它并不是全部,而现在如果我们用历史唯物主义来替代辩证唯物主义,进而把历史唯物主义上升到世界观的高度,无疑会出现以偏概全的错误。因此,总的来说,"辩证唯物主义在马克思主义哲学的各种名称中是最确切的名称,为了突出历史唯物主义的重要地位而把二者并列起来,称为辩证唯物主义和历史唯物主义当然也是可以的"③。

究竟应该如何正确理解辩证唯物主义与历史唯物主义二者的关系呢?这实际上也是我国哲学理论界近些年来广泛讨论的一个问题。对二者的关系,陶富源先生曾撰文将其作了归纳,他认为,"到目前为止,在这个问题上主要有四种观点。在这里把它们分别概括为'推广应用说'、'核心辐射说'、'狭义广义说'以及'解释原则说'等"④。

对这四种观点,陶富源先生认为,虽然它们在各自的表达的重点上都有一定的可取之处,但也存在着一些不妥当之处。而事实上,要想厘清辩证唯物主义与历史唯物主义这二者的关系,必须完整地理解马克思创立的历史唯物主义中的"历史"概念。而要弄清这一"历史"概念,就必须从文本入手科学解读马克思恩格斯在世界观上的转变过程才是可靠和可行的。

① 黄枬森:《论实践论在马克思主义哲学中的地位》,载《教学与研究》1996年第1期,第45页。

② 黄枬森:《黄枬森文集》第4卷,北京:中央编译出版社2012年版,第44页。

③ 黄枬森:《论实践论在马克思主义哲学中的地位》,载《教学与研究》1996年第1期,第45页。

④ 陶富源:《世界观·人类史观与历史唯物主义》,载《马克思主义研究》2009年第6期,第105页。

比如马克思恩格斯曾在《德意志意识形态》中指出:"历史可以从两方面来考察,可以把它划分为自然史和人类史。"①然而他们接着又提出:"自然史……我们在这里不谈;我们需要深入研究的是人类史。"②可见,马克思、恩格斯在《德意志意识形态》中所表述的唯物史观所涉及的研究对象应该指的就是人类史。从这点上来说,唯物史观自创立时起就是一种立足于人类实践,并试图揭示历史发展规律的科学的人类史观。这方面正如恩格斯所指出的:"正像达尔文发现有机界的发展规律一样,马克思发现了人类历史的发展规律。"③所以,任何否认唯物史观是一种人类史观的观点都是不能成立的。

由此可见,马克思发现了人类历史的发展规律,历史唯物主义就是这一试图揭示历史发展规律的科学的人类史观。如果在此基础上来看待辩证唯物主义与历史唯物主义的关系,对黄枬森先生所提出的观点也就不难理解了。因为如果仅仅用揭示人类社会历史规律的历史唯物主义在世界观层面上去说明整个世界,显然是不够妥帖的,这一任务必然只有落到世界观意义上的辩证唯物主义那里。当然这是否就意味着历史唯物主义与辩证唯物主义并不能统一呢?答案显然又是否定的。原因在于,历史唯物主义本身它又包含有马克思主义哲学世界观意义上的意蕴。这种意蕴主要体现在以下三方面:一是历史唯物主义关于现实的人的理论,不仅为历史唯物主义的自身展开提供了出发点,而且现实地展示了由自然、人、社会所构成的世界的系统联系。二是历史唯物主义关于社会存在决定社会意识、社会意识反作用于社会存在的原理,不仅为唯物辩证地理解社会生活提供了理论根据,而且为科学说明存在决定意识、意识反作用于存在的辩证唯物主义基本原理提供了具体论证和现实展示。三是历史唯物主义关于社会发展是一个通过人的实践活动来实现的自然历史过程的理论,不仅深刻说明了人类社会的辩证发展,而且也从人类社会这个领域科学阐明了世界的总体过程④。

总之,在历史唯物主义与辩证唯物主义二者的关系问题上,"历史唯物

①《马克思恩格斯选集》第1卷,北京:人民出版社2012年版,第146页。

②《马克思恩格斯选集》第1卷,北京:人民出版社2012年版,第146页。

③《马克思恩格斯选集》第3卷,北京:人民出版社2012年版,第1002页。

④ 参见陶富源:《世界观·人类史观与历史唯物主义》,载《马克思主义研究》2009年第6期,第109-110页。

主义是具有辩证唯物主义世界观意蕴的科学的人类历史理论。因此,不能把历史唯物主义与辩证唯物主义对立起来,更不能用历史唯物主义去否定辩证唯物主义。如果是那样,伤害的只能是作为一块整钢的马克思主义哲学"①。

3. 关于如何理解辩证的实践的历史的唯物主义

虽然这些年来,哲学理论界围绕着马克思主义哲学名称的问题产生了一些争论,但如果从哲学的党性来说,有一点是毋庸置疑的,那就是不管辩证唯物主义,还是历史唯物主义,还是实践唯物主义,各个观点之间对马克思主义哲学的唯物性理解大体上还是一致的。也就是说,大家都认同马克思主义哲学是在旧唯物主义基础上创立的一种新唯物主义,这种新唯物主义实现了哲学史上的一次伟大变革,但其党性还是唯物主义。正如三个称谓中都包含的"唯物主义"一词,就能非常直接地表明了马克思主义哲学对历史上一切唯物主义哲学的那种历史继承关系,也就是以物质一元论为基础的本体论仍然是作为马克思主义哲学的前提而蕴涵整个理论体系并贯彻始终。

然而,对于马克思主义哲学这种新唯物主义的最主要本质特征究竟是什么? 是辩证的? 实践的? 历史的? 抑或是这些特征的统一? 这却引起了不同程度的争论。各个观点都强调以某一方面的特征来命名马克思主义哲学,进而彰显最主要的本质特征。那么,究竟应该如何理解辩证唯物主义、实践唯物主义和历史唯物主义这三种名称的唯物主义的关系呢? 事实上,围绕这一问题各个观点之所以会争论不休,其主要根源在于各个观点对马克思主义哲学的精神实质理解各有不同。比如大家对马克思主义哲学的主要特征唯物性、辩证性、实践性、历史性等就可能存有不同理解,从而以至于不能正确处理辩证唯物主义、实践唯物主义和历史唯物主义这三者之间的关系。所以,尽管有分歧,但问题并不难解。问题的关键在于大家能否从相互联系的方面来看各个不同特征。换句话说,如果人们能对马克思主义哲学的这些特征加以正确地相互联系地理解,就不会采取否定另一方来抬高己方的偏颇做法,结果与此相关的各种争论也就平息了。就是说,只有正确理解了这三种不同名称的唯物主义的那种内在一致关系,

---

① 陶富源:《世界观·人类史观与历史唯物主义》,载《马克思主义研究》2009年第6期。第110页。

我们才能真正认识到马克思主义哲学的精神实质，这样也会促使我们冷静地思考并重新审视我们原来所坚持的观点，进而最终形成一个较为一致的正确看法。

正如一些学者所说，不论是用这三个名词中的哪一种来表述马克思主义哲学，很显然指的都是马克思主义哲学的"一块整钢"。从这个角度讲，不同的名称只是不同历史条件下根据不同的批判和阐释对象或突出某个重点而作的一种相对性规定。所以，从理解马克思主义哲学的精神本质来说，不论称之为"辩证唯物主义"也好、"实践唯物主义"也好，还是"历史唯物主义"也好，这些名称都存在理论上的一种逻辑一致性，彰显马克思主义哲学的各个特征，因而并非是绝对对立，不能融合在一起的。从这个意义上说，"理解辩证唯物主义、实践唯物主义和历史唯物主义的区别和联系，对评价近年来的哲学体系改革之争，是有重要意义的"①。

遗憾的是，近年来在国内哲学界的相关争论中，参与争论的学者们的观点大多要么抬高历史唯物主义而否定辩证唯物主义的世界观地位，要么夸大实践唯物主义在马克思主义哲学体系中的地位，而取消辩证唯物主义和历史唯物主义。根据前文分析，实际上采取这些态度的各种观点都是欠妥的。而真正的马克思主义哲学体系应当是一个以实践为主导原则，以辩证唯物主义为总体特征和方法论基础，以历史唯物主义为核心内容的辩证唯物主义、实践唯物主义和历史唯物主义三者有机统一的哲学体系。总之，在马克思主义哲学的这些重要特征中，无论我们取消或否定哪一方面，都会割裂马克思主义哲学的完整性，因此无论哪种名称都并不必然否定其他特征。换句话说，如果我们要突出马克思主义哲学的总体特征和方法论基础，那么我们可称之为辩证唯物主义；如果我们要突出马克思主义哲学的主导原则，那么我们可称之为实践唯物主义；如果我们要突出马克思主义哲学的核心内容历史观，那么我们可称之为历史唯物主义。这三种称呼之间并不矛盾，只是从三个不同方面对马克思主义哲学本质特征作了一种宏观概括。

由此，特别值得一提的是这样一种观点，即认为马克思主义哲学就是辩证唯物主义、实践唯物主义和历史唯物主义三者内在统一的观点，也就是所谓的"辩证的实践的历史的唯物主义"。如韩庆祥的《辩证唯物主义、

---

① 韩庆祥：《辩证唯物主义、实践唯物主义和历史唯物主义的关系辨析》，载《天津社会科学》1993年第1期，第14页。

实践唯物主义和历史唯物主义的关系辨析》(《天津社会科学》1993年第1期)、陆剑杰的《论实践的、历史的、辩证的唯物主义》(《求索》1999年第4期)、吴文新的《试论实践唯物主义与历史唯物主义和辩证唯物主义的整体一致性》(《山西大学学报(哲学社会科学版)》1999年第1期)等文章,都或多或少地谈及了这一想法。尽管上述各个学者在观点的具体论述上还存在一定差别,但不约而同都提出了一种全新概括马克思主义哲学本质内涵的思路。如何理解这种观点呢? 可以说,陶富源先生的相关观点对此作了别具一格的精辟分析,他认为:"所谓实践的历史的辩证的唯物主义,其中包含三层肯定性的含义:第一,在要不要坚持唯物主义基本路线的问题上,它的回答是肯定的,就是说,它首先是一种唯物主义,而不是唯心主义。第二,在'要什么样的唯物主义'这个更具体、更现实的问题上,它的回答是实践的、历史的、辩证的唯物主义。这一提法特别强调的是不要停留在一般唯物主义的水平上,而要前进到实践的、历史的、辩证的唯物主义。第三,马克思主义哲学唯物主义的实践性、历史性、辩证性是互补的、统一的。即是说,要把实践唯物主义、历史唯物主义、辩证唯物主义等马克思主义哲学的不同称谓作统一的而不是相互排斥的理解。"①这样一来,马克思主义哲学的"一块整钢"也就不言而喻了。

总之,"我们要发展马克思主义哲学,进行哲学体系改革,理应从这三种唯物主义的有机统一出发,而不能用一方取代另一方的办法来求得发展"②。当然,必须指出的是,如果从历史沿用习惯或者理论的传承角度来说,辩证唯物主义毕竟是使用了多年的马克思主义哲学名称,其标志着和展示了马克思主义哲学在实践中的具体发展历程,同时也形成了一种强大的历史影响力。就此而言,我们在强调马克思主义哲学的实践性和历史性前提下,辩证唯物主义完全是可以作为马克思主义哲学的代名词的。正如黄枬森先生认为的那样,在马克思主义哲学的各种名称中,辩证唯物主义应该算得上是一种最确切的名称。

---

① 陶富源:《实践主导论——哲学的前沿探索》,合肥:安徽人民出版社2001年版,第26页。

② 韩庆祥:《辩证唯物主义、实践唯物主义和历史唯物主义的关系辨析》,载《天津社会科学》1993年第1期,第14页。

三、论述辩证唯物主义体系的不容否定

黄枬森先生不仅敢于正面和正确应对辩证唯物主义面临的种种挑战,科学解析辩证唯物主义的具体形成过程和理论内涵,他还积极从辩证唯物主义的实践检验、合理体系、科学论证等方面入手,进一步向我们说明和论证了辩证唯物主义的不容否定。

(一)一个在实践中形成的科学哲学体系不会被否定

在黄枬森先生看来,辩证唯物主义就是一个在实践中科学形成的并多次经实践证明为相对正确的完整的马克思主义哲学体系。从哲学史上来说,辩证唯物主义的这一实践发展过程就是马克思恩格斯创立、马克思恩格斯战友和学生发展、列宁推进、毛泽东邓小平等中国哲学家进一步完善的历史过程。为了充分说明这一科学理论体系的形成过程与实践经验,黄枬森先生从哲学史角度对这些问题详细地进行了一番分析和考察。

1.马克思恩格斯在实践中共同创立辩证唯物主义

马克思主义哲学的本质是否就是辩证唯物主义,回答这一问题就必须弄清楚马克思本人的哲学思想与辩证唯物主义之间的逻辑关系,就必须弄清楚马克思本人的哲学思想与恩格斯哲学思想的关系。因为凡是否定辩证唯物主义的人,大多也都否认辩证唯物主义是马克思的哲学,否认马克思恩格斯共同创立了辩证唯物主义。事实究竟如何呢? 如果我们从马克思主义哲学发展的历史过程来看,特别是从马克思与恩格斯的共同创作交流过程来看,马克思与恩格斯的哲学思想就是一块整钢,换句话说,就是马克思恩格斯共同创立了辩证唯物主义。

首先从马克思的哲学思想发展过程来看,在马克思创立唯物史观之后,他根据他与恩格斯之间的分工,主要将自己的精力集中于研究政治经济学。这一时期写作的《资本论》可以说是马克思一生中重要的著作。《资本论》这本巨著不仅系统深刻揭示了资本主义的经济运动规律,而且也在实践中大大地丰富和发展了马克思主义哲学内涵。特别重要的一点是，《资本论》的写作论述方法，从根本上来说就是运用唯物辩证法，比如《资本论》中经常使用的矛盾分析方法就直接体现了马克思的唯物辩证思想。之所以从矛盾分析方法入手，是因为在马克思看来，分析资本主义社会及其发展规律，就必须从分析资本主义经济的内在矛盾入手，正是由于正确运用这种方法，马克思才揭示出资本主义从发生、发展到必然灭亡的客观规律。不仅如此，《资本论》还对唯物辩证法的许多一般原理，比如对立统一规律、质量互变规律、否定之否定规律等进行了一定程度的阐发，丰富了唯物辩证法的内涵。对此，马克思本人在 1867 年 6 月 22 日写给恩格斯的信中，在讨论《资本论》的写作时说："我在那里，在正文中引证了黑格尔所发现的单纯量变转为质变的规律，并把它看做在历史上和自然科学上都是同样有效的规律。"①此外，《资本论》还对唯物辩证法的不少其他范畴，如现象和本质、形式和内容、一般和个别等也都有不同程度的阐发。一个众所周知的历史事实是，在《资本论》的创作和出版过程中，致力于研究自然辩证法的恩格斯不仅在学术还有经济上都向马克思给予了巨大的援助。而且这期间在批判巴枯宁、拉萨尔等各种机会主义思潮的过程中，马克思与恩格斯也是并肩战斗的，所以怎么能说辩证唯物主义的思想是恩格斯的，而与马克思无关呢？事实恰恰是，离开马克思对政治经济学的批判性研究，就不会有辩证唯物主义理论体系的最终形成和发展，反之，离开辩证唯物主义世界观、方法论的思想指导，就不会有马克思对政治经济学研究的巨大突破。

我们再来从恩格斯这边看，可以看到的是根据分工，恩格斯在实现辩证唯物主义理论的体系化方面做了相当大的贡献。其中值得一提的是完成了不少对辩证唯物主义世界观理论形成颇具影响的代表作，如《反杜林论》《自然辩证法》《费尔巴哈论》等。而在这些著作中，恩格斯明确提出了不少能初步反映辩证唯物主义世界观理论范畴的用语，诸如"唯物辩证法""世界观"等。当然对恩格斯在实现辩证唯物主义理论的体系化方面所做的贡献，大家基本都没什么意见，现在的问题是恩格斯的这些成果或者研究工作是否与马克思有关或者说得到马克思的支持呢？

同样众所周知的事实是，恩格斯有相当多的哲学研究工作是在同马克

①《马克思恩格斯文集》第 10 卷，北京：人民出版社 2009 年版，第 264 页。

思密切合作并得到马克思的支持下完成的,并且其中的主要观点也是得到马克思赞同的。比如恩格斯曾把他的自然辩证法研究提纲寄给了马克思,征询马克思的意见,而马克思则回信表示非常高兴,并把这个提纲给化学家肖莱马看。恩格斯的《反杜林论》也曾全部向马克思读过,不仅如此,其中有一章还是马克思执笔的。正因为有了这样的密切合作,所以恩格斯在评价自己的《反杜林论》时也谦虚地说:"本书所阐述的世界观,绝大部分是由马克思确立和阐发的,而只有极小的部分是属于我的,所以,我的这种阐述不可能在他不了解的情况下进行,这在我们相互之间是不言而喻的。在付印之前,我曾把全部原稿念给他听,而且经济学那一编的第十章(《〈批判史〉论述》)就是马克思写的……在各种专业上互相帮助,这早就成了我们的习惯。"[1]

此外,从马克思与恩格斯的相关书信中也可以看到,当时正是马克思及时指出了杜林思想的危害,并要求恩格斯立即展开对杜林的批判。之后在《反杜林论》出版后,马克思也在其书信中表达了对这本书中的观点的赞同。根据这些历史事实,那种把马克思与恩格斯对立起来,并妄图以此说明辩证唯物主义仅仅是恩格斯的哲学,因而与马克思无关的观点是站不住脚的,也是非常荒谬的。

当然这里还必须讨论一下恩格斯哲学思想与辩证唯物主义的关系。关于这一点我们首先必须清楚的一个历史事实是,辩证唯物主义和历史唯物主义这一传统体系是源于恩格斯,完成于20世纪30年代的苏联哲学家。当然这一体系并不是1938年斯大林写作的《辩证唯物主义和历史唯物主义》,二者之间有很大差别,因此那种认为传统的辩证唯物主义理论体系是以斯大林的《辩证唯物主义和历史唯物主义》为范本而形成的说法根本不能成立。

说到恩格斯哲学思想与辩证唯物主义的关系,首先需要概括一下恩格斯究竟提出了哪些辩证唯物主义的基本原理,从而对辩证唯物主义理论的体系化做了什么样的贡献。从马克思主义哲学史来看,这一贡献主要体现在两方面:一是恩格斯在马克思的帮助和影响下提出了一些辩证唯物主义的重要基本观点,如在《反杜林论》中提出的世界的统一性在于它的物质性、时间与空间是物质存在的形式、运动是物质存在的方式等涉及辩证唯

---

[1]《马克思恩格斯选集》第3卷,北京:人民出版社2012年版,第383-384页。

物主义世界观的一些基本原理,更为重要的是《反杜林论》哲学篇的最后两章可以说已经初步论述了辩证法三个主要规律。到了1879年恩格斯在《自然辩证法》中进而明确提出辩证法的规律可以归结为质量互变、对立统一和否定之否定三大规律,同时《自然辩证法》还提到了其他一些辩证法范畴。随后在《费尔巴哈论》中恩格斯更是提出了哲学基本问题的理论,这些都初步表明了恩格斯对辩证唯物主义理论的体系化所做的贡献。二是在马克思去世后,恩格斯继续从事这项艰辛的工作,尽管他本人也没有明确提出“辩证唯物主义”一词,但他在这方面的许多哲学观点都成为后来马克思主义理论家(诸如梅林、拉法格、考茨基、狄慈根等),特别是列宁以及20世纪二三十年代苏联很多哲学家完善辩证唯物主义的理论前提和基础。从这个意义上来讲,“只要把苏联哲学家后来制定的‘辩证唯物主义’理论体系同这几本书对比一下,就可以明显看出,辩证唯物主义的基本观点差不多都是恩格斯提出来的。从这些情况我们可以得出结论:马克思主义的哲学基础中的世界观和认识论部分已由恩格斯补上了。而这个工作是得到马克思的支持和赞同的”①。

除了上述的贡献之外,恩格斯还在辩证唯物主义的体系化过程中起了某种独特作用。具体说来,这种独特作用不仅表现在恩格斯是马克思的合作者,而且表现在恩格斯没有停止脚步,大大地发展了马克思主义哲学。从哲学史上看,马克思主义哲学在创立初期,其主要成果是历史观,还没有上升到世界观,并且很多其他的思想也还没有从唯物史观中分化出来,而后来正是恩格斯承担了这些没有完成的艰巨任务。当然分化不等于分割,从这个意义上来说,任何一门科学发展的历史就是这门科学的分化以及在分化的同时又综合起来的历史。没有分化,就没有综合,分化以后的各门学科之间的联系不是削弱了,而是加强了。正如辩证唯物主义一样,任何一个科学体系必然有一个逐渐分化但又相互联系形成体系的过程。因此可以看出,恩格斯进行自然辩证法的研究,实际上就是把自然观从马克思主义哲学的历史观中分化出来的一次努力。同样在这之后,恩格斯在《反杜林论》以及后来的《费尔巴哈与德国古典哲学的终结》中就实现了世界观与历史观的分化。不过这时的认识论与世界观还是混在一起的,这两者之间的分化任务直到后来的考茨基、普列汉诺夫,特别是列宁才基本完成。

① 黄枬森:《哲学的科学化——黄枬森自选集》,北京:首都师范大学出版社2008年版,第62页。

总之,完全可以这样认为,是马克思恩格斯在革命实践中共同创立了辩证唯物主义,并使这一理论得到了初步的验证。

2.列宁在革命实践中推进了辩证唯物主义

在马克思主义哲学发展史上,列宁的哲学思想居于一个相当重要的地位,但我国理论界关于列宁哲学思想及其在哲学史上的地位和历史作用实际上也存在一些分歧。比如一小部分学者受西方马克思主义影响就认为列宁的哲学思想实际上与马克思的哲学思想是不完全一致的,特别是列宁主张的唯物辩证法实际上脱离了马克思主义哲学思想。

如何看待上述这一观点呢? 黄枬森先生认为,为了说清楚这一问题,必须追根溯源,从西方马克思主义者的相关观点说起,他把这些否定列宁思想是马克思主义哲学思想继承者的各类观点归纳为四种:一是认为,列宁把物质或物质世界看成是存在于人的意识之外、不以人的意识为转移的客观实在,这种客观实在就是认识的对象,而马克思则把认识对象看成是依存于人的意识的人化自然。二是认为,列宁把辩证法首先视为客观世界的辩证法,认为客观辩证法创造主观辩证法而不是相反,而马克思则根本不承认自然辩证法,只承认人类社会的辩证法和思维辩证法。三是认为,列宁把人类社会的发展看作是有客观规律的,而马克思则把人类社会的发展看作人的本质的异化和异化的复归。四是认为,列宁承认意识是对物质世界的反映,物质决定意识,而马克思则不承认反映论,认为意识是实践的产物,而不是对物质的反映[①]。

在进行总结和归纳的基础上,黄枬森先生还对上述这些观点进行了剖析和批驳。在哲学史上,这些观点只是一些不符合马克思主义哲学史事实的错误认识。原因是,从当时的历史情况看,列宁是一名政治活动家和无产阶级革命领袖,这种特殊的身份,使得列宁不得不面对严酷的政治现实,进而将自己的理论与革命实践紧密联系起来。所以与马克思、恩格斯比较起来,列宁是在一个非常不同的特殊的历史条件下进行自己的哲学创作活动的,具有鲜明的时代色彩。因而列宁更为强调唯物辩证法,强调客观规律和阶级斗争,强调物质决定意识。但不论如何,列宁的哲学思想虽然同马克思、恩格斯哲学思想相比而言,有了一定的变化,但他们的思想在根本

[①] 参见黄枬森:《哲学的足迹》,北京:中国社会科学出版社1987年版,第11页。

上还是一致的。也正是因为如此,我们才认为列宁是马克思哲学思想的忠诚继承者和发扬光大者。在黄枏森先生看来,列宁的哲学思想对马克思主义哲学发展有两个重大理论贡献:一是奠定了辩证唯物主义在马克思主义哲学中的核心地位,这是在《唯物主义和经验批判主义》一书中作出的。二是尝试建立了马克思主义哲学的科学体系,这是在《哲学笔记》一书中作出的。

在哲学史上,虽然恩格斯为辩证唯物主义世界观提出了很多的基本观点,但老实说,恩格斯毕竟没有明确系统阐述这一理论体系。作为影响很大的《反杜林论》只是一个论战性的著作,而《自然辩证法》却又仅仅是一个尚未完成的项目,因此可以说恩格斯既未能提出一个完整的辩证唯物主义世界观理论体系,也没能提出如何建构这一完整体系的原则。而面对这一迫切的历史任务,列宁是做了很大贡献的。

第一,列宁在《唯物主义和经验批判主义》一书中详细地论证了马克思主义哲学主要是由辩证唯物主义世界观、认识论和历史观三部分组成,而且三者之间具有不可分割的联系。这一观点的提出很重要也很及时,大大挫败了当时俄国马赫主义者试图以马赫主义取代辩证唯物主义的阴谋,由此也进一步提高和巩固了辩证唯物主义在马克思主义哲学中的核心地位。正是从这个意义上来说,"恩格斯虽然实质上提出了辩证唯物主义的基本观点,使马克思主义世界观系统化了,但他并未提出'辩证唯物主义'一词……写出专著为辩证唯物主义作论证的是列宁"[①]。虽然列宁这时的论证也存在着一定的不足之处,但他的观点无疑成为后来苏联哲学界阐发辩证唯物主义和历史唯物主义的重要理论基础。

第二,在《哲学笔记》一书中,为了解决建构一个马克思主义哲学科学体系的问题,列宁还对许多哲学范畴或原理作了精辟而又独到的论述和分析。尽管由于种种原因,马克思主义哲学科学体系最终并没有完成,但列宁提出了一个简要的哲学体系雏形和若干个构建哲学体系的指导原则,这些成果为完成这一重要的历史任务打下了一定的基础。可以说列宁的这一努力和尝试,为这一时期的马克思主义哲学的发展开辟了一个新阶段。

接下来到了20世纪二三十年代,在列宁成果的基础上苏联出版了多种论述"辩证唯物主义"或"辩证唯物主义和历史唯物主义"的著作,当时

---

① 黄枏森:《哲学的科学化——黄枏森自选集》,北京:首都师范大学出版社2008年版,第63—64页。

的作者主要有西洛科夫、阿克雪里罗德、米丁、斯波科内伊、爱森堡、哈尔科夫、贝霍夫、特姆扬斯基、阿多拉茨基等人，他们都提出了较为成熟的辩证唯物主义理论体系，并由此经过进一步地不断整合，随后逐渐形成了现在我们所熟悉的称之为"辩证唯物主义和历史唯物主义"的苏联模式的传统教科书理论体系。

然而到了1938年，苏联出版了《联共党史》。书中第4章第2节专门介绍哲学，该章节篇名为《论辩证唯物主义和历史唯物主义》，撰写人为斯大林，斯大林按照自己的想法并对苏联的这一哲学体系进行了不少的错误删节和简化。由于政治原因，这个简化体系曾一度被认为是最新的马克思主义哲学的唯一科学体系，甚至统治马克思主义哲学界10余年，造成极大的影响。这一简化体系直到斯大林去世后才被苏联哲学家所抛弃，之后又恢复了前文所提的20世纪二三十年代形成的苏联传统教科书理论体系。

对于上述这一过程，黄枬森先生后来特别强调指出，"斯大林撰写的《联共党史》第4章第2节《论辩证唯物主义和历史唯物主义》的体系是斯大林创造的，但把马克思主义哲学看成由两个主要组成部分——辩证唯物主义（世界观和认识论）和历史唯物主义（历史观）构成的思想体系并不是斯大林的创造，而是苏联二三十年代哲学界的共同创造"①。因而对于这个20世纪二三十年代由苏联哲学界共同创造的传统体系，黄枬森先生认为它是完全不同于斯大林模式的，它是苏联的众多哲学家们根据马克思和恩格斯的论述以及列宁的论述统一而成的，因而基本是一个科学体系。虽然这一体系并不完整和严密，但这个体系传入中国以后，指导中国革命实践取得了一系列的胜利。同时在中国众多哲学家的努力之下，也取得了马克思主义哲学中国化的不少理论成果，虽然也有不少挫折。因而黄枬森先生不仅指出："今天在中国有一种错误看法流传甚广，即认为'辩证唯物主义和历史唯物主义'是斯大林创造的，这完全违背事实。"②而且由此进一步指出："总之，苏联体系的出现在马克思主义哲学史上是一大进步，不能随便抛弃，但由于它只是根据马克思、恩格斯、列宁的某些做法和观点拼凑而成的，不是根据建构哲学体系的科学原则建构的，在完整性和严密性上问题

---

① 黄楠森：《必须坚持辩证唯物主义》，载《北京大学学报》（哲学社会科学版）1998年第2期，第165页。

② 黄枬森：《哲学的科学化——黄枬森自选集》，北京：首都师范大学出版社2008年版，第71页。

颇多,必须加以改进。"①

3.毛泽东等中国哲学家在革命实践中促进了辩证唯物主义的进一步完善

翻开哲学史可以知道,十月革命后,马克思主义及其哲学理论开始在中国广泛传播。对此黄枬森先生认为,由于马克思主义哲学本身的革命性和实践性,使得其在中国传播的过程中,注定了在形式上和内容上都具有中国化、时代化和大众化的特征。在这一过程中,中国的马克思主义者不仅翻译了大量的马克思主义哲学经典著作,而且在吸收和消化辩证唯物主义的基本原理后,不断结合中国的具体实际,阐发了一系列的符合中国实际的马克思主义哲学创新理论,从而大大推动了马克思主义在中国的传播和马克思主义中国化。就具体人物而言,陈独秀、李大钊、瞿秋白、毛泽东、李达、艾思奇等,在这一过程中都发挥了不小的作用。

特别是毛泽东同志,他虽然首先是一个中国的无产阶级革命家,但他同时也是一个真正的马克思主义哲学家。之所以这么说,不仅表现在他对马克思主义哲学的浓厚兴趣,并自觉用马克思主义哲学来指导实际工作,而且表现在这个过程中,他对马克思主义哲学理论不断加以创新,甚至写成了专门的马克思主义哲学论著,这些都说明了他为马克思主义哲学的中国化做出的重大贡献。比如大家熟悉的毛泽东的《实践论》《矛盾论》等论著就进一步完善了辩证唯物主义。甚至在《实践论》中,毛泽东还提出了辩证唯物主义认识论的科学体系,某种程度上可以说对建设和发展这门学科做出了突出贡献。再比如在《矛盾论》中,毛泽东就把辩证法进一步看成是世界观,而不仅仅是方法,甚至对辩证法的矛盾规律作了一些创造性的论述。因此完全可以说,"尽管毛泽东晚年在理论上和实践上都犯过不少错误,就其把马克思主义哲学的理论与实践结合起来,并在两方面都取得了重大成果而言,没有一个中国的马克思主义哲学家可与之相比"②。

总之,从以上对辩证唯物主义理论体系的历史实践过程分析中,可以完整清晰地看出这样一个发展历程,那就是目前我们的辩证唯物主义理论体系是一个经马恩创立、马恩战友与学生发展、列宁推进、毛泽东等中国哲学家不断完善的当代中国的马克思主义哲学体系,并且被实践证明是一个

---

① 黄枬森:《哲学的科学化——黄枬森自选集》,北京:首都师范大学出版社2008年版,第73页。
② 黄枬森:《哲学的科学化——黄枬森自选集》,北京:首都师范大学出版社2008年版,第78页。

基本科学的哲学体系。因而这个过程也显示和证明了辩证唯物主义理论体系并非为某些学者责难的那样，是和马克思无关的，是斯大林创造的体系。甚至进一步可以说，这一实践验证过程也有力地说明了当前的辩证唯物主义理论体系是一个科学形成的相对正确的马克思主义哲学体系，因而必须加以坚持。这一实践验证过程也同时抨击了各种试图割裂歪曲马克思主义哲学的各种理论观点，从而有力地维护了马克思主义哲学理论的一体性。所以就目前中国而言，可以说辩证唯物主义理论体系反映了中国特色社会主义理论的哲学基础与马克思主义哲学基本原理之间的那种一脉相承和与时俱进的关系，特别是随着马克思主义哲学中国化的不断向前发展，辩证唯物主义理论体系必将在现有的基础上得到进一步的完善。

（二）一个在理论形态上相对合理的科学体系不会被否定

在说明为什么必须坚持辩证唯物主义这一问题上，除了从实践过程来说明辩证唯物主义是一个科学的理论体系外，黄枬森先生还指出，辩证唯物主义在理论形态上具有一个相对合理的体系结构，基本符合科学理论的要求。

我们知道，黄枬森先生一贯主张，一门学科成为科学至少要满足三个条件："首先要有一个明确的对象，其次它的观点、原理在当时条件下是正确的，第三这些内容构成一个完整严密的逻辑体系。"[①]在黄枬森先生看来，如果按照他这个关于科学的构建原则要求，对目前的辩证唯物主义理论体系进行一番衡量，会发现在理论体系上目前的辩证唯物主义理论体系基本也是符合这一要求的。这就是说，辩证唯物主义体系作为科学体系是具有一个相对合理的科学体系形态的。

首先，在内容对象上，在黄枬森先生看来，一门科学的内容对象是否明确是一门科学能否成立的一个最重要前提条件。而就这点来说，辩证唯物主义体系的内容对象，即作为整体的宇宙及其一般规律，这一点基本上是明确的，包括物质、运动、时间、空间、辩证规律等都属于这方面的内容对象，因而在这方面可以说辩证唯物主义体系是大体上符合科学建构原则的。

---

① 黄枬森：《哲学的科学化——黄枬森自选集》，北京：首都师范大学出版社2008年版，第332页。

　　其次,在基本原理上,黄枬森先生认为,马克思主义哲学经过马克思恩格斯以及列宁等一些伟大的马克思主义哲学家的不断完善,目前为止已基本形成了存在和思维、时间和空间、现象和本质、有限和无限、原因和结果、可能和现实等辩证唯物主义体系的系列原理和范畴,并且这些原理和范畴已经被实践检验为正确。所以尽管目前的辩证唯物主义原理体系也同时存在一些不全面或不完善的地方,但从宏观上来说还是相对符合科学建构原则的。

　　最后,在体系结构上,黄枬森先生也指出,辩证唯物主义的系列原理在结构上也形成了一个比较完整的逻辑联系整体。他特别指出,在马克思主义哲学史上,形成了一个比较完整的体系这一工作主要是由列宁来完成的,因为列宁不仅在《哲学笔记》中提出了若干个建构哲学体系的原则,还进行了建构体系的初步尝试。在建构哲学体系的原则上,提出了诸如从抽象到具体、从客观到主观、从简单到复杂、从表面到内部等。在建构体系的尝试上,列宁提出了一个唯物辩证法体系的初步雏形,这就是著名的辩证法要素十六条。正是在这一早期雏形的基础上,20世纪二三十年代苏联哲学界才共同创造形成了辩证唯物主义和历史唯物主义体系。尽管这一辩证唯物主义体系具有很多的缺陷,相对不完整,但它毕竟是较早的且相对成熟和完善的马克思主义哲学科学体系。

　　事实上可以看到,一个理论体系的外在结构形态非常重要。因为这一理论体系形态是否科学合理,甚至很大程度上涉及对这一理论内容的科学正确表述,从而影响其内在精神本质的彰显。从这个意义上来说,一个科学的当代马克思主义哲学其发挥作用确实离不开一个科学的理论表述体系,即是说科学的哲学离不开科学的哲学理论体系。由此,根据黄枬森先生主张的上述几点科学构建原则来衡量,目前的辩证唯物主义理论体系大体上能做到以一个科学合理的体系结构来展现它的马克思主义哲学内涵。也就是说,目前的辩证唯物主义理论体系除了是一个科学形成的并被实践检验为基本正确的理论体系外,在外在形式上它还具有一个相对合理的从而能基本展示其马克思主义哲学科学内容的理论形态。因此,黄枬森先生说:"哲学史上有哪一个哲学体系符合上述条件呢? 据我所知,似乎只有马克思主义哲学——辩证唯物主义和历史唯物主义基本上符合以上条件。它的核心部分是世界观,此外还有两个部门哲学——认识论和历史观。它的原理基本上经得起实践的检验。它的体系大体符合从抽象到具体的原则。"①也正是从这个意义上讲,辩证唯物主义没有过时,必须坚持辩证唯物主义。

(三)否定辩证唯物主义的种种论据不能成立

传统的辩证唯物主义发展至今,由于种种原因,面临着诸多挑战。黄枬森先生在他的《必须坚持辩证唯物主义》一文中总结提出:"人们提出了种种论据来否定辩证唯物主义,我认为这些论据可以概括为三个主要论据,即认识论论据、实践论论据和马哲史论据,这三个论据是交叉的,区分是相对的。"②对于这些否定辩证唯物主义的种种论据,黄枬森先生认真加以了分析,并从理论上驳斥了这三个方面的论据,从而论证了辩证唯物主义的不容否定。

1.关于认识论论据

在目前众多的否定辩证唯物主义的各类观点中,在黄枬森先生看来,利用歪曲的认识论作为论据来否定辩证唯物主义的观点最具迷惑性,如各种不可知论、经验主义、实证主义等。为此,他首先着重剖析了这一类利用上述论据来否定辩证唯物主义的各种观点。

认识论讨论的主要是关于人能否认识外部世界的客观性,以及如何认识外部世界的客观性的问题。应该说认识论问题是一个古老的哲学问题,历史上就曾围绕它出现了多个流派,产生了各种不同观点,从而争论不休。因此在黄枬森先生看来,现在有人利用这个历史问题来否定辩证唯物主义,显然也并不是什么新发明。

然而如何看待这些利用歪曲的认识论作为论据来否定辩证唯物主义的观点呢?在黄枬森先生看来,这些观点有一个共同的特点,即它们普遍认为辩证唯物主义是不能说明外部世界的客观性以及辩证规律的客观性、普遍性和必然性等问题的。因而在此类观点看来,认识作为主体对客体的一种能动反映,如果辩证唯物主义把客体看成是客观存在的,那么这个结论最后还是只有主体通过自己的认识活动,确切地说是通过主体的感觉才

① 黄枬森:《哲学的科学化——黄枬森自选集》,北京:首都师范大学出版社2008年版,第335页。

② 黄楠森:《必须坚持辩证唯物主义》,载《北京大学学报》(哲学社会科学版)1998年第2期,第162页。

能得到。因此,这种客体实际上就是主体认识和把握下的一种客体,从这个意义上讲,我们也就不能绝对说客体是否客观存在,至少这一说法没有任何实际意义。

对于上述这一观点,黄枬森先生作了深刻的分析和驳斥。在他看来,在人究竟能否认识外部世界的客观性的这一问题上,或者通常所说主客体的关系问题上,歪曲的认识论存在着一个明显的错误理解。这个错误理解就是认为辩证唯物主义把统一的世界划分为主体和客体、存在与思维、物质与意识、自然界与精神,这是一种二元论,因而辩证唯物主义把世界二重化并割裂开来,见物不见人,这样一来辩证唯物主义所理解的世界就成了无人的世界。而实际上,这种错误理解及其僵化思维无疑是作茧自缚,因为其将那种对主客观世界加以适当形式区分的观点当成了一种割裂,并试图加以反对和某种超越,然而却最终不得不走向唯心主义。如有论者认为:"只要我们联系现实认真想一想,就不能不问黄先生:难道主张天人合一论会造成环境污染、自然环境破坏和生态失衡吗?难道天人相分论或主客二分论不是造成环境污染、自然环境破坏和生态失衡的思想根源吗?一切尊重事实的人和有点辩证逻辑常识的人都会把造成自然环境破坏和生态失衡的思想根源归罪于天人相分论或主客二分论,谁都会批评这种斗争哲学是造成当前自然环境破坏和生态失衡的直接的思想和理论原因。"①显然这种观点就是持有这种看法,其结果也必然是滑向唯心主义。

对此,黄枬森先生加以思索后指出:"正是感觉把主体的思维能力同外部世界联系起来,它是思维与外部世界联系的桥梁而决不是隔断思维与世界的鸿沟。说唯物主义使世界二重化更是荒谬,……唯物主义在区分物质与意识的同时并未忘记指出意识始终是物质的一部分,是离不开物质的;……唯物主义一贯认为人在这个世界中;如果理解为世界不依存于人,这正是唯物主义的观点,唯物主义的第一个原理就是承认世界的存在是不以人的意识为转移的,是客观的。"②

由这一论述可以看出,在黄枬森先生看来,辩证唯物主义世界观中所指的人的认识并不会割裂思维与存在,相反,正是人的认识才把人自己的

① 周树智:《论马克思的现实自然唯物主义观——五评黄楠森先生的"辩证唯物主义世界观"》,载《文化学刊》2011年第2期,第55页。

② 黄楠森:《必须坚持辩证唯物主义》,载《北京大学学报》(哲学社会科学版)1998年第2期,第163页。

思维与外部世界联系了起来,人的主体感觉不会游离于物质之外。应该说,黄枬森先生的这一观点是经得住科学检验的,因而对那种过于机械理解主客二分,甚至混同主体和客体关系的各种歪曲的认识论观点的批驳是一针见血的。实际上,这些所谓的为否定辩证唯物主义而主张的种种歪曲的认识论论据,其主张的理由恰恰从另一个方面说明了辩证唯物主义的科学性。因为哲学史上第一个真正解决人的认识这个问题的恰恰是马克思主义哲学,正所谓"人的思维是否具有客观的[gegenständliche]真理性,这不是一个理论的问题,而是一个实践的问题。人应该在实践中证明自己思维的真理性,即自己思维的现实性和力量,自己思维的此岸性"①。对于在实践中证明自己思维的真理性,之后恩格斯、列宁和许多其他专业哲学家也都进一步阐明了这一重要思想。

细究起来,这些所谓的认识论论据之所以对辩证唯物主义世界观中的主客二分观点加以否定,其根源在于这种论据并没有真正弄清楚主客体之间的那种辩证关系。实际上辩证唯物主义世界观中所谓主客二分是指主体与客体的区分,对此马克思就曾指出:"主体是人,客体是自然。"②由此可见,主客二分的"这种区分不是人们选择赞同或反对的观念或立场,它概括的恰是人类生存和发展的条件,是一种必然存在的客观事实,不仅如此,它还标志着一种历史的进步。主客二分意味着人通过劳动从自然界的提升,意味着人不仅是自然存在物,而且是把外在自然和自身自然作为客体来加以改造的主体"③。所以,确切地讲,之所以要作主客二分区分,就是为了强调主体要自觉地并按照客体的规律去把握客体,从而把客体的存在方式与人的存在方式、客体的尺度与人的尺度、客体的基础性与人的主导性等方面有机统一起来。

2.关于实践论论据

除了歪曲的认识论论据外,还有一类较为流行的是所谓的实践论论据。利用此类论据来作为理由否定辩证唯物主义的观点主要有实践一元论、实践本体论、实践超越论,甚至包括实践唯物主义等。在黄枬森先生看来,利用实践论论据作为理由否定辩证唯物主义的观点主要认为辩证唯物

---

① 《马克思恩格斯选集》第1卷,北京:人民出版社2012年版,第138页。

② 《马克思恩格斯选集》第2卷,北京:人民出版社2012年版,第685页。

③ 陶富源、张涛:《关于"超越论"的反思》,载《马克思主义研究》2010年第11期,第93—94页。

主义是一种直观的旧唯物主义,因而并不了解实践的作用和现实世界的主体性,丢失了马克思主义哲学的实践本性。而现实世界只是人的世界或人化自然,因而是离不开主体(人)的,那种离开了主体的所谓客观世界是不存在的,或者说即使存在也是不能认识的,对人没有意义的。

众所周知,实践性是新哲学与旧哲学的根本区别之一。然而,有一段时间以来,不少人过于简单理解这一科学论断,甚至有一小部分人天真地认为真理性既然是用实践来证明的,那么理论的证明就不再必要了,进一步说也就不存在什么理论对实践的指导作用了。比如,有论者就提出观点认为,客观存在只是实践中的存在,那种单纯强调客观存在的物质世界的观点就是旧的直观唯物主义的观点。而马克思正是以实践结束了这种物质本体论进而创立了实践唯物主义,所以马克思主义哲学实际上也就是一种实践本体论。

对上述这一观点,黄枬森先生指出,"辩证唯物主义以实践为根据来论证唯物主义,而现在实践却成了否定唯物主义的工具,这真是哲学发展中最大的是非颠倒,但这个论据仍然是不能成立的。正如认识论论据夸大了认识的作用一样,实践论论据夸大了实践的作用"①,而"人类的认识是在实践的基础上进行的,实践对客体总是多少有所改变,因而认识总是多少带有主体性,但这并不妨碍人类对客体的正确的认识"②。根据这些论述,可以看出,黄枬森先生本人并不否定人类的认识是在实践的基础上进行的。但他强调这种认识作为一种人类对外部世界的认识,并不与外在客观世界排斥,换句话说,这种认识是主体对客体的那种正确认识。从这个方面来讲,实践论的观点与辩证唯物主义的强调客观存在是一致的,并没有任何矛盾性的对立。由此可见,利用所谓的实践论方面的证据来否定辩证唯物主义也是根本无法成立的。

关于这方面的看法,陈先达先生有一段论述与黄枬森先生的相关论述有异曲同工之妙。陈先达先生指出:"我并不反对使用实践唯物主义这个提法。本来马克思和恩格斯在创建自己哲学的过程中曾使用过多种名称,如科学的唯物主义、新唯物主义、现代唯物主义、共产主义的唯物主义、辩

① 黄枬森:《必须坚持辩证唯物主义》,载《北京大学学报》(哲学社会科学版)1998年第2期,第164页。

② 黄枬森:《必须坚持辩证唯物主义》,载《北京大学学报》(哲学社会科学版)1998年第2期,第165页。

证的自然观和唯物主义的历史观,以及实践唯物主义者这个称呼。但我反对把实践唯物主义与辩证唯物主义和历史唯物主义对立起来,似乎只有实践唯物主义才真正重视实践,才符合马克思的原意,而辩证唯物主义和历史唯物主义是对马克思的哲学的曲解。"①所以,以上一段论述有力地说明了辩证唯物主义理论本身就是以实践作为基础来论证其自身科学性的,因而各种实践论论据只会增强其说服力,并不会推翻这一理论体系。

3.关于马克思主义哲学史论据

此外,以所谓的马克思主义哲学史事实作为论据来否定辩证唯物主义是另一类比较常见的做法。在黄枬森先生看来,此类做法的实质是以一种歪曲了的马克思主义哲学史事实来否定辩证唯物主义。比如这类观点千方百计地想要证明辩证唯物主义根本不是马克思的哲学思想,而只是恩格斯以及列宁的哲学思想,甚至是斯大林的哲学思想;或者千方百计地想去说明真正的马克思哲学仅是历史唯物主义,或是实践唯物主义,甚至是实践人本主义、实践一元论或实践本体论等;或者千方百计地想去说明辩证唯物主义世界观理论违背了马克思的哲学观点,是从马克思的实践观点后退,甚至把马克思主义哲学的思维方式由现代方式重新逆转到了近代方式等。

对于上述这些观点,黄枬森先生都依据真正的马克思主义哲学史事实一一加以批驳。比如考察辩证唯物主义一词出处时他说:"辩证唯物主义一词是狄慈根创造的,后来普列汉诺夫和列宁采纳了这一称呼,用以指称马克思主义的世界观和认识论。这一称呼符合恩格斯的思想。"②而恩格斯和马克思"他们在哲学基本观点上是一致的"③,因此"至于说恩格斯的观点是否是从实践观点后退,前面已比较充分地谈到,恩格斯非但没有后退,反而是大大阐发和发展了马克思的实践观点"④,所以"恩格斯的哲学研究是

---

① 杨海英:《马克思主义哲学创新道路的探索——访著名哲学家陈先达》,载《高校理论战线》2010年第9期,第21页。

② 黄楠森:《必须坚持辩证唯物主义》,载《北京大学学报》(哲学社会科学版)1998年第2期,第165页。

③ 黄楠森:《必须坚持辩证唯物主义》,载《北京大学学报》(哲学社会科学版)1998年第2期,第166页。

④ 黄楠森:《必须坚持辩证唯物主义》,载《北京大学学报》(哲学社会科学版)1998年第2期,第167页。

他们的共同事业和共同观点的延续和发展,在这过程中他们又经常交换意见,如果说他们在哲学上分道扬镳了,那就太奇怪了"①。总之,根据以上这些论述,即使从真正的马克思主义哲学史事实来看,辩证唯物主义世界观其实也是马克思的哲学世界观,因此"后人根据马克思平生都强调辩证方法,恩格斯深入研究过客观世界的辩证规律,称之为辩证唯物主义是十分恰当的"②。

应该说,黄枬森先生的以上论述足以说明辩证唯物主义世界观就是马克思的哲学世界观,由此那种以歪曲了的马克思主义哲学史作为论据来否定辩证唯物主义的观点,既违背了历史事实,也是理论上行不通的。事实上,以所谓的马克思主义哲学史事实作为论据来否定辩证唯物主义,这种观点本身就逻辑地蕴涵着一个错误的结论,即从恩格斯、列宁一直到中国共产党人领导的亿万人民,在他们的实践中一直发挥着革命引领和思想指导作用的哲学,其实并不是马克思主义哲学,真正的马克思主义哲学抑或是正在被西方学者挖掘,抑或是还尘封在书本之中,因此其同世界一百多年来广大无产阶级人民群众的革命实践无关。显而易见,这种结论是多么的荒谬。因为这一错误结论不仅歪曲了历史的真相,而且一笔勾销了马克思主义哲学在其发展过程中指导实践的历史作用。这种观点把马克思主义哲学同一百多年来广大人民群众的实践悍然断绝开来,否认辩证唯物主义的历史功绩,甚至错误认为马克思的哲学至今还躺在书本中,或在西方马克思主义者那里,这些都是让人断然不能接受的。事实上,纵览马克思主义中国化的这近百年历史,中国实际上就是在马克思主义及其哲学理论,特别是辩证唯物主义的指引下,通过一系列的结合中国实际的实践来实现国家发展的。不仅如此,在建设中国特色社会主义这一过程中,以中国共产党人为先锋的中国人民还不断进行总结,并和中国的具体实际相结合,产生了适合中国国情的建设有中国特色的社会主义理论,从而推进了马克思主义中国化。由此而言,利用歪曲的马克思主义哲学史论据来否定辩证唯物主义的观点完全是颠倒黑白、是非不分。

---

① 黄楠森:《辩证唯物主义世界观是不是马克思的哲学?》,载《高校理论战线》2003年第5期,第27页。

② 黄楠森:《辩证唯物主义世界观是不是马克思的哲学?》,载《高校理论战线》2003年第5期,第27页。

四、指出传统辩证唯物主义理论体系的相对可变

黄枬森先生不仅向我们详细说明了为什么要坚持辩证唯物主义，同时他还辩证地指出了如何创新发展辩证唯物主义体系，建构一个更加完善合理的新体系。在黄枬森先生看来，辩证唯物主义体系具有相对可变性。即是说一方面辩证唯物主义作为科学的哲学，它同历史上的各种科学理论一样，有很多基本原理是不会被推翻的，从这个意义上讲它具有不变性；另一方面它作为实践的哲学，又是必须随着时代的发展变化而不断发展变化的，因而部分内容又具有相对可变性。这种相对可变性为创新发展辩证唯物主义提供了可能。

（一）传统辩证唯物主义理论体系在基本原理方面具有不变性

在黄枬森先生看来，辩证唯物主义理论体系首先具有一种不变真理性，这种不变真理性也是其具有相对可变性的前提条件。这种不变性主要体现在以下几点：首先，辩证唯物主义的世界观不可拒斥；其次，认识的本质是反映的观点不会被推翻；再次，辩证唯物主义的对立统一规律不能否定。

在黄枬森先生看来，首先不能改变或者取消的就是作为一门学科的辩证唯物主义世界观。然而现在中外哲学界反对辩证唯物主义世界观的观点和言论很多，主要是借一些所谓"拒斥形而上学"的观点来反对辩证唯物主义世界观。持这样"拒斥形而上学"观点的甚至包括一些信奉马克思主义的国内学者，这是非常值得严肃对待的一件事。

黄枬森先生写了不少文章来批驳这个观点。因为在他看来，"拒斥形而上学"观点实际上把辩证唯物主义世界观同历史上的形而上学、本体论混为一谈了。纵览哲学史，历史上的形而上学、本体论等都把形而上的东西或本体的东西与非本体截然分开，设想在现实世界之外还有一个形而上学的世界，这种割裂的思维也就使其理论走向了一条死胡同。而作为马克

思主义哲学的辩证唯物主义谈及的世界观,其追求作为整体的世界,追求现象的本质,追求客观世界的一般普遍规律,这同过去的形而上学、本体论虽有某种共同之处(即都是对现实世界的整体研究或一般规律研究),但其理论本身绝不是去追求现象背后的什么东西或现实世界以外的什么东西,因为那些东西根本不存在。

我们该如何来看待黄枬森先生的上述这一观点呢?实际上,"拒斥形而上学"的观点之所以把辩证唯物主义世界观同历史上的形而上学、本体论混为一谈,是因为在这种观点看来,辩证唯物主义世界观企图追求现象背后的东西,这就是形而上。因而也就借拒斥形而上学、拒斥本体论的观点来达到否定辩证唯物主义世界观的目的,其最根本目的也就是否定研究整体、研究本质、研究一般规律。从这个角度来说,这种观点不但不能够令人信服,而且也是不可能得到任何合理说明的。实际上任何一个哲学理论都或多或少是在研究整体、研究一般规律,只不过有时某个哲学理论研究的是某一领域的整体和一般规律,并且这种某一领域的整体和一般规律本质上又往往内在蕴涵着一种整个宇宙的整体和一般规律。从这个角度上来说,拒斥形而上学的观点怎么能用来否定辩证唯物主义世界观呢?实际上,正如黄枬森先生所言,历史上的种种形而上学、本体论观点等都把形而上的本体的东西与非本体割裂开来,而辩证唯物主义世界观是追求现象背后的本质以及客观世界的一般规律,在这过程中本体与非本体是有机联系的,并不如历史上的形而上学理论那样在两者之间存在着一条不可跨越的鸿沟。所以,辩证唯物主义世界观是不可拒斥的,其具有不变真理性。

在黄枬森先生看来,第二个方面不能推翻的不变真理性就是,认识的本质是反映这一观点。事实上,捍卫这一观点也是很有现实意义的。辩证唯物主义理论认为,所谓"客观存在"就是指物质的存在不以人的意识为转移,这也是其最基本的观点之一。然而这一唯物主义观点自古以来就一直受到唯心主义的挑战,形成了哲学史上的两种观点的长期对峙。不过唯物主义观点是被全部人类的社会实践以及个人的生活实践所反复证明了的,亦获得今世大多数人的认可。从这个意义上来说,物质的存在不以人的意识为转移这个观点是否定不了的,也不能否定。进一步理解,关于认识的本质是反映的观点,就是唯物主义的观点,自然也是不能否定的。但哲学史上认识的本质究竟是什么同样也是一个长期争论不休的问题。即使现在,也有论者持不同观点,比如有人就认为认识不是反映,而是一种选择或创造,由此他们千方百计地夸大认识的主体作用,渲染辩证唯物主义体系否定认识的主体性,目的是否定辩证唯物主义反映论。

针对这一情况,黄枬森先生曾指出,目前的辩证唯物主义体系从来没有否定过认识的主体性,甚至认为认识本身就是一种主体——人的认识,怎么可能否定认识的主体性呢?事实上,马克思主义通常讲的立场、观点、方法其本身就体现了一种主体性。这种主体性当然也包括主体的选择和创造,但别忘了这种选择、创造的基础是反映,如果离开正确的反映而加以选择、创造,这只能是一种盲目的选择和胡编乱造。因此,强调选择和创造没有错,但选择和创造的基础,反映更不能缺少。事实上认识作为反映来说,不但已为无数的实践活动以及科学发现所证实,同时也是我们日常生活中不可缺少的现象。批驳上述错误观点时,黄枬森先生还形象地作了一个比喻,比如反映论反对者,他们本身的发言和文章就离不了反映论观点中的反映,因为如果认识不是一种反映,谁能听得懂他的发言,看得懂他的文章呢?

应该说,黄枬森先生强调的上述这一辩证唯物主义的不变真理性,真正坚持了马克思主义哲学的科学本质。就认识的过程而言,虽然其确实离不开主体的方面,也确实带有主体的一种选择和创造,但这种选择和创造不是随心所欲的,而是以对客观存在的正确反映为前提的。相反,那种脱离了马克思主义哲学的科学认识论,一味片面强调主体的能动性,在理论上难以自圆其说,也很容易滑向唯心主义。所以,辩证唯物主义反映论就是马克思主义哲学的不变真理性之一。

在黄枬森先生看来,第三个方面不能否定的真理就是,辩证唯物主义最基本的规律——对立统一规律。关于这一规律,也是哲学理论界近些年来议论较多的问题之一。比如有论者认为一分为二并不普遍,一分为三才是普遍的,甚至认为一分为多才是最普遍的。因此,在这种观点看来,应以一分为三或一分为多来取代辩证唯物主义的一分为二。如坚毅在《青海社会科学》2003年第5期《"一分为三"确实更加全面、基本和普遍——向黄楠森教授求教》一文中就明确提出了此类观点。

对于上述的质疑,黄枬森先生的立场很清楚,他坚定认为辩证唯物主义坚持对立统一规律或者说一分为二是科学的。为什么这么说呢?在黄枬森先生看来,对立统一规律这一普遍原理实际上并没有否定一分为三与一分为多,因为理论上讲"三"或者"多"只是一种中间过渡状态,换句话说,一分为三与一分为多只不过是一分为二的一种引申。这就是说,这里的一与多实际上也是辩证唯物主义的重要范畴,但其只不过是对立统一规律的延伸。所以,就这个方面来说,一分为三与一分为多其本身并不妨碍辩证唯物主义的对立统一规律的普遍性。因此可以说,对立统一规律或者说一分为二是普遍存在的规律。比如,任何事物都有内部矛盾与外部矛盾两方面,而同时内部矛盾与外部矛盾又包含有多种多样的矛盾。上述论述充分说明了辩证唯物主义的对立统一规律同样具有不变真理性,当然不会被否定。

(二)传统辩证唯物主义理论体系在部分内容上具有可变性

在坚持辩证唯物主义基本原理具有不变性的同时,黄枬森先生又同时辩证地指出,传统体系的部分内容具有相对可变性,可以根据时代的变化而加以完善。他把这些方面归纳为以下几点:一是辩证唯物主义的对象还可以再补充;二是辩证唯物主义的基本问题还可以再明晰;三是辩证唯物主义的体系内容还可以再完善;四是辩证唯物主义的体系结构还可以再严密。对于上述涉及的四个方面的可变性,我们逐一来加以分析。

首先是辩证唯物主义的对象问题,黄枬森先生认为,虽然传统辩证唯物主义体系有自己的对象,但这一对象仍不够明确。因此辩证唯物主义要成为一门完整严密的科学,它就必须在对象的明确上进一步努力,使其不会再有什么根本变化。比如黄枬森先生认为,就传统的马克思主义哲学体系而言,"历史唯物主义的对象是明确的,但辩证唯物主义的对象不明确"[①]。为什么这么说呢?因为在黄枬森先生看来,一个完整的辩证唯物主义体系应该包括世界观和认识论,而世界观和认识论实际上是两门学科,各有自己的对象,但在实际的运用中谈到辩证唯物主义的对象时,一般仅仅指的是世界观的对象,忽略了认识论,或者说认识论的对象是什么不很明确。除此之外,黄枬森先生还认为,辩证法的对象究竟是客观辩证规律还是辩证方法,这一点也不明确。在黄枬森先生看来,正因为以上的这些辩证唯物主义对象的不明确,所以导致传统辩证唯物主义体系究竟包含几

---

① 黄枬森:《哲学的科学之路——马克思主义哲学的科学体系研究》,北京:北京师范大学出版社2005年版,第23页。

个组成部分,各个部分之间应该是怎样的结构等问题并不十分清楚,甚至为此产生一系列的争论。所以,无论从理论的完善角度来说,还是从实践发展的角度来说,传统辩证唯物主义体系的对象是可以再进行明确和完善的,换句话说,这也是马克思主义哲学理论本身发展的一种需要。

其次是辩证唯物主义体系中关于哲学基本问题的含义和地位的说明,黄枏森先生认为这一点也不清楚。翻开马克思主义哲学史可以看到,哲学基本问题是恩格斯根据黑格尔的相关论述最早提出来的,之后一直都被视作一个经典命题。然而由于哲学基本问题提出后,这一命题的确切含义与地位并不十分清楚,导致人们对这一命题进行了各种自己的理解与阐释。比如曾有论者认为思维与存在的关系本身就是哲学的对象,所以哲学研究的不是存在,而是关系,据此理解他把哲学理解为一种认识论,实际上这种看法就把世界观否定了。对此,黄枏森先生指出,哲学不仅研究关系,重要的是还要研究一般规律,因为"思维与存在的关系问题具有多种意义,不但有本体论的意义、认识论的意义,而且还有实践论的意义、价值论的意义,确实应该很好研究,并加以澄清,而不能各取所需,随意理解"①。

黄枏森先生的上述论述告诉我们,应该把恩格斯的各种自然辩证法思想联系起来加以理解。事实上如果我们这样做了就会发现,之所以强调世界的统一性在于它的物质性,是因为如果没有物质的运动,也就不可能会出现物质的思维,所以这个逻辑说明物质与运动的关系问题更为基础。也就是说,哲学不仅研究关系,也研究存在(并且是先研究存在)。这一点很重要,因为我们不能脱离恩格斯写作的语境,对思维与存在的关系问题加以抽象理解。

最后,在黄枏森先生看来,传统辩证唯物主义体系在大的方面还具备另外两个相对可变性,这就是辩证唯物主义的局部内容与体系结构方面。根据黄枏森先生的逻辑,马克思主义哲学作为一门科学的哲学其内容当然应该是完整的,有了完整的内容之后还不够,还要形成一个严密体系。而对比来看,传统的辩证唯物主义体系显然内容不够完整、体系也不够严密。

比如在传统的辩证唯物主义体系的内容完整性方面,黄枏森先生就曾指出:"辩证唯物主义的许多具体内容已经过时了,需要根据时代的变化发展和科学的进步加以修正、补充。宇宙起源和演变的理论、物质的构成与

①黄枏森:《论辩证唯物主义体系的不变性与可变性》,载《中共中央党校学报》2001年第4期,第8页。

内部结构的理论、生物进化的理论、人类的起源与发展的理论、世界形势的变化发展等等都大大改变了人类对宇宙图景的把握,对一般规律的概括和理解。20年来,我国的教材在这方面都有明显的改变,但很不系统,还有大量工作可做。"①因此,随着时代的发展和科学的进步,传统的辩证唯物主义体系有些内容显然已经不合时宜,需要结合新实践加以完善。根据这一理解,我们也就可以根据传统辩证唯物主义已有的内容,结合新时期的实践成果来不断丰富和完善它了。

同样在体系结构方面,尽管传统的辩证唯物主义具备一个体系,但黄枬森先生也指出,这一体系结构主要是20世纪二三十年代的苏联哲学家们构建的,他们根据当时的历史条件以及认识水平来建构这一体系,显然并没有根据历史与逻辑相一致的原则,而主要是根据马克思主义经典作家的一些哲学论述,以板块结构来建构辩证唯物主义与历史唯物主义体系的,所以现在看来还存在不少缺陷。正因为这样,现在我们就可以依据时代的发展,按照一些科学化建构体系的具体原则来对原有的体系加以补充和完善了。黄枬森先生认为,"列宁在《哲学笔记》中经常提到建构体系的原则就是历史与逻辑的一致,这在20世纪二三十年代是得到公认的"②。因此,在他看来,科学化建构体系的主要原则就是历史与逻辑相一致,现在我们完全可以根据列宁曾提出的这一原则,并且加以发挥,从中引出从简单到复杂、从客观到主观、从自然界到人类社会、从静到动、从外到内等一系列原则来构建一个更加完整严密的科学的辩证唯物主义体系。

在体系结构方面,黄枬森先生认为,传统辩证唯物主义体系除了建构原则不科学外,其辩证法涉及的三条基本规律与若干范畴实际上也只是那一时期的苏联哲学家根据恩格斯在《自然辩证法》中的一些相关论述,以及当时的一些社会实践情况拼凑而成的,造成这里对几对范畴的排列并没有一定的逻辑顺序,反映其间的联系也不很严密。为此现在必须对这一缺陷加以改正,"正确的做法应该是以哲学史和前人的论述为参考,从自然科学和社会科学尽可能完整地总结和概括出一般规律或范畴,并按照从抽象到

---

① 黄楠森:《论辩证唯物主义体系的不变性与可变性》,载《中共中央党校学报》2001年第4期,第8页。

② 《黄枬森文集》第4卷,北京:中央编译出版社2012年版,第183页。

具体的原则加以安排，使之形成一个比较严密的逻辑体系"①。即是说，对于传统辩证唯物主义体系的一些规律和范畴需要按照从抽象到具体的原则加以重新排列，从而形成更加完整严密的体系。

应该说，黄枬森先生指出的上述这四个方面的传统辩证唯物主义体系具备的相对可变性，某种程度上反映了目前这一哲学体系存在的不足和缺陷，也算是比较全面地总结了这一体系在当前时代发展中还需要做出哪些方面的补充和完善，为当前的哲学改革和发展指明了一定的方向。通过研究黄枬森先生的上述思想，我们可以得出的结论是：原有的辩证唯物主义理论体系在时代不断发展的实践中，确实是需要一些变化的，这实际上也是马克思主义哲学自身的内在本质要求。因为一个科学的理论体系并不僵化封闭，不是以一成不变的理论指导一切实践，而是提倡理论与实践的统一、主观与客观的统一、逻辑与历史的统一，也就是科学的理论是要在实践的发展中不断完善自己。从这个意义上而言，尽管黄枬森先生一贯坚持辩证唯物主义，但他提出的辩证唯物主义体系的相对可变性这一观点，在某种程度上具体真实地反映了黄枬森先生的哲学思想实际上就是一种对马克思主义哲学进行守正基础上的创新，而不是所谓的"保守"。

①黄楠森：《论辩证唯物主义体系的不变性与可变性》，载《中共中央党校学报》2001年第4期，第8页。

第三章　不懈追求：哲学的科学之路

坚持和发展马克思主义哲学，推进马克思主义及其哲学的中国化进程，在当前中国主要体现为建构一个适合中国国情的完整严密的马克思主义哲学科学体系新形态。要完成这一艰巨任务，在黄枬森先生看来，这种努力和尝试其根本的理论立足点就是哲学的科学化。具体来说就是按照科学的构建原则，把以往基本被实践证明为科学的马克思主义哲学体系根据时代发展加以补充完善，从而建构一个新形态的完整严密的如同具体科学的理论体系。为了实现这一追求，黄枬森先生不懈努力着，他在证明哲学理论需要形成一个完整严密体系、提出建构马克思主义哲学科学体系的指导思想、设计建构马克思主义哲学科学体系的具体内容等诸多方面都进行了深入的研究。

一、指出哲学自身需要形成一个完整严密的理论体系

20世纪80年代以前，苏联模式的马克思主义哲学即现在称之为苏联模式的传统教科书体系，在我国是公认的科学的马克思主义哲学体系。这一时期，在体系的科学性问题上，我国学者基本没有争论。因为这一时期，马克思主义包括其哲学理论被公认为是永恒的真理，因而那时的绝大多数人们也都乐于接受、学习和宣传这样的一个理论体系，绝无丝毫的怀疑。

但自改革开放以后，这一僵化局面被彻底打破了。特别是伴随着世界经济、政治格局发生的巨大变化，许多社会主义国家相继出现了一系列问题。在这一过程中尤其是苏联解体和东欧剧变等历史事件的发生，给世界

无产阶级运动带来巨大影响，作为世界无产阶级运动指导思想的马克思主义也受到了很大的质疑。加上这一时期我国实行对外开放政策，大量西方马克思主义思潮开始涌入，在这样一个双重因素的影响下，马克思主义学说在我国的主导地位受到了不小的冲击，我国的很多学者开始对以前曾经长期坚持的苏联模式的马克思主义哲学传统体系进行了各种深刻的反思甚至批判。在这样一种理论背景下，如何坚持和发展马克思主义哲学，如何对待传统的教科书体系，就成为摆在学者们面前的一项重要任务。在这种哲学理论亟待改革的情况下，有不少国内学者都主张从体系上来一次大刀阔斧的马克思主义哲学改革，于是各种重新解读马克思主义哲学（包括马克思哲学）的学术潮流开始应运而生并风行全国。在这一学术潮流风行的过程中，产生了一系列争议问题，诸如马克思主义哲学有无体系？当代马克思主义哲学究竟应该有一个什么样的体系？等，这些争论就是理论界风靡一时的"马克思主义哲学体系之争"。

（一）我国哲学界的"马克思主义哲学体系之争"

在这场轰轰烈烈的关于马克思主义哲学体系的学术争论中，不少学者都依据不同的理论根据提出了自己的不同看法。如有一部分学者直接认为发展中的马克思主义哲学因时代而新，根本不需要什么体系。当然更多学者认为发展马克思主义哲学就需要一个完整的哲学理论体系。只是在这些观点中同样也有分歧，如有学者认为建构这个新体系必须重新回到马克思那里，彻底推翻旧教科书体系才能建构；也有学者认为适合当代中国具体国情和需要的新体系只能是在以往传统体系基础上加以补充和完善才能形成。

为了说清楚上述的体系之争论，需要一个有层次的梳理。首先是关于哲学是否需要一个体系的问题。对于这一问题学术界主要存在着两种截然对立的观点：一是不赞成给哲学建构一个体系。因为在这些学者们看来，作为一门理论体系的体系实际上仅属于一种形式范畴，为理论内容提供一种外在的模式或框架，本身并无实质意义。而作为具体内容的部分，又往往会随着时代的进步和社会的发展，表现为不断丰富和深化。即使是建构一个已经较为完备的理论体系或框架，随着不断变化，也可能会出现不能容纳新内容的时候，这时新内容会受制于原有的体系或框架，这样一来,理论体系甚至起到阻碍内容发展的作用。从这个意义上来说,这种观点认为马克思主义哲学的真理性实质上就在于其内容的不断丰富和发展,而绝不是看它有一个什么样的体系。

当然在反对建构哲学体系的观点方面,内部也存在着两种不同看法。

第一种观点认为体系在功能上只是传授哲学理论需要的一种话语系统,因而正如前文所言,作为一门理论体系的体系实际上仅属于一种形式范畴,本身并无实质意义。因此就马克思主义哲学的理论体系而言,无论过去的旧教科书体系存在多么严重的缺点,而新建构的体系又有怎样的改进,这些都不能把马克思主义哲学的科学内容遮蔽住,从这个意义上来说,当前的任何体系之争或体系的改革都是形式意义大于实质意义。换句话说,任何体系的改革不应该也不可能会涉及马克思主义哲学的本质,因而那些打着体系改革但实质上妄图搞本质变革的做法都是不可取,也是行不通的。比如我国已故的老一辈马克思主义哲学家孙伯鍨先生就有这样一种看法,他认为马克思主义哲学体系实际上不是体系而只是方法。其发表在《江海学刊》2001年第2期的《再论马克思主义哲学的体系与方法》一文,就以一种独特的视角对马克思主义哲学的体系问题进行了详细的论述。文中孙伯鍨先生首先指出了以往教科书体系的缺点和原因,并认为,"事实上,从上世纪80年代初期以来,中国哲学界围绕马克思主义哲学体系的争论焦点并不在于教科书本身,不是一些人要维护旧版教科书体系,而另一些人力图改变这种体系,问题的焦点是对马克思主义哲学根本性质的理解"①。

第二种观点认为所谓的马克思主义哲学体系之争,其最深层次的原因或者说其本质上都在于试图建构一种达到理想状态的"绝对真理"。因此不论一个学者持什么样的关于马克思主义哲学体系的观点,或者说尽管他强调体系的重要性,他最终的目的无非是将马克思主义哲学的理论内容进行自己的理解。而体系实际上只是根据这一理解需要加以装扮的外在组合,形式上形成了一种所谓的"体系",实质上是企图以此体系来对世界作一次终极性解释。在这种观点看来,这种企图以"哲学体系"名义来达到对世界终极性解释的做法,正是《反杜林论》的序言中恩格斯所要严肃批评的一种"伪科学"。据此,这种观点反对任何给哲学假以"体系"外衣的做法,

---

① 孙伯鍨:《再论马克思主义哲学的体系与方法》,载《江海学刊》2001年第2期,第81页。

包括传统的辩证唯物主义体系在内。

比较以上两种观点,尽管这两种观点都强调反对建构一个哲学体系,但他们在理论本质上却是大相径庭的,或者说各有所期。之所以这么说是因为一种哲学体系的改革如果涉及对这一哲学内容方面的根本变革,那么问题就不是体系那么简单了,也就是说不仅仅是体系的问题了,因此决不能将内容与体系结构相混淆,浑水摸鱼。因此,尽管在形式上都强调反对给马克思主义哲学建构一个体系,但上述两种反对建构体系的观点的本质却是迥然不同。比如就持第一种看法的孙伯鍨先生的观点来看,他的观点就是坚持马克思主义哲学本质的观点,而前文提到的后一种观点则是恰恰相反。因为孙伯鍨先生虽然并不赞成建构哲学体系,但他一再强调自己的观点立场,坚持辩证唯物主义,坚决反对有人利用反对旧体系缺陷的机会来达到对马克思主义哲学根本性质的颠覆的目的。总而言之,如果打着反对"体系"的口号来反对辩证唯物主义,但本质上却用赤裸裸的西方现代的最新哲学观点来替代马克思主义哲学的内容,这种做法无疑是必须明确反对的。

与反对建构一个哲学体系的观点相反,另外一种观点则是直截了当地认为哲学需要形成一个理论体系。原因是,他们认为理论与体系不是绝对对立的,反对体系的观点就是将二者对立了起来,而事实上,一般一个成熟的理论都会有一个相当完善的体系来展现。在这种观点看来,虽然马克思主义哲学的创始人马克思、恩格斯等并未明确给自己的哲学理论建构一个体系,甚至他们在某种意义上还反对建立体系,但实际上他们所要表达的反对仅仅是反对近代欧洲绝对真理式的那种僵化的教条体系。因此以此作为论据来反对建构体系是不足为据的。另外,还有观点以苏联模式的传统马克思主义哲学体系的缺陷来反对整个马克思主义哲学,实际上也是以偏概全。原因是以往那种苏联模式的传统体系,其后来之所以被教条化是有深刻的政治历史原因的,因此这些事实都并不能作为反对构建科学的哲学体系的理由。也就是说,马克思主义哲学在本质上根本不是反体系的,相反内容越完善就越需要一个科学体系,比如当前的我国马克思主义哲学的创新与发展就在很大程度上需要建构一个完善的马克思主义哲学科学体系。

事实上,赞同建构哲学体系的观点其内部也有许多具体的不同看法。归纳起来主要有两种:(1)认为新体系必须要回到马克思那里,重新理解马克思,进而对以往旧教科书体系加以深入改造,甚至重构;(2)认为新体系只是对以往旧体系作一些必要的补充和完善。应该说第一种观点很新潮,目前是有很大学术影响力的。然而黄枬森先生则是旗帜鲜明地拥护第二种观点。因为在他看来,科学的马克思主义哲学确实需要一个以前所没有的完整的严密的体系,但这个新体系不是另起炉灶,而只能是在以往旧体系的基础上加以补充和完善而形成。

总之,我国哲学界曾经出现的"马克思主义哲学体系之争",是当前马克思主义哲学改革与发展必然经历的。但这场体系之争绝不仅仅是一种停留在表面上的建构体系之争,本质上其局部反映了当前理论界在马克思主义哲学本质上的一些动摇。应该说,不论是赞成体系或否定体系的观点,实际上都涉及各自对坚持和发展马克思主义哲学的立场和信念,因此必须坚定信念、找准方向,守住马克思主义哲学的根本性质不改变。从这个角度上来理解,体系之争不重要,重要的在于马克思主义哲学的根本性质能否在发展中得到坚持。正如孙伯鍨先生所说:"仅仅围绕体系的争论并不能真正触及马克思主义哲学的根本性质问题,问题的关键不在体系而在方法。如果抛弃或者背离了马克思主义哲学的根本方法,那么任何哲学体系,即使仍然冠以马克思主义的名称,也不能视为是马克思主义的。"[1]

(二)马克思主义哲学应当按照科学的体系结构来加以建设

在哲学是否需要体系的问题上,黄枬森先生的观点是旗帜鲜明的。在黄枬森先生看来,任何一门人类创设的学科都应该有自己的体系,马克思主义哲学也不例外,尽管它们实际形成的过程有可能是自觉的也有可能是不自觉的。原因是,一方面"思想体系是普遍存在的,任何一种理论、任何一篇文章,都是一个思想体系。甚至一篇反对建立体系的文章,只要它不是武断的零乱的,而是讲道理的有论证的,也是一个体系。问题不在于有没有体系,而在于自觉还是自发,在于建立怎么样的体系"[2]。而另一方面,不管哪种思想体系其本身就是一个具体的历史的东西,表现为各门学科本

---

① 孙伯鍨:《再论马克思主义哲学的体系与方法》,载《江海学刊》2001年第2期,第82页。

② 黄枬森:《建立一个完整严密的科学体系是马克思主义哲学建设和发展的重要任务》,载《社会科学战线》1999年第1期,第61页。

身都有一个连续的历史的发展和完善过程,这一过程实际上会随着人类认识水平的提高以及认识对象的变化而不断起伏。也就是说它总是要在前面发展的基础上根据具体时代情况而逐渐完善,从而逐渐趋于成熟。而这一成熟的过程往往就是一个体系的逐渐完善过程,比如马克思主义哲学就是如此。为此,黄枬森先生特别强调指出,虽然旧的传统教科书体系存在很多缺点,但其毕竟在历史上起过相当大的作用,也曾是被历史证明为基本正确的科学体系,现在尽管时代不同了,这一体系确实有些内容也要修改,但它的最根本性质永远不会变化。因此,黄枬森先生说:"墨守成规,纹丝不动是不行的,彻底推翻,另起炉灶也是不行的。我主张在坚持其基本性质的基础上创建与世纪之交的科学与实践水平相适应的科学的马克思主义哲学体系。"①他的这一观点鲜明表达了他在体系建设问题上的看法,并且为了能充分地更加深入说明马克思主义哲学应当作为一个科学体系来建设,黄枬森先生还从马克思主义哲学发展的标志以及历史的使命等方面对他自己的上述观点进行了一番论述。

1.一门科学其体系的完整严密程度是其发展水平的重要标志之一

人类发展至今,已经在诸多领域建立了严密的科学的学科体系。概览这些学科,发展程度高的大多都有一个完整严密的理论体系。正是有鉴于此,黄枬森先生在其文集《哲学的科学之路——马克思主义哲学的科学体系研究》一书序言中,根据上述现象谈及了马克思主义哲学的自身科学标志问题。在他看来,一门学问或知识要成为科学,通常情况下必须具备三个条件:其一是要有明确的对象,其二是要有一系列正确的原理、判断、命题,其三是这些原理、判断、命题能构成一个逻辑体系,三者缺一不可。以这一标准来衡量,很多科学都是符合这一要求的,也就是说能称之为科学的学科实际上都是有自己的体系的。接下来,如果把这一标准放到马克思主义哲学身上,我们会发现马克思主义哲学也符合这些条件。

按照这一思路和逻辑,在进一步研究的基础上,黄枬森先生又大胆地提出了他自己的一个重要观点,即一门科学不仅有体系,而且这门科学的体系完整严密程度往往是这一科学发展水平的重要衡量标志之一。原因在于,"思想体系反映的是事物的内在联系,即规律性联系,因而这种反映

---

① 黄枬森:《哲学的科学之路——马克思主义哲学的科学体系研究》,北京:北京师范大学出版社2005年版,第22页。

应当不仅是正确的,而且应当是完整的严密的,即系统的。完整严密的程度越高,这种科学的发展水平也越高"①。这段话也就是说,一个完整严密的思想体系往往能更系统和科学地反映事物本身的内在联系。从这点上来说,虽然各门科学都有自己的理论体系,但更为重要的是这门科学发展的水平往往体现为这门科学自身的体系完整严密程度。因此,一门科学其体系建设是必要而且是相当重要的。

为什么这么说呢? 黄枬森先生接着又指出,"由于完整,一门科学同其他科学的界限就清楚了,不属于这门科学的思想就被排除了;由于严密,错误的东西就不容易厕身其间了。一门科学如果只有一些观点、论断、思想,其主要内容是什么还弄不清楚;如果它的内容已经十分丰富,但还没有一个严密的体系,那么,我们就可以说,这门科学基本上还没有形成,或者说,它没有完全形成"②。

当然,强调体系重要并不意味着体系建设大于内容建设。因此在说明这个问题时,黄枬森先生特意提醒我们,一门高度发达的科学具备一个完整严密的体系只是它的必备条件,而并非充分条件。就是说,"并不是说任何完整严密的思想体系都是科学,许多思想体系是完整严密的,但并不是科学,因为它们没有正确反映客观对象的内在联系"③。

如何看待黄枬森先生的"体系完整严密程度是一门科学发展水平的重要衡量标志"这一观点呢? 应该说,从论述的角度来看,他的论述还是相当充分的,逻辑层次也比较清晰。但是如果再进一步讲,把黄枬森先生所表述的观点运用于马克思主义哲学身上,是否恰当,是否具有适用性,这可能还是一个有待于进一步论证的问题。原因是这一问题涉及一个看似简单但却可能极有争议的另一个问题,即哲学是否是科学。关于这一问题,黄枬森先生有大量的论述。但不少学者对于这一观点都持有异议。在他们看来,科学性仅仅是哲学的主要特征之一,除了这一特征,哲学一般还有思辨性、综合性、直觉性等特征,因而决不能简单说哲学等同于一般科学。比

① 黄枬森:《哲学的科学之路——马克思主义哲学的科学体系研究》,北京:北京师范大学出版社2005年版,第16页。

② 黄枬森:《哲学的科学之路——马克思主义哲学的科学体系研究》,北京:北京师范大学出版社2005年版,第16页。

③ 黄枬森:《哲学的科学之路——马克思主义哲学的科学体系研究》,北京:北京师范大学出版社2005年版,第17页。

如孙伯鍨先生就反对哲学等同于科学的观点，在孙先生看来，哲学更为强调的也许只是它的方法，因而"我们从现代西方哲学的诸多派别中不难看到，每当他们的新体系建立之时，也就是这种哲学寿终正寝之日。这就是说，任何体系的生命都是短暂的，能够保持下来并继续发挥作用的，也许只是它的方法"①。

通过研究孙伯鍨先生的相关论述可以看出，尽管他也反对学者们那种贬斥和否定辩证唯物主义的观点，但他反对的理由却是不尽相同。特别是他也反对那种通过在以往传统教科书体系的基础上加以改进和完善，从而试图建立起一种能够容纳马克思主义哲学全部内容的现代规范体系，并以此来抵御和应对西方各种流行思潮的侵袭和挑战的观点。所以孙伯鍨先生认为，面对当今全球科学技术的迅猛发展和世界历史的复杂变化等，要想重新建构一个全能的马克思主义哲学新体系，几乎是不可能完成的任务。不仅如此，他还进一步提出："马克思恩格斯生前并未打算建立自己的哲学体系，但是他们研究的对象涉及自然、社会和人类思维，在社会领域尤其注重对经济的研究，人们据此把各个相关领域的研究成果衔接起来而构成一种教学体系，这原非马克思恩格斯的本意。但是尽管这样，有一点却是肯定的，就是在马克思恩格斯有时是合作、有时是分别研究上述各个不同领域的时候，他们在哲学方法上却是完全一致、始终一贯的，这个方法就是唯物主义辩证法或者叫做辩证唯物主义。"②

通过以上分析，不难看出，在马克思主义哲学的体系建设问题上，孙伯鍨先生与黄枬森先生的观点是不相同的，虽然他们二人都坚持辩证唯物主义。具体来说，孙伯鍨先生的观点是认为我们在坚持和发展马克思主义哲学的过程中，必须抓住本质，即坚持马克思主义哲学的内在本质，实际上就是坚持唯物主义辩证法，而不是辩证唯物主义的什么体系。

然而，黄枬森先生则认为，体系完整严密程度是一门科学发展水平的重要衡量标志，因此只有在以往马克思主义哲学体系基础上根据当代发展而逐步加以完善，也就是说把马克思主义哲学按照科学的建构原则建设成为一门完整严密的科学体系，才能由外而内，真正坚持马克思主义哲学的内在本质。也正是按照这一思路，黄枬森先生提出了"哲学科学化"的这一重大命题。姑且不论这一命题能否成立，但就这种坚持、发展马克思主义

① 孙伯鍨：《再论马克思主义哲学的体系与方法》，载《江海学刊》2001年第2期，第81页。

② 孙伯鍨：《再论马克思主义哲学的体系与方法》，载《江海学刊》2001年第2期，第81-82页。

哲学的具体操作路径无疑是实在的、具体的,某种意义上可以说,这或许能为学术界进行当代的马克思主义哲学改革提出一条具有建设性的思路。

2.建构完整严密的马克思主义哲学科学体系是一个历史使命

在上述观点的基础上,黄枬森先生又进一步认为,如何建构一个完整严密的马克思主义哲学当代科学体系成为我们的历史使命,是当前中国马克思主义哲学改革与发展的重要任务之一。因为在他看来,既然一门科学体系的完整严密程度这么重要,那么,"哲学体系问题关系到哲学有没有资格成为一门科学,进而关系到哲学的前途命运。哲学需要一个科学体系"①。即是说马克思主义哲学需要一个科学体系。

因此,在当前的哲学改革中,哲学体系问题居于重要地位。黄枬森先生进一步分析指出,建构一个更加完整严密的马克思主义哲学科学体系在当前显得尤为重要和迫切,是我们当前哲学改革的重要历史使命之一。原因是,马克思主义哲学发展至今,作为一门科学虽然已基本具备自己的体系,表现为基本有自己明确的对象,有一系列的科学的原理,并基本形成了一个逻辑体系,但由于各种原因以及当今时代的发展,目前的体系还存在很多缺陷。这表现在:"一、它的对象究竟是什么,是一个还是几个,这几个的关系怎样,都不清楚;二、因而它究竟有哪些组成部分,各个部分之间的关系怎样,也不清楚;三、20世纪特别是20世纪后半期,世界形势与科学均有巨大的发展,这些发展为哲学提供了哪些内容,许多成果都还来不及吸收,甚至西方当代哲学发展中合理的东西以及传统中优秀成分也还来不及充分吸收,已有的若干合理的范畴当然也有进一步发展的问题;四、作为一个严密的逻辑体系,它从何开始,如何展开,还有许多问题需要研究,前后次序需要调整。"②由以上这些不足可以看出,这些都严重影响了马克思主义哲学在当代的发展,因而都需要在当前的马克思主义哲学改革过程中来加以完善。从这个意义上来说,建构完整严密的马克思主义哲学科学体系在当代具有相当大的紧迫性。

当然,黄枬森先生特别有信心地指出:"不管原来的辩证唯物主义体系有多大缺陷,它毕竟是人类历史上第一次使哲学科学化的伟大尝试,为科

---

① 黄枬森:《关于马克思主义哲学科学体系的构想》,载《光明日报》2006年8月14日。

② 黄枬森:《哲学的科学之路——马克思主义哲学的科学体系研究》,北京:北京师范大学出版社2005年版,第22页。

学的哲学打下了比较坚实的基础，在中国又经过80年的学习、传播、运用、建设、发展和争论，我国哲学界教条主义今天已大大减少，有了空前广阔的学术自由的空间，建构马克思主义哲学新形态的条件已经具备了，可以开始做第二次尝试了。这种尝试无疑应该坚持原来的体系的那些正确的因素，抛弃它的错误的因素，超越它的时代的局限。"①因此，原来的辩证唯物主义体系有缺陷不可怕，随着时代的发展，这正是我们改革和发展马克思主义哲学需要改正的。并且随着中国特色社会主义理论体系的逐渐完善、马克思主义中国化日渐推进，完成这一建构完整严密体系的使命的条件已经初步具备了。总之，建构符合一个时代要求的马克思主义哲学新体系，既是根据时代的发展、实践的变化应运而生的，也是在外在条件上具备了可能性。

通过上述分析可以看出，黄枬森先生不仅为我们论证了当前建构马克思主义哲学体系新形态的必要性，还说明了可能性。有了这样的重要前提条件，黄枬森先生为完成这个重大哲学历史使命向全国哲学界同仁发出了他的呼吁，"在我看来，建构马克思主义哲学新形态的工作不是一个人或几个人，甚至一代人所能完成的。要创造个人的哲学体系，要创造个性化的哲学当然不容易，要建构科学的哲学体系，其真理性又能为多数不抱有意识形态偏见的哲学家所认同，那就更难了。如果我们立志为建构科学的哲学而奋斗，而不热衷于建立个性化的昙花一现的哲学体系，那么，就让我们携起手来共同奋斗，把我们的一点一滴的贡献融入到这个壮丽的事业中去"②。

二、确立马克思主义哲学体系新形态的指导思想

建构一个完整严密的马克思主义哲学新体系形态任重道远，不是一蹴而就的。尽管不少学者都赞成建构的观点，但在关于如何建构问题上，学

---

① 黄楠森：《论辩证唯物主义体系的不变性与可变性》，载《中共中央党校学报》2001年第4期，第8页。

② 黄枬森：《哲学的科学之路——马克思主义哲学的科学体系研究》，北京：北京师范大学出版社2005年版，第71页。

术界的分歧和争论仍然广泛存在。为了统一思想,达成共识,黄枬森先生从宏观层面精心设计,并据此提出了建构新体系的总体指导思想,并且希望这一指导思想能从源头上厘清学术界关于如何建构新体系的这些分歧和争论。黄枬森先生提出的这个指导思想主要包含两个方面的内容:其一,建构新体系的方法只能是对以往传统辩证唯物主义体系的补充和完善;其二,建构新体系的根本原则就是哲学的科学化。

(一)新体系只能是对以往辩证唯物主义体系的补充和完善

事实上,自改革开放以来,随着马克思主义及其哲学中国化进程的不断推进,在如何建构一个哲学新体系的问题上,国内学者们长期争论的一个重要焦点是怎么看待新体系与旧的苏联模式的传统教科书体系的关系。对于这一问题,目前学术界形成了以下两种主要观点:第一种是全面批判和彻底解构传统的旧体系。形象地说,即重起炉灶,推倒再来。在这种观点看来,可以以马克思的实践观点为基础,从而建构一个新型的实践论主导的马克思主义哲学体系;第二种是认为当前建构新形态的马克思主义哲学体系必须以原有的马克思主义哲学体系,也就是辩证唯物主义和历史唯物主义的主要理论为基础,并加以一定丰富和完善。同时,在这两种观点内部也事实上不同程度地存在着一些分歧和争论。

应该说,在持第一种观点的学者中,高清海先生的观点是较为突出和具有代表性的。他从全新的角度对传统教科书体系进行了深刻批判和深度解构。高清海先生曾指出:"我们的教科书不是在马克思思想的基础上往前走,甚而可以说是反向逆行。它不仅失去了人的主体意识,连认识论哲学的内容也被抛掉,而是径直退回到本体论哲学和朴素实在论理论。"①因此,就旧体系而言,高清海先生是很有看法的。为此他主张恢复以实践观点为基础,从主观和客观的基本矛盾出发,也就是说以主体和客体的关系为基本线索,从而构建一套新的在精神实质上符合马克思主义哲学本质的体系结构。

高清海先生的这一系列观点体现在了他主编的于1985年和1987年先后出版的上下册《马克思主义哲学基础》中。这两本教材恢宏大气、观点新

---

① 高清海:《哲学与主体自我意识》,长春:吉林大学出版社1988年版,序第6页。

颖,可以说其最大的特点就是敢于突破传统教科书理论体系的主要框架结构,以马克思主义哲学的"主客体"逻辑关系为基本线索,形成一套体现另一种"主客体"关系演进的马克思主义哲学新体系。应该说,这两本教材的意义相当重大,因为这是第一次尝试对长期流行的传统体系的一次大胆有益的彻底改造。根据马克思的系列实践观点,在高清海先生看来,马克思主义哲学就是一体化的实践唯物主义,这种一体化是各部分有机联系的重要特质,因而他反对传统的体系把辩证唯物主义与历史唯物主义分割开来,并且在体系结构上分列为哲学的两个组成部分的做法。因而新体系必须要克服过去那种按照两大部分、四大板块来安排体系内容的缺点,根据这一理论产生时的历史情况,坚持马克思主义哲学世界观、认识论、方法论的统一。这才是符合马克思主义哲学的内在逻辑关系的,他特别提出要以实践观点为基础,建构一套符合马克思主义哲学精神实质的符合内在逻辑关系的新体系结构。

客观来说,高清海先生提出的这一以实践为基础,以"主客体"关系为基本线索的体系,具有相当大的进步意义,因为其体现了马克思主义哲学本应有的一种根本精神,即实践的精神。但是从另一方面来说,这种实践精神却又过于孤立和抽象,因为其本身并没有从世界观的意义上得到应有的说明,即缺乏唯物的、辩证的全面展示,因而不可避免地存在着一些理论不足。

第二种观点与上述观点不同,更加强调在守正的基础上加以创新,主要以黄枬森先生等人为代表。在此类观点中,黄枬森先生的"完善体系说"观点相对比较有影响力。什么是"完善体系说"呢?黄枬森先生的下列论述对此做了很好的诠释。他在其发表于《中国特色社会主义研究》2002年第2期的《世纪之交我国马克思主义哲学的现状与前景》一文中概括了我国马克思主义哲学的现状,用五个方面的特征加以说明:(1)马克思主义哲学的基本观点得到了正确的运用;(2)原有的体系和内容有了明显的改进和完善;(3)马克思主义哲学仍然是我国现实生活的主导哲学思想;(4)马克思主义哲学的科学性进一步加强;(5)目前的体系仍然不够完整、严密,内容有的落后于时代或简单化①。这五个方面充分说明了当前需要建构的新体系就是对旧体系的补充和完善。

① 参见黄楠森:《世纪之交我国马克思主义哲学的现状与前景》,载《中国特色社会主义研究》2002年第2期,第4页。

对于以上分析的这五个方面的哲学现状,我们可以从以下两个方面来进行进一步的理解:一是旧的马克思主义哲学体系绝不是一无是处,并且是相对科学的,因为经过这么多年的发展,其也经受住了大量实践的检验;二是这个体系有不少问题,因此很多地方都需要按照哲学科学化的要求来加以进一步的补充和完善。黄枬森先生是这么说的:"我们原来的马克思主义哲学体系就是辩证唯物主义和历史唯物主义,这也是目前惟一的一个相对科学的、相对成熟的体系,至今还没有第二个能够取代它的更加科学、更加成熟的体系。近年来,很多同志经过研究,认为马克思主义哲学是实践唯物主义,而且也提出了一个实践唯物主义的思想体系。但是,实践唯物主义的思想体系还很不成熟,在信奉实践唯物主义的同志中间争议很多,历史也很短。所以,实践唯物主义体系同辩证唯物主义和历史唯物主义体系是无法相比的。至于说别的体系,基本上都是个人的体系,很难说是马克思主义哲学这门学科的体系。在这种情况下,如果我们要构建一个新的马克思主义哲学体系,就不能丢开原有的辩证唯物主义和历史唯物主义体系,而必须深入研究这个体系的是非得失,并在这种研究的基础上提出我们的新的体系。"①

黄枬森先生的上述论述形象地说明了这样一个道理,即当前中国马克思主义哲学改革与发展要处理发展与稳定的关系,马克思主义哲学的当代发展就是要在坚持原有马克思主义哲学体系基础上,不断克服这一旧体系的局限和不足,特别是完善对主体问题、人的问题、价值问题等问题的研究,充分吸收自20世纪以来人类的发展成果,再根据科学化的建构体系原则加以建构,从而创新完善马克思主义哲学体系的当代新形态。黄枬森先生特别强调这个新形态应由世界观、历史观、意识论三部分组成,三部分有机统一,形成一个能够基本完整严密的科学体系。实际上,黄枬森先生的"完善体系说"观点本身就是科学反映了辩证唯物主义体系在与各种哲学观点的争论和比较过程中不断加以完善的一个过程。

"完善体系说"的观点,得到了不少学术界论者的赞同和认可。如陈先达先生就曾指出:"我们要坚持辩证唯物主义和历史唯物主义的基本原则,这并不意味我们要坚持原苏联哲学教科书中过时的观点和错误,更不是面对已有的基本原理袖着双手无所作为。不是的。我们要以与时俱进的精

① 黄枬森:《关于马克思主义哲学新体系的构想》,载《北京行政学院学报》2006年第2期,第34页。

神状态和治学态度对待马克思主义哲学的基础理论的研究。我们应该吸收改革开放以来对哲学研究的新成果，即使在不同意见的争论中同样有许多值得吸取和进一步研究的观点。真理是在碰撞中才能发光的燧石。"①由此论述可以看出，在陈先达先生看来，在当前的哲学改革中，我们强调既坚持又发展马克思主义哲学，但这两方面都不能只是一句空洞的口号。即是说，我们不能强调坚持忘了发展，或是强调发展而忘了坚持，正确的做法是要在坚持辩证唯物主义和历史唯物主义的前提下，统筹兼顾，按照理论本身的逻辑和内容需要来加以一定的补充和完善，使它真正能够适应时代的变化，符合时代要求，发挥哲学应有的指导功能。

总而言之，马克思主义哲学作为一种具有科学性、实践性和生命力的哲学，应该是一个开放性的系统，它必须不断地把社会实践和科学认识的新成果吸收到自己的体系中来。正因为这样，为了适应这种时代发展的需要，我们对原有的旧体系进行改革是必要的。但这种改革绝不是要改变马克思主义哲学本身，也不是要用什么别的哲学来代替马克思主义哲学，从根本上来说，其目的就是为了更好地按照马克思主义哲学的精神本质来坚持和发展马克思主义哲学，从而更好地发挥它的哲学指导功能。举例来说，这个道理就如同我们进行经济体制改革，目的绝不是要改掉社会主义进而用资本主义来代替它，而是要更好地坚持和发展社会主义。就此而言，部分论者以以往旧的体系，特别是斯大林版的《辩证唯物主义和历史唯物主义》存在一些缺点和不足为理由，进而否定辩证唯物主义和历史唯物主义是很不妥的。

（二）哲学的科学化是建构新体系的根本原则

既然建构一个新体系只能是对旧体系的补充和完善，那么应该按照什么样的原则来加以补充和完善呢？为此，黄枬森先生提出了哲学科学化的观点，这是他晚年在努力尝试完善马克思主义哲学体系的过程中提出的一个重要观点。具体来说，这一观点认为，当前的哲学改革就是要按照科学化的建构原则，在补充和完善原有马克思主义哲学体系的基础上，如同其他具体科学，努力建构一个完整严密的科学体系新形态，从而进一步使马

---

① 陈先达：《马克思主义哲学繁荣之路——关于哲学学科建设的思考》，载《东岳论丛》2004年第1期，第33页。

克思主义哲学的科学性得到全面展示,并最终使其在全世界范围得到广泛
认同。

1.哲学科学化的必要性

为什么我们要倡导哲学的科学化呢? 在黄枬森先生看来,哲学是否是
一种科学,或者说能否成为科学,这是一个相当严肃的问题,也是哲学史上
争论不休的一个根本性的问题,亟待解决。特别是"哲学发展进入现代以
后,实证主义哲学在学院哲学中逐渐占据了主流地位,它的一个哲学思想
就是'拒斥形而上学',即否定基础哲学能够成为科学"①,这种理论局面造
成了很大的混乱。因此,历史上虽然马克思主义哲学是科学的观点曾经一
度处于主导地位,但最近二三十年来,由于东欧剧变、国际政治格局发生变
化等原因,加上我国改革开放后各种西方思潮的大量涌入,特别是实证主
义哲学的影响,这些都直接导致哲学非科学的观点在国内逐渐流行起来,
各种否定哲学是科学的观点如雨后春笋般地冒了出来,形成了一股不小的
思潮,甚至形成了对马克思主义哲学科学性的一次严峻挑战。

针对上述这一情况,黄枬森先生曾在其自选集《哲学的科学化》一书自
序中明确提到:"观念转换是我国理论界近年来颇为流行的说法,如果固守
从前的观念,就会被视为僵化、落后。现在哲学正经历着一场观念转换。
过去认为哲学是一种知识,一门学科,哲学应该成为一门科学,在各种哲学
中,马克思主义哲学即辩证唯物主义和历史唯物主义,就是一门科学的哲
学。现在在多数人心目中这种观念已经陈旧过时了,他们认为没有什么科
学的哲学,哲学只是自己的哲学,各人有各人的哲学,没有什么公认的科学
的哲学。这诚然是一种观念转换,但令人困惑的是:这种转换是前进还是
倒退呢? ……然而作为过来人的我,根据自己的亲身经历,却认为这不是
前进,而是倒退;不是开新,而是返旧。"②

不难看出,在黄枬森先生看来,马克思主义哲学发展至今,这种纷乱的
争论局面对当前的理论发展和坚持马克思主义哲学虽然有一定的借鉴作
用,但从最终结果来看,是弊大于利的,甚至会削弱马克思主义哲学的权威
性和指导性,因而"如果马克思主义哲学家们不是循着哲学应该成为科学

---

① 黄枬森:《哲学的科学化——黄枬森自选集》,北京:首都师范大学出版社2008年版,第325页。

② 黄枬森:《哲学的科学化——黄枬森自选集》,北京:首都师范大学出版社2008年版,自序第
1页。

这个途径前进，而提倡哲学的个性化，哲学爱讲什么就讲什么，爱怎么讲就怎么讲，不是在求真中求新，而是为求新而求新，全无真假是非可言，那么，任何争论都是多余的了"①。

正是从这一观点出发，黄枬森先生力排众议，提出了他的哲学科学化思想。因为在他看来，之所以出现这种在马克思主义哲学认识上的众说纷纭、莫衷一是的局面，原因就是我们没有把哲学看成是一门科学，没有按照科学化的建构要求来建设马克思主义哲学，各说各词，才造成这种各成一家之言的混乱分散状态。因此，"辩证唯物主义和历史唯物主义虽然曾经在苏联、中国等社会主义国家中被哲学家们认同，但这毕竟不在全世界，而且今天在前苏联与东欧国家中早已失去原有的地位。即使在中国它仍然保持着主导的地位，但这种地位已岌岌可危"②。

总之，尽管辩证唯物主义和历史唯物主义这一科学理论体系曾经受住实践的检验，也初步被证明为科学，但事实上哲学问题往往过于抽象复杂，根本无法像自然科学那样，只要一个结论能拿出充分的根据，就能够得到大多数人的认同。为此，哲学的科学之路总是更加艰辛，也正因为这个原因，黄枬森先生才提出，当前的我国马克思主义哲学改革与发展任务艰巨，困难远大于一般科学。为此，我们就更应该要把哲学按照一门科学来加以建设和发展，排除困难，加大哲学科学化的认识、宣传和建设力度，凝心聚力，按照科学化的具体构建原则，去伪存真，努力构建一个完整严密的马克思主义哲学新科学体系，这样才能使马克思主义哲学早日得到全世界大多数人的认同。

特别需要强调的是，黄枬森先生提出的哲学科学化观点，并非如同一些论者批驳的那样，是要把哲学混同于科学，或者说实证化，也不如同一些论者污蔑的那样，是对哲学彼岸王国的终极追求，或者说玄化。究其本质来看，可以这样来形容，哲学科学化观点是源于一种既来自现实生活但又不断超越现实生活的哲学价值追求。应该说，马克思恩格斯就是以这种哲学意义上的价值理想信念，提出了科学社会主义。因此，在他们那里，共产主义"不是应当确立的状况，不是现实应当与之相适应的理想"，而是"那种消灭现存状况的现实的运动"③。就这一意义上来说，哲学科学化实质上就

①　金针：《黄楠森哲学思想及其由来》，载《高校理论战线》2001年第7期，第57页。
②　黄枬森：《哲学的科学化——黄枬森自选集》，北京：首都师范大学出版社2008年版，第331页。
③　《马克思恩格斯选集》第1卷，北京：人民出版社2012年版，第166页。

是要彰显哲学理论那种内在的本身的科学性、现实性、引领性,从而破除各种把哲学作虚妄化描述的错误思想。

当然对于哲学是否应该科学化,或者说哲学在何种意义上可以成为科学,这在目前理论界学者们是有不少看法的。比如张传开先生就认为:"马克思关于人的科学由于奠基在感性的活动的基础之上,它的任务就是,从人的自由自觉的活动入手,通过分析资本主义社会中人的异化状态和探讨资本主义社会发生、发展过程的规律,力图重建人与自然、人与社会、人与人之间和谐统一的关系。这一科学完全扎根于生存论的层面,完全直面人的现实生活本身,按照事物的本来面目去理解事物,而不再沉湎于抽象思维的浓荫之下,醉心于概念知识体系的构建。"[①]由此可见,在张先生看来,哲学不可以科学化。因为近代哲学作为自然科学和哲学的联姻,马克思正是通过批判这一联姻而实现了哲学史上的一次伟大变革。正因为如此,马克思主义哲学告诉我们,哲学必须回归生活,并且这种回归通过自然科学的方式是行不通的,而唯一的出路就是马克思的历史科学方法,即在现实的历史发展中回归生活。即是说,哲学只有在生存论意义上才是科学。张先生的这一观点是很有启发性的,让人耳目一新。

2.哲学科学化的可能性

在说明了哲学科学化的必要性之后,黄枬森先生还为我们说明了哲学科学化的可能性。那么哲学科学化这一指导原则,它又具备哪些现实条件呢?

对此,黄枬森先生认为,既然马克思主义哲学的发展和完善需要一个科学体系,而现有的马克思主义哲学体系即辩证唯物主义和历史唯物主义恰恰又可以进一步建设成为一个完整严密的体系,也就是说它具备构建成科学体系的各种现实条件。

一方面,传统的辩证唯物主义体系是根据马克思、恩格斯、列宁及其他经典马克思主义哲学家的言论和他们对当时的自然科学和社会科学的总结和概括而形成的科学的思想体系。这一体系在实践中无数次被证明是科学的,因此具有无可比拟的基础,可以说其已经结束了哲学的前科学阶段,完全可以建设成为一个完整严密的新体系。尽管这个过程

---

① 张传开、干成俊:《马克思哲学在何种意义上是科学——兼论马克思对近代哲学世界观的批判》,载《马克思主义研究》2008年第3期,第70页。

可能出现一些挫折,但从前科学走向科学的过程和趋势是任何力量不可阻挡的。

另一方面,黄枬森先生认为,根据构建科学所必须具备的三个前提条件(即有一个明确的对象、有一系列正确的原理、判断和命题以及有一个由这些原理、判断和命题构成的完整逻辑体系)来比较和衡量,在现有的情况下,唯有马克思主义哲学相对符合这三个条件,因为辩证唯物主义和历史唯物主义就有一个基本明确的对象、有一系列正确的原理、判断和命题且能构成比较完整的体系。因此黄枬森先生说:"哲学史上有哪一个哲学体系符合上述条件呢?据我所知,似乎只有马克思主义哲学——辩证唯物主义和历史唯物主义基本上符合以上条件。它的核心部分是世界观,此外还有两个部门哲学——认识论和历史观。它的原理基本上经得起实践的检验。它的体系大体符合从抽象到具体的原则。"①

总之,在黄枬森先生看来,辩证唯物主义和历史唯物主义体系作为目前唯一相对成熟的哲学体系,其不仅有科学化的必要性,同时本身就具备了科学化的一些基本条件,甚至已经结束了哲学的前科学的阶段。正因为这样,在当前坚持和发展马克思主义的过程中,我们必须尊重规律,大力提倡哲学的科学化,按照科学化的建构原则在辩证唯物主义和历史唯物主义体系基础上来建构一个崭新的马克思主义哲学体系新形态,才能真正使得马克思主义哲学进一步保持青春活力和旺盛生命力。反过来说,同时也只有辩证唯物主义和历史唯物主义才能符合哲学科学化的构建要求,承担起哲学走向科学的重任。为此,黄枬森先生呼吁:"人类认识史告诉我们,任何一门科学都有一个从学科转变为科学的过程,哲学是一门学科,哲学终将转变成为科学。我不敢断言哲学何时能转变成为科学,我也不知道我的这些文章能为哲学的科学体系的出现起多大作用,但我将继续为哲学的科学体系的出现而奔走呼号!"②

就哲学科学化的这一观点而言,在笔者看来,必须要抓住这一理解要点,即哲学科学化的问题其实质上就是说明本体论何以可能的问题。也可以说成是,哲学上的认识论与本体论能否统一的问题。这实际上是一个近代的哲学命题,哲学史上康德曾经第一个提出了这个问题,只不过康德给出了一个否定的答案。在康德看来,人的认识与本体之间有一道鸿沟,这

① 黄枬森:《哲学的科学化——黄枬森自选集》,北京:首都师范大学出版社2008年版,第335页。

② 黄枬森:《哲学的科学化——黄枬森自选集》,北京:首都师范大学出版社2008年版,自序第4页。

是不可逾越的,因而哲学也就不可能成为科学。但随着人类认识宇宙能力的不断发展,事实上认识论与本体论能否统一的问题已经愈来愈清晰。比如马克思就在批判康德的基础上看到了认识论与本体论的辩证统一,并且马克思看到它们统一的基础正是人的实践。从这一角度而言,哲学的科学化对思辨性的哲学来说,不仅能彰显其科学性,也不妨碍其思辨性,甚至是以其科学性更好地指导实践。

三、设计马克思主义哲学体系新形态的具体内容

以哲学科学化为主线,黄枬森先生不仅确立了他的关于建构马克思主义哲学体系新形态的指导思想,而且在这一指导思想基础上,他还提出了一系列关于马克思主义哲学体系新形态的多方面具体内容构想。这些具体构想主要包括新体系的对象和组成部分、新体系的内容结构、新体系的基本原理等方面。为了详细呈现他的构想,黄枬森先生对以上几个方面的内容都——展开了具体的论述。

(一)新体系的对象和组成部分

众所周知,一个理论体系的对象及其组成部分是这一体系不可不有的内容。而对于要建构的马克思主义哲学新体系来说,其对象和组成部分又究竟是什么呢? 对此,黄枬森先生认为,只有对原有的传统辩证唯物主义体系的对象和组成部分进行一定的研究并加以客观分析,然后扬长避短,才能科学地提出新体系的对象和组成部分。

正因为这一思路,黄枬森先生首先详细梳理了传统辩证唯物主义体系的对象的历史由来,正本清源,从而澄清了许多人对传统辩证唯物主义体系对象的种种误解,比如认为传统辩证唯物主义体系就是斯大林体系的误解。如黄枬森先生曾提到:"多年来,有一种甚为流行的观念,认为辩证唯物主义和历史唯物主义这一体系是斯大林模式。一些年轻人、中年人在这

样讲，一些老同志也在这样讲。其实，这种讲法是对这一体系的误解。"①为什么这么说呢？黄枬森先生特意对斯大林体系的历史波折做了一番详细的解释，从而来说清楚这个问题。他说："在中国，尽管斯大林体系解放以后有几年流行，但毛泽东对斯大林体系的一些提法是有意见的，所以，在苏联批判斯大林以后，中国也就不用这个体系了。随后，胡绳、艾思奇在编写辩证唯物主义和历史唯物主义教材时，就恢复了20世纪二三十年代的体系。因此，不能说我们后来的辩证唯物主义和历史唯物主义体系是斯大林模式，这不符合历史事实。"②因此，弄清楚理论本质必须结合理论自身发展的历史。

此外，黄枬森先生还对传统辩证唯物主义体系在对象和组成部分方面的是非进行了一定的比较分析和说明。在他看来，传统辩证唯物主义体系从对象和组成部分来讲，大部分为正确的内容，但也有不少不明确或不清楚的地方，就此而言，对传统辩证唯物主义体系在对象和组成部分方面的是非判断需要我们科学地、具体地、认真地分析和对待。

黄枬森先生举例说，"旧体系坚持把作为整体的世界、宇宙作为研究对象，坚持了世界观、宇宙观在哲学中的核心地位，是正确的"③。因为，传统辩证唯物主义体系所说的宇宙，就其本质内容来说，是包括整个的宇宙，是一个整体。对于这个宇宙，传统体系特别做到了三个方面的理论统一：一是把现象和本质统一起来研究；二是把形而上与形而下统一起来研究；三是把一般的东西与个别的东西统一起来研究。从这三个方面的统一来看，旧体系的这种理论设计，显然与过去的种种形而上学形成了明显的区别。结论是，就对象方面而言，传统旧体系坚持了上述正确观点，这点是我们要加以传承而不能否定的。

与此同时，黄枬森先生也指出了旧体系在组成部分上的一些缺点，比如，"在组成部分方面，旧体系是不明确的，这种不明确与它对对象的具体理解有关。旧体系主要是三部分，但这三部分并不清楚。这三部分一般说来是唯物主义、辩证法、历史唯物主义，其中唯物主义里面包括认识论。如

① 黄枬森：《关于马克思主义哲学新体系的构想》，载《北京行政学院学报》2006年第2期，第34页。

② 黄枬森：《关于马克思主义哲学新体系的构想》，载《北京行政学院学报》2006年第2期，第35页。

③ 黄枬森：《哲学的科学化——黄枬森自选集》，北京：首都师范大学出版社2008年版，第339页。

果要认真地从对象来加以区分的话,旧体系的三部分不应是这三部分,而应该是世界观、认识论、历史观,辩证法应属于世界观"①。因此,由上述言论可以看出,在黄枬森先生看来,传统辩证唯物主义的这种组成部分的不清楚极易令人引起误解,从而导致人们在理解上产生种种片面性,甚至不能把认识论从世界观里区分开来。

根据哲学科学化的建构原则,在对旧体系的研究对象和组成部分进行了上述的一系列是非分析后,黄枬森先生进一步依据现实的哲学理论需要提出了他构想的新体系的研究对象和组成部分。在他的很多相关论述中都可以看出,他构想的新体系形态中马克思主义哲学的研究对象应该包括三个层次和六大组成部分。在三个层次中,第一个层次的世界观是最主要的层次和组成部分。比如他指出:"马克思主义哲学的研究对象应该包括三个层次。第一个层次是整个宇宙,整个世界。第二个层次是人类社会,人类社会可分为人类社会和人。第三个层次是人的精神活动,或者说精神领域,其中主要是认识、价值、方法。这样一来,马克思主义哲学就有六个组成部分。第一个层次是宇宙观或世界观;第二个层次有两个组成部分,一个是历史观、一个是人学;第三个层次有三个组成部分,即认识论、价值论、方法论。"②可以看出,在黄枬森先生设想的这一马克思主义哲学新体系中,其研究对象总体可以分为三个层次,即整个世界、人类社会和人以及认识、价值和方法。同时这三个层次又可以进一步被细划分为六个部门。当然必须指出的是,辩证唯物主义世界观是整个马克思主义哲学的核心。

这一新构想提出的马克思主义哲学研究对象的划分方法,理论逻辑清晰,结构严密,但也有学者对此研究对象的划分方法表示不同意见。比如中国人民大学的安启念先生就认为:"其实这一说法值得商榷。古往今来世界上大多数哲学理论并没有以整个宇宙作为自己的研究对象。人格主义、存在主义、形形色色的实证主义,都不研究整个宇宙,但这些理论的哲学资格不容置疑。此外,谁也不能否认孔子是伟大的哲学家,但孔子也不研究整个宇宙。如果把研究整个宇宙作为哲学的根本特征,大多数古代中国的

---

① 黄枬森:《关于马克思主义哲学新体系的构想》,载《北京行政学院学报》2006年第2期,第35页。

② 黄枬森:《关于马克思主义哲学新体系的构想》,载《北京行政学院学报》2006年第2期,第37页。

哲学理论都会被排除在哲学殿堂之外。"①可见，在安启念先生看来，哲学研究的对象并非一定都是整个宇宙。

不过对于安启念先生的上述这一观点，笔者并不能完全认同。因为他提出的理由看似有理，其实抽象孤立，并不可取。诚如他所说，翻开世界哲学发展史，世界上确实有不少哲学理论并没有以整个宇宙来作为自身的研究对象。但是细究起来，这种不以整个宇宙作为研究对象的哲学理论是否就脱离了整体的宇宙，或者说和整体的宇宙就毫无关联呢？显而易见，答案是否定的。因为任何一个哲学理论，只要它是一种哲学理论，它就必须探讨人与世界的关系，从而把自己的研究对象置于这一关系之中并加以考察。尽管哲学史上确实有不少哲学家其研究对象的侧重点并非是整个世界，但事实是这种研究并非是单纯的机械的部分世界的具体研究，而实际上是关于整个世界系统中部分世界的哲学理论研究。换句话说，这种研究实际上就是把局部世界置于整个世界的视野中加以研究，或者可以说是以一定的哲学世界观来指导局部世界的研究。就这一逻辑而言，对整个世界进行研究所形成的那种世界观理论是哲学家们对局部世界进行哲学研究的前提，这也实际上充分体现了世界观在一个哲学理论体系中的核心地位。由此得出的结论是，研究局部世界的哲学理论实际上也是从整体世界的角度去考察局部世界的，而非脱离了整体世界，只研究局部世界，不研究整体世界。所此，"哲学是关于世界观的理论，是对宇宙人生关系的总体性把握，是对真、善、美统一的追求"②。由此可见，各种否定哲学世界观地位的观点是难以成立的。

（二）新体系的基本原理

除了对传统辩证唯物主义体系在对象和组成部分方面的是非得失进行了一番比较分析，黄枬森先生同样还对其在基本原理方面的是非得失进行了一定程度的说明。他首先认为，原有的传统辩证唯物主义体系在原理方面是基本正确的，特别是其最根本的基本原理往往具有不变真理性。因为，"从内容上讲，旧体系的大部分原理是应该给予肯定的，其中

---

① 安启念：《马克思主义哲学体系构建中的三个重要问题——兼许黄楠森先生的马克思主义哲学体系构想》，载《北京行政学院学报》2007年第2期，第25页。

② 陶富源：《形上智慧论——哲学的当代沉思》，南京：南京大学出版社1999年版，第36页。

不少原理,不论自然科学和社会科学怎么发展,是很难推翻的,例如物质第一性原理以及辩证法的许多原理等"①。当然,肯定基本原理的不变真理性并不意味着传统辩证唯物主义体系的所有原理都是完全正确的。比如黄枬森先生就在肯定基本原理的不变真理性的同时,提出了传统体系在个别原理方面存在着的一些问题,总结起来,这些问题主要表现在以下几个方面。

第一,在传统辩证唯物主义体系中,实践在世界观中的地位不突出。事实上,实践在马克思提出的新世界观中地位是非常重要的。实际上有人类社会就会有实践,有实践才会有认识。而传统辩证唯物主义体系却仅仅在认识论范畴中才讲到实践,这是不科学的。不过,在阐述这一问题的同时,黄枬森先生也明确反对把实践作为世界观范畴来理解。为什么呢?因为他认为在整个宇宙世界中,实践并不如同物质和运动那样普遍存在,换句话说,实践只是在地球上的人类社会中存在。从这一角度来说,实践就不能是世界观、宇宙观的范畴。但另一方面,人类通过实践不断认识世界和改造世界,因而实践有宇宙观的意义,这又要求我们必须把实践作为完整宇宙里的一个重要因素来讲。

第二,传统辩证唯物主义体系对一般规律的概括不十分清楚。对于这一问题,黄枬森先生认为,在原有辩证唯物主义体系中,对范畴、规律、原理这些基本概念的区分都表述得不够清楚。比如,原有体系中唯物主义部分讲了不少原理,但实际上在这里也反映出其是规律,可以说原理与规律混淆不清。因此,这些基本概念区分必须加以进一步明确,从而形成逻辑上完整的体系。

第三,传统辩证唯物主义体系缺少方法论的内容。而在黄枬森先生看来,方法论对于一个哲学体系来说十分重要,因为"在方法的种类上,就有实践的方法,有认识的方法,有评价的方法,有自然科学的方法,社会科学的方法等等,这些方法都需要我们系统地加以研究"②。就此而言,原有传统体系没有方法论的组成部分,不得不说这是一个很大的缺点和不足。

第四,传统辩证唯物主义体系对价值论采取了一种基本否定的态度,

---

① 黄枬森:《哲学的科学化——黄枬森自选集》,北京:首都师范大学出版社2008年版,第340页。

② 黄枬森:《关于马克思主义哲学新体系的构想》,载《北京行政学院学报》2006年第2期,第36页。

甚至将价值论当成了一种唯心主义。这种对价值论的否定在黄枬森先生看来是十分不妥的,他认为,我们人类的实践主要是由以下三个方面的因素来支配的,一个是认识,一个是价值取向或价值评价也就是价值观,最后一个就是方法,也就是思想方法。从这个意义上来说,价值对于实践活动是不可或缺的,而传统辩证唯物主义体系恰恰对价值问题采取漠视或者否定的态度,因而是不科学的。实际上,价值论与实践论是密不可分的,比如列宁就曾指出实践里有目的,而他所说的目的就包含价值、价值取向或价值观等。正因为如此,"旧体系对价值论采取了否定态度,认为它是唯心主义的,这是不正确的"①。

第五,传统辩证唯物主义体系在研究人的问题上缺乏对个体的人的研究。对人的问题的研究是马克思主义哲学中最重要的课题之一,然而原来的传统辩证唯物主义体系研究尽管涉及人,但其在研究人的问题时,研究重点是作为集体的阶级和人民群众。相对而言,对于个体的人的发展等问题却是缺乏专门和充分的研究。欧洲文艺复兴后,西方哲学很重视这一本是马克思主义哲学中最重要的领域的研究,造成传统辩证唯物主义体系给人一种错觉是,马克思主义哲学倒是不关心人了,这也为西方马克思主义借此批评辩证唯物主义"见物不见人",从而否定辩证唯物主义找到了一个重要的借口。同时,随着人类社会的发展,现代社会往往更需要我们加强在个体人这一领域的研究,因此建构的新体系必须加强这一领域的专门研究。

总结以上黄枬森先生的相关论述可以看出,传统辩证唯物主义体系在总体上已经形成了不少的基本原理,其主要内容也是基本正确的,但随着时代发展和历史条件的变化,其也需要不断加以完善和补充,从而形成一些新的原理,比如主体性原则、价值论、"以人为本"、科学发展观以及辩证法的一些其他原理等。这些新的原理在建构马克思主义哲学新体系的过程中是非常重要的,我们可以利用这些新原理,和原有的传统辩证唯物主义体系中的原理一起,相互作用,从而形成一个新建体系的基本原理体系。

---

① 黄枬森:《关于马克思主义哲学新体系的构想》,载《北京行政学院学报》2006年第2期,第37页。

（三）新体系内容的结构安排

关于将要建构的马克思主义哲学新体系的内容结构,在黄枬森先生看来,其结构的构成原则直接关系到这个新体系的构成结构,甚至进而关系到这个新体系的科学性,从这个意义上来说,必须先确立新体系内容的构成原则,并按照这些原则来进一步安排新体系的内容。

新体系构成究竟应该按照什么样的原则来进行呢?在黄枬森先生看来,首先要从宏观指导思想上确立坚持哲学的科学化之路,也就是说要按照科学的建构原则要求来建构这个新体系,具体来说也就是按照从简单到复杂、从抽象到具体、从表到里、从客观到主观等原则来建构新体系,在内容上做到尽量合理安排各个哲学逻辑范畴。

接下来,在具体的构成原则上,黄枬森先生又根据列宁曾经提出的建构体系思想,将马克思主义哲学涉及的内容概括为36对范畴,将这36对范畴以存在与思维为逻辑起点,按照抽象到具体的科学建构原则,从而初步形成一个新体系结构草图。在这个努力尝试的过程中,黄枬森先生深刻地感受到了构建新体系最重要的构成原则之一应该是逻辑与历史相统一,他说:"我们这个体系是个逻辑体系,但这一体系不是简单地按照形式逻辑规律加以推演,也就是说,我们这个体系不仅仅是演绎的体系,而且也是归纳的体系。所以我们要强调逻辑与历史一致。"[1]同时黄枬森先生还对逻辑与历史相统一的原则做了一番历史考察和分析。他指出:"逻辑与历史相统一的原则是黑格尔首先提出来的,马克思、恩格斯、列宁对这一原则都表示了认同。把这一原则再加以通俗、简单的概括,就是从抽象到具体,从简单到复杂。从这个原则还可以引申出很多原则,如先讲静止,后讲运动的原则;先讲客观,后讲主观的原则;先讲感性,后讲理性的原则,等等。"[2]总之,在黄枬森先生看来,一门科学的体系大体上都是按照逻辑与历史相统一的这一基本原则来进行体系内容安排的。一般而言,前面的范畴或原理较抽象,后面的则越来越具体,表现出从抽象到具体,从简单到复杂的过程。

---

[1] 黄枬森:《关于马克思主义哲学新体系的构想》,载《北京行政学院学报》2006年第2期,第38页。

[2] 黄枬森:《哲学的科学化——黄枬森自选集》,北京:首都师范大学出版社2008年版,第344页。

除了逻辑与历史相统一的原则，从这个原则还可以引申出一些其他的原则，诸如主客观相统一原则等，这些原则同样可以作为新体系的具体构成原则。根据这些构成原则，可以在内容上相应调整原有体系的安排次序。比如原有体系中先谈唯物主义，后谈辩证法，再谈历史唯物主义，这个顺序符合科学的内容构成原则，因而可以不作变化。但旧体系在历史唯物主义前面谈认识论，甚至在辩证法前面谈认识论，这就不符合科学化的内容构成原则了，因而需要加以调整。再比如可以把认识论放在历史唯物主义，特别是实践论之后来说明。因为认识只是人类社会的一种现象，人类社会及其实践还未说明，就说明人类社会的认识，显然在逻辑上说不通。

总之，在新体系中对以上内容进行调整是非常有必要的。正因为如此，黄枬森先生在坚持传统辩证唯物主义基本原理的基础上，根据科学化的建构要求，从完善对象和组成部分、补充基本原理、调整内容构成结构等方面提出了他自己关于构建马克思主义哲学新体系的具体构想。对于这一构想他很有信心，他说："如果按照逻辑与历史相统一的原则来构建马克思主义哲学体系，一个比较科学的新体系是可以建立起来的。建构一个马克思主义哲学新的科学体系的工作不是一个人可以完成的，也不是十年、二十年能够完成的，而是一项长期的工作，当然也是一项会遇到不少困难的艰苦的工作。尽管如此，这项工作我们必须做，而且要努力把它做好。只要我们把哲学作为科学来建设，一代代坚持下去，总有一天我们的目的是可以达到的。"[①]

可以看出，马克思主义哲学体系创新问题是我们在推进马克思主义哲学中国化过程中必须解决的一个重大理论问题。究竟是完善现有体系，还是推倒重建，应该说这关系到马克思主义哲学的当代命运。虽然我国哲学界学者们围绕此问题进行了广泛的、深入的讨论，但时至今日并未形成定论。不论如何，黄枬森先生提出哲学的科学化之路，即按照科学的建构原则要求来补充和完善原有体系，从而形成一个新的符合时代要求的完整严密的马克思主义哲学新体系，体现了一种他在守正基础上的创新意识和理念。尽管这一新体系构想目前仍然是一设想，其中也难免有一些不周全之处，但这无疑是一个具有导向性的新观点。正如黄枬森先生所说："马克思

---

① 黄枬森：《关于马克思主义哲学新体系的构想》，载《北京行政学院学报》2006年第2期，第38页。

主义哲学不能不有一个理论体系,但这个体系不会是单一的,也不会是僵化的。说到底,真正的哲学既然是时代精神的精华,而时代及其精神总是不断发展的,马克思主义哲学及其体系当然是会相应地不断变化发展的。不存在一劳永逸的一成不变的绝对完美的哲学体系,我们只能不断地探索更加完整、更加严密的哲学体系。"①

① 黄枬森:《关于马克思主义哲学科学体系的讨论》,载《毛泽东邓小平理论研究》2010年第1期,第62页。

第四章 筚路蓝缕：
开我国马克思主义哲学史研究先河

  黄枏森先生在我国的马克思主义哲学理论研究领域做出了多方面的贡献，其中关于马克思主义哲学史的相关研究就是这些方面中的一个典型。改革开放以前，我国的马克思主义哲学理论研究基本上处于有论无史的状况。这种状况作为一个重要原因也造成了当时我国理论界对马克思主义哲学及其基本原理的理解具有某种教条和僵化倾向。为了改变这种教条和僵化的倾向，从20世纪60年代起，我国哲学界以黄枏森先生为代表的一批马克思主义学者率先行动了起来，他们克服种种困难和挫折，开始了一段艰难曲折的马克思主义哲学史研究之旅。直至党的十一届三中全会以后，随着"实践标准"的讨论，人们思想的解放，我国的马克思主义哲学史研究也开始迎来了自己的春天。黄枏森"作为我国马克思主义哲学史学科的主要创建者之一……肩负起了领导、推动该学科发展的重任，并获得巨大成功"[①]。从这个角度上可以说，黄枏森先生某种程度上开创了我国马克思主义哲学史领域的研究先河。

一、最早开展列宁有关哲学思想研究

  马克思主义哲学史是研究马克思主义哲学的重要学科之一。然而"把马哲史作为科学来建设，作为系统课程来讲授，在苏联始于50年代"[②]。马

---

  ① 张亮:《我国马克思主义哲学史学科的历史之路》,载《学术研究》2009年第1期,第64页。

  ② 黄枏森:《把马克思主义哲学史作为一门科学来建设——〈马克思主义哲学史〉序》,载《现代哲学》1988年第1期,第37页。

克思主义哲学史学科建设的滞后,使得马克思主义哲学研究出现了某种程度的教条和僵化。20世纪50年代之后,由于苏联当时的援华政策,一些苏联的马克思主义理论专家开始来到中国进行讲学和交流,这致使马克思主义哲学史方面的理论观点和学科意识开始在我国的学者中萌发。这一学科意识萌发过程揭示了马克思主义哲学史在我国是从无到有、从不成熟到相对成熟逐渐发展起来的一门新学科。在这一新学科诞生成长的坎坷历程中,黄枬森先生以其较早提出的一些关于列宁哲学思想研究方面的理论观点,开启了我国马克思主义哲学史领域的研究先河。

(一)基于列宁《哲学笔记》提出一个唯物辩证法体系草图

关于我国的马克思主义哲学史理论研究,这一过程最早可追溯到1956年。那一年根据北京大学一些听课师生的要求,援华苏联专家萨波日尼可夫在上课时就依照苏联当时编撰出版的《哲学史》教材进行讲授,他的讲稿中有一部分就涉及了列宁《哲学笔记》等马克思主义哲学著作的形成和发展问题。

萨波日尼可夫在北京大学讲学时,黄枬森先生曾被安排为他的教学助手。这样的机会使得黄枬森先生近距离地接触到了苏联哲学家研究马克思主义哲学史和列宁《哲学笔记》的一些最新成果。只不过萨波日尼可夫在讲课时只是粗略地从历史角度进行概述,并没有对马克思、恩格斯、列宁等经典作家思想的是非得失以及当时产生这些思想的各种历史因素等作进一步的深入研究和分析。特别是后来黄枬森先生在他自己单独学习研究《哲学笔记》时遇到了一些理解列宁辩证法要素十六条的困难,便请教萨波日尼可夫,遗憾的是也没能得到满意的解答。这使他意识到要想真正弄清楚列宁的辩证法要素十六条,就必须搞清楚列宁写《哲学笔记》这本书的历史背景和思想源流,然而即使是苏联的专家在此领域的研究也非常不足,不能一味崇拜国外专家,必须要做自己的研究。这实际上就已经导致了当时的黄枬森先生将自己的研究方向开始转向了中国人自己的马克思主义哲学史研究。正是这一转变使得黄枬森先生成为国内较早有着马克思主义哲学史学科意识,并真正开始马克思主义哲学史研究的知名学者。

对于这一转变过程,正如张亮先生所言:“回顾这段历史,必须看到,尽管当时的苏联专家并没有直接帮助我国建立马克思主义哲学史学科，但他们却为该学科在我国的形成做出了重要贡献，因为他们为我国培养出了一批具有坚定的政治信仰和扎实的马克思主义理论基础、熟悉马克思主义哲学发展史上的经典文本、对苏联的理论动向比较了解和敏感的青年哲学工作者，而后来正是从这批青年哲学工作者中涌现出了我国第一批从事马克思主义哲学史研究的专家。"①而黄枬森先生正是这批涌现出的我国第一批从事马克思主义哲学史方面研究的专家中的杰出代表。

为了解决上述提到的对于列宁的辩证法要素十六条的理解困难问题，黄枬森先生在之后和其他一些学者进行《哲学笔记》的注释工作时，就特别对此加以关注和思考。尤其在对列宁的辩证法要素十六条进行认真研究和推敲的基础上，黄枬森先生提出了他自己的一个关于辩证法体系的独特看法。在黄枬森先生看来，辩证法要素十六条中的后九条在内容上从属于前七条，某种意义上是对前七条的进一步补充。正因为这样，这个十六条中的前七条在某种形式上就已经初步具备了一个关于唯物辩证法方面的理论体系轮廓，从而形成了一个宏观上的简略体系雏形。这样一来，也就是说可以把比较散乱的后九条要素按其补充说明的对象分别归类整合到前面的七条中，从而重新组合形成一个虽然只有七大条，但在内容结构上却更为充实和完整的唯物辩证法新体系。黄枬森先生的这个观点于20世纪60年代初就在当时的《北京大学学报》(哲学社会科学版)上发表了，这可以说是黄枬森先生在进行列宁《哲学笔记》研究中做出的一个较早的理论贡献。值得一提的是，当时的著名苏联哲学家凯德洛夫也有类似观点发表，并在发表时间上还略晚于黄枬森先生。由于这种观点上的不谋而合，黄枬森先生后来还被当时的苏联哲学界誉为"中国的凯德洛夫"。

"文化大革命"后，黄枬森先生又在上述研究成果的基础上继续就对以上这一问题的理解进行了进一步的深入研究。比如他在《列宁的〈哲学笔记〉对马克思主义哲学的重大发展》(该文曾发表于《中国社会科学》1980年第6期)一文中就对列宁的唯物辩证法体系的构想雏形在前文的基础上进行了进一步更加详细的说明。文中他结合现代科学发展产生的各种最新成果，从概念与范畴入手，创造性地丰富和发展了列宁的这一最初构想。

当然其后也有一些学者对黄枬森先生的上述观点有不同的看法。如

---

① 张亮：《我国马克思主义哲学史学科的历史之路》，载《学术研究》2009年第1期，第64页。

卞敏在其《辩证法体系的雏形》一文中就提出,辩证法要素十六条并不能如同黄枬森先生那样去理解,即认为后九条从属于前七条并应该插进前七条。这种观点进一步认为,列宁的辩证法要素十六条实际上是以三要素、七要素、十六要素分别作为不同层次的辩证法核心从而形成的一个"同心圆"。在笔者看来,如果从哲学范畴的整体体系安排来说,卞敏的观点是可以成立的,但绝不意味着如他所言黄枬森先生的观点就不能成立。事实上,这两种观点并不矛盾。因为,列宁在《哲学笔记》中提出的辩证法要素十六条实际上大致可以分为一般辩证法、认识辩证法、思维辩证法三大组成部分,即卞敏所提的"三要素"说,而这三大部分再细分的话,就可以形成"七要素"说,如果再进一步扩展的话,就是"十六要素"说也就是列宁的十六条了。而黄枬森先生关于辩证法要素十六条问题的理解,正是从某个方面说明了"同心圆""七要素"与"十六要素"之间的关系,就这点而言,黄枬森先生的观点是能够成立的。

尽管当时中国的学者们在马克思主义哲学史研究方面还是处在探索阶段,在这一研究领域也还存在着不少意见分歧。但这些分歧之外有一个共同点却是毋庸置疑的,那就是我国的学者们都在某种程度上开始了从历史发展的眼光来重新审视和理解一些马克思主义哲学经典著作,并非一味迷信权威,教条理解,而是根据当时的历史现实来加以理解。比如就这里提到的列宁《哲学笔记》中的辩证法要素十六条来说,黄枬森先生就是这样率先做了。当然这些做法如果现在看起来,也许很普通很平常,但在当时我国那种有论无史,视马克思主义哲学经典著作句句为真理的学术环境下,这些学术观点及其导向的实践意义是相当大的。

此外,在接下来的进一步具体研究过程中,黄枬森先生还感觉到了列宁辩证法十六要素体系的某些不足,比如叙述方法上没能体现从抽象上升到具体、从简单到复杂的过程,内容上缺乏物质、时间、空间等概念,甚至是缺乏最为重要的实践概念等。为了解决这些不足,黄枬森先生在列宁的关于唯物辩证法体系构想雏形的基础上,通过仔细的推敲、斟酌和进一步发掘,从而提出了他自己构想的一个关于唯物辩证法体系的结构草图。这个结构草图在他的《〈哲学笔记〉与辩证法》一书中加以了详细的论述。

在《〈哲学笔记〉与辩证法》一书中黄枬森先生指出:"列宁关于哲学体

系的思想是唯物主义地改造黑格尔的体系思想的结果。"①因为黄枬森先生发现在《哲学笔记》中，列宁为了研究辩证法而研究了黑格尔在《逻辑学》中所谈到的一些范畴。但列宁同时认为，尽管黑格尔在《逻辑学》中总共提到了100多个各类范畴，但根据辩证法的范畴是最一般的范畴的这一原则，黑格尔《逻辑学》中有很多范畴显然不能适用在一般的辩证法体系里。但遗憾的是，列宁最终并未确定科学的唯物辩证法体系究竟应该具备哪些基本范畴。这一缺憾，主要是历史的原因造成的。为了弥补这一缺憾，黄枬森先生根据列宁提出的指导思想，即辩证法的范畴应该是最一般的范畴的原则，经过认真研究和精心挑选，根据列宁《哲学笔记》对黑格尔《逻辑学》的论述，从中挑出了诸如原因和结果、形式和内容等30对最普遍的一般范畴，再加上人类社会领域的5对一般范畴，以及最新出现的时间和空间范畴，一起共计36对范畴。以这36对范畴为基本要素，再依据列宁提出的从简单到复杂、从低级到高级、从抽象上升到具体的原则，黄枬森先生对这些范畴进行了合理的排列，从而形成了一个独特的唯物辩证法体系草图。在这一体系草图中，黄枬森先生设计的思路是总分结构，即先把各类具体范畴总体上分为整体范畴、并存范畴、层次范畴、过程范畴、社会范畴、认识范畴等六大类。之后，又将每一大类进行归纳整理，说明每一大类包括哪些个小的具体范畴②。

受时代局限和研究基础薄弱的影响，尽管黄枬森先生那时提出的这个唯物辩证法体系草图可能过于简略，也有不少问题，很多学者也还有些不同的看法，但换个角度，就当时的理论发展状况而言，这个唯物辩证法体系草图完全算得上是相对比较科学的一种体系设计方案。因为就总体而言，黄枬森先生提出的这个唯物辩证法体系草图，其最鲜明的亮点之一就是把唯物主义和辩证法的各类范畴融为了一体。具体而言，比如在这个新体系草图中，黄枬森先生把世界观、认识论和逻辑学三者统一了起来，使得世界观、认识论和逻辑学融进了同一个理论体系。同时这个体系的排列顺序还在一定程度上反映了从简单到复杂、从低级到高级、从抽象上升到具体、从客观到主观的原则，并标明了体系本身的核心是对立统一规律而不是否定之否定规律。

---

① 黄楠森：《〈哲学笔记〉与辩证法》，北京：北京出版社1984年版，第84页。

② 参见黄楠森：《〈哲学笔记〉与辩证法》，北京：北京出版社1984年版，第91-92页。

（二）关于列宁的《唯物主义和经验批判主义》研究

除《哲学笔记》外，在20世纪60年代初直至"文化大革命"时期，黄枬森先生还对列宁的另一部哲学著作，即《唯物主义和经验批判主义》从哲学史的角度展开了研究，并初步写成《〈唯物主义和经验批判主义〉解说》的书稿。1978年关于"真理标准"问题的大讨论后，思想解放了，学术活跃了，有了这样的条件，黄枬森先生又开始对《唯物主义和经验批判主义》进行了更加深入详细的研究，并写就了《马克思主义哲学的重大发展——纪念列宁〈唯物主义和经验批判主义〉发表七十周年》《正确评价〈唯物主义和经验批判主义〉——纪念〈唯物主义和经验批判主义〉出版七十五周年》《关于〈唯物主义和经验批判主义〉的几个问题》等多篇文章。纵览这些文章，可以看出黄枬森先生主要从哲学史角度对列宁的反映论思想以及列宁提出的哲学党性原则做了一定程度的阐述和说明。

1.坚持哲学党性原则，反对超越论

哲学具有党性原则这一理论问题是列宁首先提出来的，在列宁《唯物主义和经验批判主义》一书中有一节是专门论述这一问题的。过去由于以论代史，国内哲学界对于这些马克思主义哲学经典著作中的很多论断只有背诵，缺乏研究。但伴随着马克思主义哲学史研究开始在我国兴起，哲学是否具有党性原则这一问题在学者们中也有了一些不同的看法。尽管意见并不统一，但正如黄枬森先生所说："现在，为了坚持和发展马克思主义哲学，就这些重要哲学问题开展讨论，这是十分可喜的现象。"①

在哲学是否具有党性原则这一问题的争论中，有两种看法值得一议：一种观点认为哲学有党性原则，但其实质就是哲学的阶级性，因而哲学一定是某个阶级利益的反映，是为这个阶级服务的，这在过去曾有不少论者持这样的观点。第二种观点是现在不少学者主张的唯物唯心超越论，其实质是否定哲学具有党性原则。

对于上述第一种观点，黄枬森先生本人并不十分赞同。因为在他看来，列宁所提及的哲学党性原则问题实际上就是源自恩格斯的哲学基本问题，换句话说，二者就是同一问题。因为恩格斯曾说："全部哲学，特别是近

① 黄枬森：《哲学基本问题和哲学党性原则》，载《哲学研究》1981年第10期，第3页。

代哲学的重大的基本问题，是思维和存在的关系问题，……哲学家依照他们如何回答这个问题而分成了两大阵营。凡是断定精神对自然界说来是本原的，从而归根到底承认某种创世说的人……组成唯心主义阵营。凡是认为自然界是本原的，则属于唯物主义的各种学派。"①因此，从以上的这些论述来看，列宁提出的哲学党性原则虽然可能包含阶级性的意思，但首先指的不是其阶级性，而是指哲学的党派，即一个哲学理论究竟是属于唯物主义还是属于唯心主义，这是任何哲学理论及哲学家都回避不了的问题。

对于上述第二种观点，黄枬森先生不仅明确表明了反对的立场，甚至更为关注和重视。因为就目前国内哲学理论界的发展来看，这第二种观点其隐蔽性和危害性相对更大。黄枬森先生曾对此评价到："近来有些同志对列宁提出的哲学党性原则持怀疑态度……这在马克思主义哲学中不是一件小事，必须严肃对待。哲学党性原则是列宁从哲学基本问题逻辑地引申出来的，也是从大量事实中概括出来的。如果要否定哲学党性原则，就必然要否定哲学基本问题，否定大量历史事实。"②

就上述内容来看，在黄枬森先生那里，哲学的党性原则很重要，也是万万不能否定的。就目前理论界的现状看，现在还应该大力加强哲学的党性原则的重要性宣传，因为事实上有很多学者正在日益偏离这一原则，特别是针对目前不少论者持有的"实践超越论"观点，他表示了很大的忧虑。

为了厘清和批驳有关"实践超越论"的观点，黄枬森先生首先对列宁提及的哲学党性的科学内涵作了说明。他指出："什么是哲学党性呢？哲学的党性并不等于阶级性，它首先是指任何哲学都不能超越唯物主义和唯心主义。一种哲学不是唯物主义，就一定是唯心主义或动摇于唯物主义和唯心主义之间的折中主义。"③可见，在黄枬森先生这里，哲学党性就是指哲学的一个基本立场，即任何一个哲学理论所持有的唯物主义或唯心主义立场。为什么任何一个哲学理论都不能超越唯物主义或唯心主义呢？黄枬森先生又进一步指出："因为区别唯物主义和唯心主义的标准是哲学基本问题，而这个问题是任何哲学都回避不了的。哲学既然是世界观，它首先不能不回答世界是什么的问题：它是物质的还是精神的？客观的还是主观的？这个问题也是任何人认识具体事物时回避不了的，他只能采取客观的态度或

①《马克思恩格斯选集》第4卷，北京：人民出版社2012年版，第229-231页。

②黄枬森：《黄枬森文集》第3卷，北京：中央编译出版社2012年版，第163页。

③黄枬森：《哲学基本问题和哲学党性原则》，载《哲学研究》1981年第10期，第7页。

主观主义的态度。历史上是否有过超越唯物主义和唯心主义的回答呢？不少哲学家有过这样的企图，如现代不可知论的创始人休谟，各种不可知论者、各派实证主义者都有过这样的奢望，但实际上没有谁超越得了，他们不过是把二者混合起来，动摇于唯物主义和唯心主义之间。有的唯心主义多一点，有的唯物主义多一点。"①

结合黄枬森先生以上的相关论述，我们可以看出，在探讨哲学党性问题上，黄枬森先生明确表达了两方面的观点：一是反对将哲学党性问题简单化，甚至视为阶级性；二是反对将哲学党性问题消融化，即主张所谓"实践超越论"。应该说，黄枬森先生的相关观点是站得住脚的。具体分析来看，一方面我们确实不能简单概括哲学的党性就等同于它的阶级性或者把唯物主义和唯心主义二者的对立绝对化，从而否认二者之间的相互依存、相互渗透、相互影响的关系。另一方面，我们又更不能否认存在哲学的党性，特别是以所谓"实践性"来抹杀唯物主义与唯心主义的区别，进而走一条所谓的折中道路，企图以某种方式实现对唯物主义和唯心主义的所谓"超越"。事实上，"马克思主义哲学肯定物质在物质与精神统一中的本原性意义，但并不否认实践在这种统一中的中介性意义，不仅不否认，而且认为，这对唯物主义原则的贯彻和坚持是必不可少的。即是说，马克思哲学思维方式的实践性与唯物性是根本一致的"②。

通过以上的一系列分析，可以看出，关于列宁的哲学党性原则问题，尽管形式上是一个很朴素简单的哲学理论问题，但在实践中我们往往对此问题会犯不少的错误。因此，从这个意义上来说，哲学党性原则问题是一个事关大是大非的重要问题。比如在对这一理论问题的实际运用过程中，我们就曾经大量地出现过将其简单化的错误做法，表现为把唯物主义与唯心主义作为一种标签生硬地贴到各种理论观点流派上，非此即彼，从而使二者的对立绝对化，实际上也就否认了二者之间的那种相互依存、相互渗透、相互影响的关系。但更为重要的是，不少学者在反对、批判这种简单化做法的同时，又往往会走向另一个极端，即否认二者的党性。比如目前不少学者就在反对这种简单认识的同时持一种反对哲学存在党性的观点，在这些学者中间甚至一度流行所谓的"超越论"观点，主流观点是认为马克思主义哲学以其实践观点超越了唯物主义与唯心主义。从这个意义上来说，黄

① 黄枬森：《黄枬森文集》第3卷，北京：中央编译出版社2012年版，第164页。
② 陶富源、张涛：《关于"超越论"的反思》，载《马克思主义研究》2010年第11期，第96页。

枞森先生现在重提和强调列宁的哲学党性原则问题，并对此进行进一步研究是具有很强的针对性的，因而也是有现实意义的。由此，通过黄枞森先生的论述，我们可以得出的结论是，我们不能持否定和取消哲学党性原则的观点，那样的话就会混同唯物主义与唯心主义或模糊两者之间的区别，从而如同马赫主义那样主张"经验一元论"，这样的结果最终只会导致走向唯心主义。

事实上，从哲学发展至今的历史过程来看，也曾经有不少观点试图来超越唯物主义与唯心主义的对立，但实践证明这些哲学理论最终都是失败的。当然从马克思主义哲学的本质特征来看，这些哲学观点也更是与马克思主义哲学难以相容的。综上所述，对于列宁提出的哲学党性问题，我们不仅一方面要克服上述两种错误认识，而且还要在今后的哲学建设中加以坚持和贯彻，事实上，也只有这样做才能更好地坚持和发展马克思主义哲学。正因为如此，才可以说："列宁哲学党性原则及其方法对马克思主义哲学的发展有重大影响，长期以来，它一直是马克思主义哲学家研究哲学史、批判西方资产阶级哲学的一条基本原则和方法。"[①]

2.列宁反映论思想对马克思主义哲学的贡献必须予以肯定

反映论思想是列宁在其《唯物主义和经验批判主义》一书中，针对当时的理论状况而重点阐述的思想。围绕列宁反映论思想在马克思主义哲学史上的地位问题，国际马克思主义理论界曾经有过两种截然不同的看法：一种是高度赞扬与肯定；另一种是过度贬低与否定。

持前一种看法的人主要是以苏联哲学界的一些学者为代表。在这种肯定观点看来，作为列宁的代表作，《唯物主义和经验批判主义》堪称是一部具有划时代意义的巨著，究其原因就是这本著作成功地将辩证法应用于反映论，进而把辩证唯物主义推进到了新的更高阶段。

持后一种看法的人主要是以一部分西方马克思主义学者为代表。与前一种看法相反，这种观点指责在《唯物主义和经验批判主义》中贯彻的反映论原则实际上是与马克思主义的认识论观点背道而驰的，某种意义上也就是将马克思的现代哲学思维方式又"逆转"到了近代哲学思维方式。就此，在这些学者看来，列宁的反映论思想实质上就是一种机械唯物主义和

[①] 黄枞森、施德福、宋一秀主编：《马克思主义哲学史》中册，北京：北京大学出版社1987年版，第130页。

直观唯物主义。

对于上述这两种不同观点,在黄枬森先生看来,都是不值得认同的。特别是黄枬森先生更加反对第二种观点。他在和国内的一些其他学者一起研究马克思主义哲学史的过程中,深入分析和考察了列宁《唯物主义和经验批判主义》中的相关思想,从而得出了他自己关于列宁反映论思想的观点。具体来说,在黄枬森先生看来,我们既不能像西方马克思主义者那样否定反映论,或者把反映论贬低为机械唯物论;同时也不能像有些苏联学者那样,肆意把反映论拔高、夸大。也就是"要公正地评价《唯物主义和经验批判主义》在马克思主义哲学史的地位,必须尊重事实,首先把它放到当时的历史条件下来考察"①。

接下来的问题是,这里所说的"当时的历史条件"究竟是什么呢?在黄枬森先生看来,这一"当时的历史条件"实际上就是指列宁时期唯物主义受到贬斥,但唯心主义却受到追捧的理论状况。从马克思主义哲学看,列宁时期与马克思、恩格斯时期有所不同。因为马恩时期正是唯物主义开始在先进知识分子中逐渐占据优势地位的时候,因此马恩在哲学理论上更加注重的是如何使新唯物主义克服过去旧唯物主义的缺陷,从而向上发展,特别是向辩证性发展,也就是更多的是从主体角度,从实践角度来理解客观实在性。而与此相对应的是,在列宁时期,资产阶级哲学家主要利用自然科学的巨大发展以及旧唯物主义的一些缺陷企图来攻击整个唯物主义的唯物性。因此在这样的历史背景下,列宁时期的哲学历史任务实质上就是如何捍卫马克思主义哲学的唯物主义基础。由此,列宁论述唯物主义认识论系列原理,强调反映论,进而发展恩格斯的有关哲学基本问题的理论,这既是非常必要的,也是合乎马克思主义哲学发展需要的。

在考察反映论思想科学内涵时,有论者认为,列宁的反映论将马克思的现代哲学思维方式某种程度地返回到了费尔巴哈那里,因而实质上就是一种机械的、直观的反映论,也就是一种旧唯物主义的翻版。对此,黄枬森先生指出:"反映论有各种各样,各种反映论既有共同的东西,也有差别。只能说辩证唯物论的反映论与费尔巴哈的反映论有共同之处,不能说辩证唯物主义的反映论就是费尔巴哈的反映论。同样也不能把反映论等同于

① 黄楠森、施德福、宋一秀主编:《马克思主义哲学史》中册,北京:北京大学出版社1987年版,第111—112页。

机械唯物论或直观反映论。"①因此，我们在理解、研究列宁反映论思想时，就应该在坚持反映论基本原则的前提下来进一步探索反映过程中的理论复杂性。也就是说我们在研究反映过程中的主体性和客体性时，研究反映过程的各种阶段时，研究反映过程的各种因素时，都应该是在坚持反映论基本原则不变的前提下来进行的。

总之，由上述分析可以看出，黄枬森先生也是非常反对贬低列宁反映论思想的。即是说，我们在推进马克思主义哲学前进时，应该某种程度地坚持和发展列宁的反映论，而不是从根本上否定它。因为在他看来，列宁的反映论思想与费尔巴哈不同。费尔巴哈的反映论是一种机械的、直观的反映论，但列宁的相关观点与其有着本质不同，至多只能说作为反映论，二者之间有共同的东西。为了说明这一点，黄枬森先生根据马克思主义哲学史发展的事实，即上文所说的"当时的历史条件"，对此进行了大量的正面的论证。具体来说，集中在以下两个方面：一方面，列宁是根据当时历史的现实情况，不得不突出和强调马克思主义哲学的唯物主义基础，包括从反映论方面来对此加以充分说明；另一方面，列宁在阐述其反映论思想时，并不是机械教条地理解，因为他不仅批判了不可知论，还论述了真理的辩证法，论述了认识和实践的辩证关系等。因此，可以说列宁的反映论思想既是当时革命斗争形势的需要，也体现了马克思主义哲学理论本身发展的需要。从这个意义上来理解，这一时期是列宁捍卫了马克思主义哲学的唯物主义基础，并以反映论将其发展到了一个新阶段。

应该说，黄枬森先生对列宁反映论思想的评价是中肯的。这可以从以下两个方面来加以理解：一方面，我们确实要反对把列宁的认识论思想过度夸大、拔高，甚至认为是异常完美的思想，因为列宁的认识论思想实质上还没有考察到认识的两个阶段，包括感性认识和理性认识的辩证关系和转化等；另一方面，作为马克思主义哲学史上的重要人物，我们更应该从历史发展的角度看到列宁的反映论思想对马克思主义哲学的巨大发展和贡献。因为列宁的反映论思想捍卫了马克思主义哲学的唯物主义基础，因而对其历史贡献必须予以肯定。也正因为如此，我们必须坚决反对任何歪曲和否定列宁反映论思想的观点。当然，与马克思恩格斯时期相比，由于各自所处历史条件不同，列宁确实更加强调的是对象的客观实在性，但这一

---

① 黄枬森：《评对实践唯物主义的一种理解》，载《哲学研究》1989年第11期，第22页。

强调并不必然意味着否认对象中的主体性。事实恰恰是,列宁对所有反映论思想问题的论述都是结合马克思主义哲学基本观点,根据时代的需要阐发的,这一阐发也从来没有停留或限于在旧唯物主义的认识水平上。比如列宁在强调社会存在的客观实在性时,就同时也承认社会存在中的人的实践因素。就这点而言,列宁同马克思的实践的唯物主义思想是一致的。不仅如此,列宁还发展了上述这一认识,进一步把辩证法运用于认识论,提出必然与自由的学说、认识的螺旋式发展学说等观点,从而从深入分析认识的辩证过程入手,丰富和发展了马克思的辩证唯物主义认识论。也正因为如此,我们才认为列宁将马克思主义哲学发展到了一个新阶段。所以就此而言,那种认为列宁的反映论思想是机械的、直观的反映论的观点无疑是站不住脚的。

总结本部分内容来看,黄枬森先生针对列宁《哲学笔记》与《唯物主义和经验批判主义》这两部经典著作展开的结合中国人自己的实践和时代特征的研究,是我国历史上第一次开展的马克思主义哲学史研究。过去由于种种原因,我们一直把马克思主义史上的很多经典著作,都看成是千古不变的真理的汇总,只一味加以机械学习,缺乏理论创新以及探求符合时代精神的哲学观念,从而导致某种程度上走向了理论僵化,这给我们带来不小的损失。而黄枬森先生依据时代实践的发展和变化,以研究《哲学笔记》与《唯物主义和经验批判主义》为契机,提出"六经皆史"的观点,这不仅大大地丰富和发展了马克思主义哲学的一些思想内涵,而且纠正了"以论代史"的这一错误认识,打破了理论僵化局面。就此而言,他的努力不仅开启了国内马克思主义哲学史研究,而且起到了一种示范作用,为建立马克思主义哲学史学科奠定了一定的基础。

二、率先研究马克思主义哲学史的发展规律

关于马克思主义哲学史研究,其最先面临的也是极其重要的一个问题就是如何处理马克思主义哲学史与马克思主义哲学原理之间的"史论关系",可以说,对二者之间关系的认识直接影响着马克思主义哲学史研究。对于这一问题,黄枬森先生从揭示马克思主义哲学史的发展规律入手给予

了解答。在他看来，马克思主义哲学与任何一门其他科学一样，同样也有着自己的历史，这就是马克思主义哲学史，这一历史具有自己的规律，这个规律"应该是历史与逻辑的统一"①，马克思主义哲学史研究必须揭示出这个规律。

（一）马克思主义哲学也有自己的历史

翻开中华人民共和国的历史，可以说直至改革开放前，我们对于许多马克思主义哲学观点，都缺乏历史观念。正如黄枬森先生所说："我们过去一贯是以马克思主义哲学代替马克思主义哲学史，把历史上的马列著作作为马克思主义哲学的最新成就或永世不变的最后真理来阅读，对上述问题或者采取回避的态度，或者设法抹平其分歧之处，或者采取各取所需、为我所用、六经注我的态度。正是由于采取了这些不正确的态度，许多问题长期争论不休，一直不能解决。"②可见，在黄枬森先生看来，过去我们长期有论无史，是导致许多问题得不到解决的重要原因。而有论无史其要害就在于史与论二者被割裂。相反只有将二者有机联系起来，做到史论结合，才能真正把握马克思主义哲学的客观形成发展过程，才能理解马克思主义哲学的精神本质。为此，黄枬森先生根据马克思主义哲学的科学形成过程，经过认真分析和研究，提出这样的观点，即马克思主义哲学的丰富内涵并不单纯体现在一些马克思主义哲学经典著作上，而且体现在丰富的、具体的历史过程中。换句话说，马克思主义哲学就是一门具有历史性的科学。而这种历史性就体现在马克思主义哲学史中。

如何理解黄枬森先生的上述观点呢？首先，必须认识到，尽管从表面形式上看，马克思主义哲学的初步创立过程似乎表现为马恩的个人思想发展及成熟过程，但实际上这一过程并不是由马恩的个人思想发展过程决定，而是由历史发展的必然性决定的。也就是说，马恩的个人经典著作只是当时思想的代表作，正如任何历史必然性都是通过偶然性表现出来的一样，马克思主义哲学产生的历史必然性也是通过马恩的理论创作活动这一偶然性体现出来的。当然，这一历史发展必然过程并不排斥马克思、恩格

---

① 黄枬森：《把马克思主义哲学史作为一门科学来建设——〈马克思主义哲学史〉序》，载《现代哲学》1988年第1期，第34页。

② 黄枬森：《哲学的足迹》，北京：中国社会科学出版社1987年版，第1页。

斯本人的主观条件在当时所起的重要作用。由此而言,"马克思主义哲学的创立史就是历史必然性和偶然性的统一,是历史发展和理论思维发展的内在逻辑和马克思恩格斯的理论活动、实践活动的统一"①。这也充分表明了,任何理论成果都是特定时代的产物。而哲学作为一种意识形式,当然更是从来都离不开其赖以产生的各种社会物质基础。就此而言,马克思主义哲学也不例外,它也是其自身所处时代的产物。由此也能推断,那种仅仅认为经典著作的创作过程实际上就是全部马克思主义哲学史的观点无疑是偏颇的。

正因为如此,我们可以得出的结论是,只有一部完整意义上的马克思主义哲学史才能科学地反映马克思主义哲学不断发展的历史过程,这一过程实际上也就是马克思主义哲学的科学形成过程。之所以可以作以上的理解,笔者认为有这样两个方面的理由:一是,即使马克思主义哲学经典著作本身也有着自己形成过程的阶段性,也就是我们通常所说的任何历史必然性,都是通过一定偶然性表现出来的;二是,就马克思主义哲学经典著作其本身来说,虽然它是马克思主义哲学思想的重要载体,是一种历史定格的存在,但另一方面它所表述的哲学思想又是一种历史发展的存在。也就是说,作为一种历史发展的存在,即使是马克思主义哲学经典著作,其反映的思想也可能会有时代的局限性。这意味着,有些观点并不都是一劳永逸的绝对真理,这需要在历史的长河中随着实践的发展而不断被丰富和完善。

正是基于这种历史发展眼光的理念,黄枬森先生才提出,决不能简单认为马克思主义哲学史就是由几部马克思主义哲学史上的经典著作简单连接起来的理论体系。相反,要正确地认识到,马克思主义哲学与任何一门其他科学一样,有着自己具体的、连续的历史。这种具体的、连续的历史也就是马克思主义哲学史,反映了马克思主义哲学的科学形成过程。

那么究竟应该怎样来全面理解马克思主义哲学史呢?在黄枬森先生看来,马克思主义哲学史就是一部不仅包括马克思主义哲学创始人马克思和恩格斯的哲学思想发展史,同时也包括其后续者以及整个时代无产阶级大众的共同的哲学思想发展史。比如在马克思和恩格斯之后,他们的战友和学生甚至包括很多普通工人,例如狄慈根、梅林、考茨基、拉法格、拉布里

———
① 黄楠森、施德福、宋一秀主编:《马克思主义哲学史》上册,北京:北京大学出版社1987年版,第27页。

奥拉等也都对马克思主义哲学的发展做出了重要的贡献，特别是列宁更是极大地发展了马克思主义哲学。可以说，"20世纪是马克思主义及其哲学发展的第二个大阶段，第一个能代表这个新阶段的无疑是列宁。这不仅是由于列宁把无产阶级社会主义革命付诸实践，而且是由于列宁开辟了马克思主义哲学的新阶段"①。

认为马克思主义哲学有着自己的具体的历史，这一观点在国内学术界目前基本没有什么分歧。但与这一观点相联系，在关于"哲学是否等于哲学史"的问题上，由于概念差异和理解的不同，就存在着一定的争论了。比如，尽管黄枬森先生认为马克思主义哲学有自己的历史，但他并不赞成"哲学就是哲学史"这一说法。而吉林大学的孙正聿先生则某种程度上提倡"哲学就是哲学史"。孙正聿先生曾在《吉林大学社会科学学报》2011年第1期上发表了《哲学就是哲学史的涵义与意义》一文，旨在强调哲学与哲学史是"历史性的思想"与"思想性的历史"，因而"哲学就是哲学史"，同时反对那种批驳"哲学就是哲学史"的观点。

为此，黄枬森先生在《北京大学学报》（哲学社会科学版）2011年第5期上撰文发表了不同看法，并提出"有了科学的哲学的观念，哲学就不再等于哲学史"②。如何理解他的上述这一观点呢？在笔者看来，根据黄枬森先生提出的"哲学科学化"观点，马克思主义哲学的科学性与实践性是其两大根本属性，这两大属性不仅有相互矛盾的一面，而且更是有相互推动的一面。但当哲学科学化之后（尽管这在目前还只是一个目标），在理论上，这种科学性其本身就成为一种真理。就这种真理而言，它往往只注重结果而不是过程，从这个逻辑来说，哲学也就并不等同于哲学史了。相反，只有哲学史作为在实践中发展的哲学才具有历史性，也正是在这个意义上，人们才认为马克思主义哲学及其历史是一个客观的历史过程。

比较上述二人不同的观点，笔者认为，在"哲学是否等于哲学史"这一问题的看法上，二人各有侧重点。黄枬森先生的观点重点在于突破了"静"与"动"的界限，体现了真理与历史二者的辩证统一，反映了对"哲学是否等于哲学史"这一问题的深邃理解。当然孙正聿先生的观点也有其可取之

---

① 黄枬森：《哲学的科学化——黄枬森自选集》，北京：首都师范大学出版社2008年版，第31-32页。

② 黄枬森：《也谈哲学就是哲学史的含义和意义》，载《北京大学学报》（哲学社会科学版）2011年第5期，第5页。

处,事实上他的观点无疑是从另一个角度重点强调了哲学思想发展的历史性,即哲学思想随时代的变化而变化,这种观点具有的意义也就不言而喻了。当然,黄枬森先生在看到哲学思想发展的这一历史性之后,却是进行了另一种可贵的思考,即哲学的历史发展有没有正确的方向?向这个方向会不会最终达到一个目标?就此而言,在黄枬森先生看来,"'哲学就是哲学史'是在整个哲学史发展中哲学的非科学状态的阶段。哲学一旦成为科学,'哲学就是哲学史'的这种状态就应该结束"①。

可以推断,就上述黄枬森先生的这一观点本身而言,它并不否定马克思主义哲学本身就是一部科学的发展史。事实上,纵观马克思主义哲学史,马克思主义哲学正是在集马克思主义经典作家以及其他众多的理论工作者的智慧和创造基础上,在长期革命实践中形成的一门科学理论体系。可以说马克思主义哲学本身体现出来的这一客观历史过程不仅奠定了辩证唯物主义在马克思主义哲学中的地位,也充分反映了马克思主义哲学在时代发展中所体现出来的一些趋势和规律。就此而言,马克思主义哲学在当代中国的实践与发展就表现为以马克思主义哲学中国化为主线,在社会主义建设实践中形成的中国特色社会主义理论体系及其哲学基础。从这个意义上来说,马克思主义哲学不仅有自己的历史,而且在这个历史进程中还具有自身的发展规律。

(二)马克思主义哲学史具有逻辑与历史相统一的发展规律

20世纪80年代以来,尽管马克思主义哲学有自己的具体的历史得到了大多数人的认可,但马克思主义哲学史研究应该是一种单纯的哲学思想史研究还是要反映出一种哲学路线之争呢?这在我国哲学界产生了分歧。多数意见认为,马克思主义哲学史研究的宗旨就是必须揭示出马克思主义哲学自身的发展规律,并为其进一步发展指明方向。从这个意义上来说,马克思主义哲学史研究很重要,也就是说涉及其哲学路线之争。不过也有部分学者对此持有不同观点,在他们看来,马克思主义哲学史研究只是表达出其自身发展的一种历史性,换句话说,马克思主义哲学史研究事

---

① 黄枬森:《也谈哲学就是哲学史的含义和意义》,载《北京大学学报》(哲学社会科学版)2011年第5期,第9页。

实上应该只是一种单纯的哲学思想史发展研究。

关于少数不同观点的分歧，黄枬森先生有自己明确的看法。他说："马克思主义哲学史，顾名思义，就是马克思主义哲学创立和发展的历史，它必须反映马克思主义哲学体系及其各个原理的提出、丰富、修正的过程，但作为一门科学，它不能停留在对历史线索的叙述上，而要去揭示历史发展的规律，换言之，它应该是历史与逻辑的统一。"①就上述论述而言，可以看出，在黄枬森先生那里，关于马克思主义哲学史的研究绝不仅仅是一种单纯的哲学思想史研究，而是要在研究其历史发展过程的基础上，揭示出其内在的发展规律，从而为当前的马克思主义哲学理论服务。

之所以持上述观点是为什么呢？因为在黄枬森先生看来，上述这个问题是一个很严肃的现实问题，它不仅涉及马克思主义及其哲学的根本性质，而且还直接关涉到当今的中国是否应该坚持社会主义道路的问题，甚至涉及在世界范围内是否应该坚持科学社会主义的问题。而马克思主义哲学作为无产阶级在实践中产生的哲学，它既是在革命斗争的基础上由无产阶级创造的，同时它又是无产阶级革命斗争实践的指南。这种双重属性导致马克思主义哲学史的发展过程并不是无章可循，而是有其内在规律，比如马克思主义理论的逻辑之一就是资本主义必然灭亡，社会主义必然胜利，由此可见，坚持社会主义道路则成了一个很现实的历史实践问题。从这个意义上来说，马克思主义哲学史就是无产阶级革命实践和马克思主义哲学理论的统一，也就是历史与逻辑的统一。

在认识到上述规律的过程中，黄枬森先生同时进一步指出了必须要纠正两种割裂这种历史与逻辑统一的理论倾向：一是，教条地把马克思主义哲学经典著作看成是一成不变的哲学最高形态，从而抹杀了其发展的历史性；二是，虽然看到了马克思主义哲学经典著作的历史性，但却机械地认为既然是历史上的东西，那么它现在自然就完全不合时宜了。对于上述这两种错误的理论倾向，黄枬森先生认为："这些问题实际上涉及了马克思主义及其哲学的根本性质，涉及了两种世界观、两条认识路线、两种意识形态的争论，这一争论直到今天还远远没有结束。"②

经由上述论述不难看出，在黄枬森先生看来，我们对于马克思主义哲

---

① 黄楠森、施德福、宋一秀主编：《马克思主义哲学史》上册，北京：北京大学出版社1987年版，第1页。

② 黄枬森：《哲学的科学化——黄枬森自选集》，北京：首都师范大学出版社2008年版，第44页。

学史的研究绝不仅仅是一种简单的哲学思想史研究,而是要揭示出其历史与逻辑相统一的规律,从而为今天的中国特色社会主义建设实践服务。对于黄枬森先生的这一观点,笔者认为可以从两个方面来加以理解:其一,从马克思主义哲学史本身的历史发展过程来看,马克思主义哲学史上的很多问题实际上都关涉到马克思主义及其哲学的路线之争,绝不仅仅是单纯的思想表达。其二,马克思主义哲学史研究具有不同于其他思想史的特殊研究对象。这方面,过去我们在马克思主义哲学史研究的方向上一直存有两个错误的导向:一个是把历史上提出的马克思主义哲学思想看成是一成不变的、从来如此的绝对思想真理,从而忽视了其思想的历史性和实践发展性,这是一种教条主义的观念;另一个是把马克思主义哲学史看成是纯粹历史的思想发展,进而也就忽视了它的内在规律和要求,造成了一定程度的迷失。

那么怎么才能避免上述提到的这两方面的研究误区呢?笔者认为,要做到这一点,实际上就是要做到克服教条主义和相对主义的错误。也就是只有把马克思主义哲学著作及其思想放在特定时代的历史条件下来加以考察,才能真正弄清楚马克思主义哲学发展的规律,进而把握其精神实质和正确评价其功过得失。正是在这个意义上,如黄枬森先生所说,许多马克思主义哲学史问题不仅仅是历史问题,而且是具有重大现实意义的问题。就此而言,我们今天要进行的马克思主义哲学史的研究和教育就绝不是仅仅为了历史而研究历史,而是要在这一过程中,探索出马克思主义哲学史的内在发展规律,进而运用到今天的中国特色社会主义事业建设实践中,为建设中国特色社会主义服务。当然这种为了实践的理论服务不是根据一时的需要来随意剪裁历史,而是"从整个人类社会实践和科学研究的现代水平出发,从我国社会主义道路的根本需要出发来研究和阐明马克思主义哲学的创立和发展的过程,而这种研究和阐述是有充分根据的、有理论分析的、实事求是的、科学的。进一步建设和发展科学的马克思主义哲学史,自觉地为建设有中国特色的社会主义服务,这就是今天我国马哲史研究工作者的任务"①。

总之,马克思主义哲学是有着自己的历史的,并且这个历史过程是一个有规律的历史过程,即不断与时代发展实践相结合,不断体现其时代精

---

① 黄枬森:《哲学的科学化——黄枬森自选集》,北京:首都师范大学出版社2008年版,第46-47页。

神精华，不断引领其时代向前发展的逻辑与历史相统一的过程。马克思主义哲学史研究必须要揭示出这个规律。在这一过程中，我们既要避免过去那种对马克思主义哲学的脱离实际的教条主义理解，同时也要避免今天这种对马克思主义哲学的"六经注我"的实用主义理解，特别是我们必须要正确地评价经典作家在马克思主义哲学史上的地位和作用。

三、科学评价经典作家在马克思主义哲学史上的地位和作用

在目前国内的马克思主义哲学史研究中，"我国理论界热烈议论的问题之一是对马克思主义的再认识，其中包括对马克思主义哲学的再认识。究竟什么是马克思主义哲学，如何理解马克思的哲学思想，如何评价恩格斯的哲学思想和列宁的哲学思想，……对这些问题，学者们的意见分歧颇大"[①]。对于这里提及的这一问题，为了能使大家更加深入清楚地理解马克思主义哲学的本质，黄枬森先生结合史实，从哲学史研究的角度出发，对马克思、恩格斯、列宁等经典作家在马克思主义哲学发展史中的地位和作用作出了自己的实事求是的评价。

（一）说明了马克思和恩格斯在创立马克思主义哲学中的作用

改革开放以后，伴随着西方各种思潮的涌入，特别是在苏联解体、东欧剧变事件后，国际共产主义运动开始进入低潮。受此影响，我国哲学理论界对马克思主义哲学史的研究开始出现了一个比较明显的倾向，这一倾向表现为两大方面：一方面"去苏化"，另一方面"渐西化"。比如受西方马克思主义观点影响，开始特别关注马克思的早期思想。而事实上这方面的哲学史研究在当前理论界是存在着不少争议的。归纳起来，争议主要集中在两大方面：一是马克思本人的前后思想差异问题，二是马克思与恩格斯的思想差异问题。

① 黄枬森：《马克思和恩格斯的哲学史思想和某些哲学思想的完整再现——读〈马克思恩格斯论哲学史〉》，载《人文杂志》1989年第4期，第3页。

为了澄清上述这些理论是非,进一步探求马克思主义哲学真理,黄枬森先生依据史实对马克思恩格斯的思想发展进行了探源性的研究。他认为:"最早谈论马哲史问题的人就是马克思主义哲学的创始人马克思和恩格斯。他们都论述过他们的哲学思想与黑格尔、费尔巴哈等人的哲学思想的联系与区别。"①根据这种思路,黄枬森先生从马克思和恩格斯各自的思想的联系与区别出发,对他们的思想发展过程展开了系列的研究,提出了他自己的一些代表性观点。

1.认为马克思的哲学思想经历了从人道主义历史观向唯物史观的转变过程

首先是关于马克思本人的思想发展史争论,应该说这一方面的争论目前还比较大。对马克思的思想发展史的争论,主要集中在对其人道主义思想发展过程的看法上。改革开放后,由于西方思潮的影响,20世纪80年代国内学术界迅速掀起一场重新评价人道主义的研究高潮。

翻开这段历史,可以看出,在这场重新评价人道主义的研究热潮中,对于认为马克思青年时期是人道主义者的这一观点学者们是没有争议的。而分歧主要在于马克思创立马克思主义之后是否还是一个人道主义者呢?有论者认为马克思创立的马克思主义仍然是一种人道主义;也有论者认为马克思创立马克思主义后,马克思主义与人道主义是两种根本不同的思想。

为了澄清和解决以上的争论,在黄枬森先生等人的努力下,很多学者于1983年4月5日至9日在北京大学举行了一次"马克思主义与人"学术研讨会。这次会议重点对有没有马克思主义的人道主义进行了一场激烈的争论。在会上形成了两种针锋相对的观点:一是学者薛德震、王守昌、尹继祖等人提出的,认为马克思主义有自己的人道主义,二是黄枬森、靳明辉、王锐生等人提出的,认为并不存在马克思主义的人道主义。比如,这次会上黄枬森先生提出的,马克思在创立马克思主义后,他的哲学思想已经经历了从人道主义向历史唯物主义的转变,因而这时的马克思根本不存在什么人道主义思想。

从严格意义上来说,黄枬森先生这时的这一观点还显得有点不太妥

---

① 黄楠森:《把马克思主义哲学史作为一门科学来建设——〈马克思主义哲学史〉序》,载《现代哲学》1988年第1期,第34页。

帖，以至于他把马克思主义与人道主义这一问题表述得过于绝对化。当然，应该说后来他本人也看到了这一点，从而对这一表述进行了进一步的阐发，并更加明确了对人道主义这一问题的看法。比如，他之后提出，之所以说并不存在马克思主义的人道主义，实际上是指不存在历史观意义上的马克思主义的人道主义，而人道主义价值观作为人道主义中的合理因素经过改造是可以包含在马克思主义之中的，只是却不能再称之为马克思主义的人道主义了。因此，"资产阶级人道主义中确乎有些合理的因素，这些因素经过改造可以吸收到马克思主义中来，但这些部分已经不是人道主义，并不存在马克思主义人道主义，正如相对主义的某些因素经过改造可以包含在马克思主义之中，却不存在马克思主义相对主义，黑格尔主义的某些因素经过改造可以包含在马克思主义之中，却不存在马克思主义的黑格尔主义一样"①。

在此基础上他又指出："人道主义至少有两种理解，一为人道主义历史观，一为人道精神。中国多数学者认为，作为历史观的人道主义同历史唯物主义当然是不相容的，因为它是一种唯心主义历史观，但人道精神同马克思主义则是相容的，而且必然为马克思主义所具备。马克思主义认为共产主义社会的出现是必然的，是符合历史发展规律的，但也是最人道的，比较起来，剥削制度是违反人道的，是反人道主义的。马克思主义包含人道主义，但不归结为人道主义，更不能等同于人道主义。"②

如何完整理解黄枬森先生的上述观点呢？笔者认为，如果从马克思主义人学的那种历史发展角度来说，黄枬森先生的这一观点是有其一定的指导意义的。原因在于他的观点分别从历史观和价值观角度说明了人道主义两个方面的不同。也就是说，黄枬森先生看到了因人道主义产生分歧的根源主要在于对人道主义上述两方面不同的理解。因此他后来进一步指出，我们对人道主义是批判还是继承，这要取决于我们保留下来的是人道主义的哪一部分。如果把人道主义看成是一种价值观，那么人道主义是可以继承的，从这点上来说，马克思主义有人道主义，但这只是价值观意义上的人道主义。而如果把人道主义看成是一种历史观，那么人道主义就应该

---

① 黄枬森等：《有没有马克思主义的人道主义？——北京大学"马克思主义与人"学术讨论会部分发言摘要》，载《哲学动态》1983年第6期，第2页。

② 黄枬森：《评洛温施泰因的〈反对马克思主义的马克思〉》，载《马克思主义与现实》1990年第0期，第124页。

批判,这样就会形成另一种看法,即马克思主义没有人道主义,实际上指的是马克思主义不存在人道主义的历史观。总之,"无疑,人道主义包含着承认人的价值,把人当人看,尊重人等合理因素,但显然这些并不是它的最根本的东西。马克思主义批判地继承了人道主义的这些合理因素而抛弃了上述最根本的东西,因而把包含在马克思主义中的这些因素仍然叫做人道主义,显然是不合适的"①。

事实上,从马克思主义哲学史的发展过程看,马克思本人的思想确实经历了一系列的变化过程。这个过程首先是早年的马克思从一个民主主义者转变为一个空想社会主义者。因为马克思曾经是新黑格尔派的成员,是一个激进民主主义者,但这之后由于受革命形势发展和费尔巴哈思想的影响,到1842年,他在政治上已从一个民主主义者转变成为一个空想社会主义者。尽管如此,但这时的马克思在哲学观念上,他的唯物主义思想仍然只限于自然观。也就是说,这时的马克思在历史观上仍然还只是一个唯心主义者,即人道主义者。这时马克思的人道思想主要体现在《1844年经济学哲学手稿》中所表述的劳动异化理论。这一理论认为人类社会的历史发展过程就是人的本质的异化和异化的扬弃过程,鲜明地表明了马克思的人道主义理念。因而这时的马克思"仍然是用人道主义方法来论证社会主义,未摆脱唯心史观,仍然停留在空想社会主义的水平。不过这种观点已突破精神性的理性而过渡到物质性的实践——劳动,这就为他架起了从唯心史观通向唯物史观的桥梁"②。不过,当马克思与恩格斯一起进一步发现了人类社会发展的基本矛盾即生产力与生产关系的矛盾时,他也就抛弃了蕴涵着历史观意义上人道主义的劳动异化理论,从而建立了伟大的唯物史观。正是从这个意义上来说,"马克思主义的诞生也就是马克思和恩格斯从人道主义历史观转向唯物主义历史观,从空想社会主义转向科学社会主义的过程"③。

为了进一步说明上述这个问题,在党中央提出了以"以人为本"为核心的科学发展观后,黄枬森先生又写了若干篇文章来论证这一点。如《马克思主义与人道主义》等文,就对"以人为本"的思想进行了深入的阐发,主要

---

① 黄枬森等:《有没有马克思主义的人道主义?——北京大学"马克思主义与人"学术讨论会部分发言摘要》,载《哲学动态》1983年第6期,第3页。

② 黄楠森:《马克思主义与人道主义》,载《学校党建与思想教育》2004年第6期,第15页。

③ 黄楠森:《马克思主义与人道主义》,载《学校党建与思想教育》2004年第6期,第15页。

内容是说明"以人为本"的科学内涵及其重要意义，并认为"以人为本"科学地评价了人道主义，凸显了马克思主义的人道主义价值观，同时批评了一些借机推行西方人本主义历史观或本体论的错误观点。

　　然而这一争论至今并未真正彻底解决，原因是只要关于"人道主义"的理解分歧存在，那么马克思主义与人道主义的关系问题就仍然会有争议。比如，从2010年到2011年，西北大学的周树智先生就在《文化学刊》上连续发文责难黄枬森先生及其辩证唯物主义的同时，提出了他自己的所谓的新现实人本主义世界观。在其观点看来，劳动异化理论才称得上是马克思的以人为本的新哲学开始形成的重大标志。因为马克思批判地继承和超越发展了抽象的人本主义和人道主义，从而以对人的自由自觉劳动的异化的扬弃，形成了自己的新现实人本主义世界观。如何看待这种观点呢？事实上，这种"新现实人本主义"世界观学说实质上仍然为一种西方的人本主义学说。原因是"人的自由自觉的劳动对人来说并不是既成的，也不是本然的，而是可能的、生成的。如果把人的自由自觉的劳动作为人的生来的本性，这就是'人本主义'"①。因此，在劳动异化理论时期，可以说马克思那里的"劳动"概念还是理想化的、本然的、抽象的劳动。这种劳动脱离社会历史，因而事实上根本就是不存在的一种劳动。就这点而言，这种"新现实人本主义"世界观学说还是脱离了历史去谈劳动，脱离了历史孤立地讲人的价值。因此，尽管这种观点表面上把人的价值夸大到了极端重要的地位，但是实际上由于它无视人的价值与其他事物价值的联系与共生关系，其结果必将走向自己的反面，甚至陷入主观唯心主义价值论的泥坑不能自拔。

　　总之，可以看出，黄枬森先生主张把人道主义区分为人道史观和人道原则，即区分历史观和价值观意义上的人道主义，这种观点是具有现实意义的。因为它解开了长期以来关于马克思主义与人道主义关系争论的一个结。尽管他的观点也还存在一定的不明确之处（比如，这种价值观意义上的人道主义，有没有它的世界观根据，如果有那么这个根据究竟是什么？），但这一观点对当代中国马克思主义哲学发展的理论贡献是不言而喻的。众所周知，马克思主义与人道主义关系问题是当前马克思主义哲学改革与创新不可绕过的一个重大问题。可以说，怎样使马克思主义与人道主义二者得到一个统一，且又不至于落入西方的人本主义理论泥淖，关系到

---

　　① 金承志：《也评黄枬森的"辩证唯物主义世界观"——答周树智先生相关评论》，载《北京行政学院学报》2012年第1期，第60页。

马克思主义哲学的当代命运。而黄枬森先生的观点则表明,在马克思主义哲学史中,马克思的哲学思想确实经历了一个从人道主义走向历史唯物主义,从不成熟走向成熟的转变过程。但一切为了人的人道主义价值理念却更加深入了马克思的内心,由此,"代替那存在着阶级和阶级对立的资产阶级旧社会的,将是这样一个联合体,在那里,每个人的自由发展是一切人的自由发展的条件"[①]。就此而言,那些借人道主义复苏需要,但实质上却炮制青老年马克思对立或肢解马克思主义,从而歪曲马克思主义哲学精神本质的各种理论观点无疑是站不住脚的。

2.认为恩格斯的哲学思想是马克思主义哲学思想发展链条中的必然环节

除了马克思,关于恩格斯的哲学思想在我国马克思主义哲学界也有很多争论。特别是关于恩格斯哲学思想的理论地位问题,学者们有众多不同的看法。其中绝大多数学者认为,马克思与恩格斯在研究分工和理论成果上有差异,但他们的主要思想是一致的,因此恩格斯与马克思都是马克思主义的创始人。但也有部分学者认为,马克思与恩格斯的思想路线差异是明显的。

就主张马恩差异的观点而言,其核心思想主要认为在马克思主义哲学发展史上存在着两条不同的解释路线。具体来说,一条是经恩格斯以及后来的马克思主义者逐渐形成的传统解释路线,另一条是马克思本人的解释路线,这条路线虽经西方马克思主义者挖掘但并未成功,目前尚潜存于早期的马克思未发表手稿中。因此为了找到这条解释路线,就必须回到马克思那里去,重新解读这些著作。

此外,甚至更有极少数论者认为,马克思与恩格斯之间存在着尖锐的"马恩对立",在这些论者看来,恩格斯及其后来的"本体论"马克思主义者都错误地、武断地将马克思的现代哲学思维方式又重新遣返到了近代的哲学思维方式,从而走了一条违背马克思本真哲学精神的路线。

尽管多数学者主张马恩一致,但就马恩一致的观点而言,实际上也有多种不同的具体看法。比如有一种观点认为,马克思和恩格斯的关系就如同达尔文和赫胥黎的关系,前者是开创者,后者是传播者。在这种观点看来,马克思的文章比较艰深难懂,而恩格斯的文章通俗易懂,因此恩格斯承

[①]《马克思恩格斯选集》第1卷,北京:人民出版社2012年版,第422页。

担了将马克思的思想通俗化、体系化的工作，从而更有利于大众的理解。从某种意义上讲这无疑有道理，但笔者认为仅仅这样理解他们之间的关系，显然是不够深刻的。

又比如还有一种看法认为，恩格斯是马克思的合作者。在这种观点看来，马克思和恩格斯二人在创立马克思主义的过程中，各有功劳，只是马克思的作用更主要。就此观点而言，笔者认为，虽然这也是事实，但是如果仅仅作这样的浅显理解，似乎把马克思与恩格斯的伟大合作及其思想整体性加以简单化了。

再比如再一种观点认为，恩格斯在与马克思共同创立马克思主义之后，结合时代的变化，恩格斯又进一步发展了马克思主义哲学，并且对许多理论内容都做出了自己的独立的贡献。应该说，这种观点相比前面两种观点无疑更加全面和合理，因而本身当然是完全正确的。但如果按照黄枬森先生下面的理解，这种观点似乎仍有欠缺，这个欠缺就是少了一点马克思主义哲学发展的历史必然性和规律性。

为什么这么说呢？因为在黄枬森先生看来，马克思主义在创立之初，马克思和恩格斯有着共同的思想，二人的合作是伟大的。尽管不能说二人在所有观点上都是一致的，但他们在重大问题或基本理论观点上是完全一致的。在这种情况下，为了更好地提升理论成果，马克思与恩格斯进行了各自的分工。这种分工不是分立，更不是分道扬镳，而是合作中的分工。然而马克思的早逝给这一伟大合作带来了损失，恩格斯甚至不得不放下手头的工作，来完成马克思的工作。因此"就哲学来说，恩格斯的思想是马克思主义的整个科学思想体系发展链条中必然出现的不可少的环节，它不仅丰富和发展了马克思主义，而且建设了马克思主义，使它进一步严密化和完整化"①。所以，马克思与恩格斯的哲学思想就是一块整钢，并且共同反映了马克思主义哲学发展的历史必然性和规律性。

事实上，对于上述这一问题的看法，不仅涉及恩格斯的哲学思想在马克思主义哲学史中的理论地位问题，而且更是关系到传统哲学体系的合理性问题。因此对于马克思与恩格斯的关系问题，黄枬森先生非常重视，为此他多次阐明自己的观点，比如他曾指出，"认为恩格斯在哲学上背离了马克思，从马克思那里倒退到了费尔巴哈，这种观点如果不是别有用心，也是

① 黄枬森：《关于恩格斯的两点想法》，载《江西社会科学》1990年第6期，第30页。

明显的误解"。因为,"马克思和恩格斯的无与伦比的深厚的友谊是建立在共同思想和共同事业的基础上,虽然不能说他们在一切观点上都是一致的,但在基本观点上是完全一致的。他们本人多次直接明确申明他们的一致,他们的著作中的大量言论也完全可以证明这一点"[①]。

由上述系列论述可以看出,黄枬森先生不仅不同意"马恩差异"观点,而且在主张马恩一致上更是独树一帜。因为在他看来,恩格斯不仅是马克思的合作者,同时恩格斯的思想还是马克思主义的整个科学思想体系发展链条中必然出现的不可缺少的环节,也就是说恩格斯的思想无可替代。就黄枬森先生的上述这一观点而言,笔者认为这里主要表达了以下几层含义:一是马克思与恩格斯的思想差异仅仅存在于形式上的分工不同,但他们的主要思想是完全一致的;二是恩格斯在与马克思共同创立马克思主义之后,又进一步发展了马克思主义哲学;三是恩格斯对于马克思主义哲学做出了自己的独立的贡献,这是马克思主义的整个科学思想体系发展链条中必然出现的不可缺少的环节,这种必不可少的环节体现了马克思主义哲学发展的一种必然性和规律性。

尽管黄枬森先生的上述这一观点似乎有点过于拔高,但首先我们必须弄清楚的历史过程是,当马克思与恩格斯共同完成《德意志意识形态》,提出唯物史观的初步理论后,这时他们在哲学观点上是完全一致的。但随着马克思主义的进一步发展和形势的需要,"在他们二人中发生分工上的差异,马克思主要研究政治经济学,而恩格斯则着重研究哲学,特别是从历史观向自然观延伸,创立包括整个宇宙的世界观"[②],这时马克思与恩格斯在各自的分工上,既存在成果上的不同,也表现为时间上的不一致性,这主要是因为"由于理论研究的分工和侧重点的不同,马克思此后的主要哲学贡献是使历史唯物主义理论体系化,而恩格斯则是在实现辩证唯物主义理论的体系化方面,作出了巨大的独特的贡献。为了能从经济生活上支持马克思写作《资本论》,恩格斯曾在长时期中,不得不从事该死的经商活动,因而在时间上使辩证唯物主义理论的体系化滞后于历史唯物主义理论的体系化"[③]。

---

① 黄枬森:《关于恩格斯的两点想法》,载《江西社会科学》1990年第6期,第30页。

② 黄枬森:《辩证唯物主义世界观是不是马克思的哲学?》,载《高校理论战线》2003年第5期,第27页。

③ 陶富源:《世界观·人类史观与历史唯物主义》,载《马克思主义研究》2009年第6期,第110页。

那这是否就像某些论者认为的那样，说明马克思与恩格斯分道扬镳了，二人从此走上了不同的哲学道路呢？甚至像有些论者推导的那样，辩证唯物主义只是恩格斯的世界观，而根本不是马克思的世界观呢？答案都是否定的。原因很简单，"无论是马克思关于历史唯物主义理论体系化方面的贡献，还是恩格斯在辩证唯物主义理论体系化方面的贡献，都不是孤立进行的，而是在相互补充、相互验证、相互促进中完成的。另外，从总体上说，他们各自的贡献都是对他们共同创立的辩证唯物主义和历史唯物主义根本观点的展开、丰富和具体化。这些根本观点主要包括唯物观点、辩证观点、人本观点、自由社会观点和实践改造观点及其统一"①。

因此，黄枬森先生的上述这一观点，即认为恩格斯思想是马克思主义整个科学思想体系发展链条中的必然环节的观点，是基本符合马克思主义哲学史发展事实的。同时这一观点还具有一定的现实意义。因为这一观点不仅看到了恩格斯思想的重要性，而且更重要的是，从另一个侧面体现了马克思主义哲学发展的一种必然性和规律性，这对于我们当前的马克思主义哲学建设和发展非常有价值。就此而言，那种把马克思与恩格斯对立起来，并以此试图说明辩证唯物主义是恩格斯的哲学，因而不是马克思的哲学的观点，无疑是站不住脚的，也是非常荒谬的。从这个意义来说，马克思恩格斯一起创立了世界观意义上的辩证唯物主义与历史唯物主义，正是说明了马克思恩格斯是马克思主义哲学的共同创始人。

（二）认为列宁将马克思主义哲学推进到了新阶段

除了马克思与恩格斯之外，列宁也是马克思主义哲学史上的一位关键人物。但一些西方马克思主义者及其理论观点认为，列宁的哲学思想同马克思恩格斯，特别是同马克思的哲学思想是不一致的。因此持这种观点的学者反对把列宁看作是马克思主义及其哲学思想的继承和发展者。在这种西方思潮的影响下，我国的马克思主义哲学界对于列宁哲学思想的研究，也产生了不少的分歧。其中之一就是关于列宁哲学思想在马克思主义哲学史中的地位问题。对于这一问题，黄枬森先生认真做了分析和研究，并阐述了自己的系列观点，它的这些观点对于捍卫列宁主义在马克思主义哲学史上的地位是具有重要意义的。

---

① 陶富源:《世界观·人类史观与历史唯物主义》,载《马克思主义研究》2009年第6期,第110页。

1.认为列宁奠定了辩证唯物主义在马克思主义哲学中的核心地位

首先,在黄枬森先生看来,"列宁的哲学的首要贡献是奠定了辩证唯物主义在马克思主义哲学中的核心地位,这个贡献是在《唯物主义和经验批判主义》中作出的"①。为什么这么说呢?在笔者看来,要想正确理解黄枬森先生的这一观点,就必须从他所揭示的马克思主义哲学史发展基本规律,即前文提到的逻辑与历史统一的规律出发,从而将列宁的哲学思想放到其当时的历史条件下加以考察,注重历史性,也只有这样才能正确把握列宁哲学思想的内涵,评价其是非曲直。

列宁的哲学思想产生的历史条件究竟是什么呢?从马克思主义哲学史的具体发展历程来看,恩格斯时期尽管在一些主要内涵上已经基本提出了辩证唯物主义的系列基本原理。诸如在《反杜林论》中提出的世界统一性在于它的物质性、运动是物质存在的方式;在《自然辩证法》中提出的辩证法三大基本规律,即质量互变、对立统一、否定之否定规律等。然而在当时,辩证唯物主义这一理论体系还并不完整,恩格斯也并没有确切用"辩证唯物主义"一词来表述这一体系。从这点来说,辩证唯物主义作为马克思主义哲学的世界观,在当时还没有被马克思主义理论界所公认。因此大家在谈到马克思主义哲学时,也都是将其仅仅理解为唯物史观。

但随着革命形式和马克思主义哲学的进一步发展,哲学的世界观日趋重要,辩证唯物主义作为马克思主义哲学的世界观也开始提上了历史日程。最早狄慈根在1886年的《一个社会主义者在认识论中的漫游》一书中第一次明确使用"辩证唯物主义"一词。之后普列汉诺夫在1890年的《黑格尔逝世六十周年》一书中大量使用。尽管如此,但辩证唯物主义作为马克思主义哲学的世界观仍然并不十分清晰,当时的许多理论家和无产阶级工人并不能完全认识到这一点。

翻开历史可以看到,那时在人们的心目中存有两种对马克思主义哲学的认识:一是马克思主义哲学只是马克思主义历史观,甚至可以说直到今天我国仍有部分论者持这种观点;二是认为马克思主义哲学需要由历史观上升到世界观,但如何上升,上升到什么世界观,在当时还存在着一个理论空缺。因此,就当时而言,最现实的问题是用什么世界观理论来弥补这一

①黄枬森:《哲学的科学化——黄枬森自选集》,北京:首都师范大学出版社2008年版,第64页。

空缺。比如，伯恩施坦等人认为是新康德主义；而博格丹诺夫等人认为是马赫主义（或称经验批判主义）；但最具代表性的是普列汉诺夫等人提出的辩证唯物主义。应该说，在当时的理论环境下，各种观点围绕这一世界观理论争论不休，分歧明显，并没有形成一个正确的统一认识。这其中特别是马赫主义，企图通过所谓的对经验的批判，从而达到歪曲唯物主义的目的。就俄国而言，这一思想对于当时的俄国无产阶级革命实践危害极大。

正是在这种时代背景下，为了揭露马赫主义的险恶面目，列宁才写出专著《唯物主义和经验批判主义》。在该书中，针对马赫主义的观点，列宁从讨论外部世界究竟是客观存在还是主观存在入手，详细论证了马克思主义哲学是由辩证唯物主义世界观、历史观、认识论三部分组成的，并且这三部分是有机联系、不可分割的。而辩证唯物主义世界观是辩证唯物主义历史观的理论前提，因此它们二者就是由一块整钢铸成的，即是说决不能把前者从后者中去掉。因为在列宁看来，在马克思和恩格斯时代，唯物主义思想在工人中已经占据了优势，但这一时期的唯物主义有两大缺点。具体来说，一是缺少辩证法，二是没有贯彻到社会历史领域。因此，马克思和恩格斯才将自己的哲学研究重点落脚于两个方面：其一，把辩证法和唯物主义结合起来；其二，建立历史唯物主义。但根据俄国革命的现实，列宁认为现在情况不同了。因为在革命实践的过程中，他看到工人阶级队伍受到的最大理论迷惑是资产阶级的各种认识论思想。就这一现状而言，马克思主义哲学现在的研究重点就应该是辩证唯物主义及辩证唯物主义认识论。

正因为上述原因，列宁才在其《唯物主义和经验批判主义》一书中，努力从世界观意义上系统阐述辩证唯物主义的思想，并且在认识论意义上集中论述辩证唯物主义及其认识论。应该说，此书的观点在当时及时地挫败了俄国的马赫主义思潮，并大大地提高了辩证唯物主义的影响力，同时也廓清了社会民主党内部的思想混乱，从而为之后的布尔什维克党建立以及十月革命胜利奠定了思想基础。从这个意义上来说，《唯物主义和经验批判主义》是马克思主义哲学史上第一次鲜明地举起辩证唯物主义旗帜的一本书，它把马克思主义哲学推进到了一个新阶段。因此，如黄枬森先生所言，列宁确立了辩证唯物主义在马克思主义哲学中的核心地位。

2.认为列宁尝试建构马克思主义哲学的科学体系

列宁不仅确立了辩证唯物主义在马克思主义哲学中的核心地位，在黄枬森先生看来,列宁还尝试建构了一个马克思主义哲学的科学体系,"这是列宁对马克思主义哲学的第二个重大贡献,这个贡献主要是在《哲学笔记》中作出的"①。

黄枬森先生之所以这么说,是因为在他看来,列宁在《唯物主义和经验批判主义》一书中,虽然把辩证唯物主义世界观恢复到了马克思主义哲学的核心地位,但由于时代的历史局限,他这时的论证过程还不是很完善。

对于这一论证过程不足,黄枬森先生归纳为下列几点:一是辩证唯物主义作为世界观理论,其应当包括客观世界的辩证发展等内容,而列宁《唯物主义和经验批判主义》一书缺乏这方面论证;二是列宁对辩证唯物主义认识论理解得过于宽泛;三是列宁仅把实践看作是认识论范畴,而从逻辑上来说,实践首先属于一个历史观范畴,紧接着才属于认识论范畴;四是列宁的论证过程只注意到历史观受认识论的制约,但却忽视了另一面,即认识论首先是以历史观为前提的。

对于以上这一看法,应该说,基本上是中肯的、全面的。事实上,列宁本人也在某种程度上认识到了这些问题的存在。因为这些问题在列宁后来的哲学研究中都或多或少地被提及甚至得到了某些程度的解决。特别是在写作《哲学笔记》的过程中,列宁刻意着手对许多哲学范畴作进一步的深入分析,尝试弥补以上提及的论证不足,从而最终建构一个完整的马克思主义哲学的科学体系。在这一方面列宁主要提出下列观点:一是哲学研究的对象就是客观的、普遍的东西;二是哲学最抽象的概念是存在与非存在,这是哲学的逻辑起点;三是一切哲学范畴都是以对立统一的形式出现,即矛盾的形式出现;四是哲学范畴的转换往往是按照某种原则,比如客观到主观、抽象到具体、简单到复杂、静止到运动等进行的。可以看出,根据列宁的这些提法,列宁事实上已经开始考虑哲学体系问题了。因为在他这里,世界观、历史观、认识论、方法论等都是被作为一个哲学体系的组成部分来看待的。

不仅如此,列宁还在《哲学笔记》中创建了几个简略的体系雏形,其中最具代表性的应该就是辩证法要素十六条了。这十六条的辩证法要素大体上可以分为以下几个方面:首先,就是作为一般辩证法的辩证唯物主义世界观。包括第一条涉及的辩证法的客观性和普遍性,第二、三、八条的辩

---

① 黄枬森:《哲学的科学化——黄枬森自选集》,北京:首都师范大学出版社2008年版,第66页。

证法的运动原则，第四、五、六、九、十三、十四、十五、十六条的辩证法的基本规律等。其次，是作为认识辩证法的辩证唯物主义认识论，包括第七条的认识的本质，第十条认识的量的扩展，第十一条认识的质的深入。再次，是作为思维辩证法的辩证唯物主义逻辑学，包括第十二条哲学范畴的运动和转换等。

然而令人遗憾的是，在这一努力尝试的过程中，列宁还没有来得及完成他的建构体系工作，就由于当时俄国革命形势的变化而不得不放了下来。因此，实际上这些尝试并未能进一步展开，并且也没有得到后续者的重视，从而未能形成应有的效应。尽管如此，但这个内容不够完整的体系雏形却是人类历史上第一次建构马克思主义哲学科学体系的伟大尝试。这种伟大尝试表现在两方面：其一，列宁关于辩证法体系的思想是唯物主义地改造黑格尔辩证法体系的结果，这集中体现在对辩证唯物主义的丰富和提升上。其二，列宁不仅把认识论、辩证法、逻辑学三方面统一起来，而且还明确了唯物辩证法的核心就是对立统一规律，彰显了马克思主义哲学体系的本质内涵。正是从这个意义上来说，列宁建构马克思主义哲学科学体系的尝试是马克思主义哲学史上的又一次重大贡献。

四、尝试回答马克思主义哲学史研究中的几个难题

在国内的马克思主义哲学史研究中，黄枬森先生不仅最早开展了自己的研究工作，而且还对马克思主义哲学史研究过程中可能遇到的一些常见问题，进行了分析和总结，从而提出一些建议，这为后续研究者的研究提供了多方面的参考和借鉴。

（一）马克思主义哲学史的对象

关于马克思主义哲学史的对象究竟是什么，尽管问题很简洁，但学术界有不少的观点分歧。可以说持有不同哲学观点的学者就会有不尽相同的看法。比如，在主张实践唯物主义的学者看来，马克思主义哲学史的对象是以实践为主要特征的唯物主义发展史。而在传统的辩证唯物主义者

看来,马克思主义哲学史的对象很明显就是辩证唯物主义和历史唯物主义以及各其他组成部分的发展历史。

对于以上这一问题,在黄枬森先生看来,马克思和恩格斯创立的马克思主义世界观、自然观、历史观和认识论以及其他的各种马克思主义哲学观点形成的理论体系,也就是辩证唯物主义体系是马克思主义哲学史的对象。他曾指出:"马哲史的对象就是辩证唯物主义和历史唯物主义及其各个组成部分的形成、建设和发展的历史,其他组成部分如政治哲学、伦理学、美学等等的历史无疑也应该包括在内。"[1]因此,在黄枬森先生那里,马克思主义哲学史事实上反映的是马克思主义哲学逐渐形成成熟体系的过程,而这一过程就是一部辩证唯物主义发展史。

不仅如此,黄枬森先生还特别地详细列举了马克思主义哲学史的一些具体对象来对此加以说明。比如,在他看来,就组成部分来说,马克思主义哲学史的最主要对象当然是马克思主义世界观的发展以及历史观、认识论的发展,除此之外,"还有一些马克思主义哲学的组成部分,虽然经典作家多所论述,但由于在他们那里迄今未形成完整的科学体系,而理论工作者的研究也未臻成熟,因而意见分歧,难于统一,如方法论、辩证逻辑、人学等。马哲史无疑也不能把这些组成部分排斥在研究对象的范围之外"[2]。此外,如果就思想内容而言,马克思主义创始人的一些哲学著作无疑是可以成为主要对象的,当然他们的非哲学著作中包含的哲学思想也是可以包括在内的。此外,黄枬森先生还强调在马克思主义哲学史研究过程中要加强对一些非经典作家,特别是一些普通的专业的马克思主义哲学家的思想的研究,从而更全面地掌握马克思主义哲学史的发展过程。

结合以上论述,可以看见,不管学者们对于马克思主义哲学作何种理解,从而形成什么样的哲学史对象观点,但黄枬森先生阐述他这一观点的思路还是值得肯定的。比如,他把马克思主义哲学史对象的领域拓展到经典作家之外。因为经典作家哲学思想的发展虽然无疑是马克思主义哲学史发展的主线,但是如果我们只把马克思主义哲学史的范围局限于一些经典作家的思想,我们就难以获得马克思主义哲学发展的全貌。而事实上,马克思主义哲学作为一个整体思想体系的发展,不仅有经典作家,还有其他人也对马克思主义哲学的建设和发展做出过贡献,并且马克思主义哲学

---

[1] 黄枬森:《哲学的科学化——黄枬森自选集》,北京:首都师范大学出版社2008年版,第21页。
[2] 黄枬森:《哲学的科学化——黄枬森自选集》,北京:首都师范大学出版社2008年版,第21页。

本身的建设和发展就是一项长期的大众的工作。就这一点而言，在探讨马克思主义哲学史对象这一过程中就要适当加强对非经典作家的哲学思想，特别是当代马克思主义哲学思想的研究。当然马克思主义哲学史学科在建设之初一直将研究重点放在马恩时代，这是完全可以理解，也是必要的。但马克思主义哲学史学科在经过这些年的建设后，马克思主义哲学的当代研究越来越重要了。事实上，黄枬森先生也特别强调了这一点。因此，他一直主张当代马克思主义哲学在马克思主义哲学史中是不可缺少的，而现在是重点加强马克思主义哲学史中这个最薄弱环节的时候了。

根据上述这一理解，可以认为我们在评价马克思主义哲学史中的一些观点时，就要坚持以实践作为检验的标准，以事实作为判断的根据，来衡量其是非曲直。反之，我们不能以人或书本作为检验的标准。而实践中，往往那种以人或书本为判断是非的标准的做法，在我国理论工作中，特别是在马克思主义哲学史的研究中时常存在。比如有人在肯定或否定某种观点时，似乎只要找到经典作家的某本书中有类似言论，问题就解决了。这样的结果是有些问题的争论不是围绕事实根据和道理展开的，而是围绕经典作家的某一句话或几句话展开的。就此而言，我们在研究中要特别强调马克思主义哲学史的实践性，即这种研究要以服务实践作为宗旨。就当代中国来说，我们最重要、最贴近的实践，就是13亿多中国人民正在进行的建设中国特色社会主义的伟大实践，因而我们现在的马克思主义哲学史研究必须要为这一伟大实践服务。总之，我们的马克思主义哲学史研究就是要揭示出这一实践过程中的规律，进而更好地指导实践。

（二）马克思主义哲学史的分期

马克思主义哲学史的历史分期问题，也是马克思主义哲学史研究中的重要问题之一。如何给马克思主义哲学史进行合理的历史分期，从而掌握其规律，对于研究和发展马克思主义哲学有着直接的影响作用。因此，马克思主义哲学史分期问题在我国学术界尽管有争议，但却一直受到了相当程度的重视。从具体的历史进程看，马克思主义及其哲学大体上形成于19世纪40年代，发展至今有170年左右的历史，在这么长的时期内也经历了一些不同的阶段。

那么究竟应该如何给马克思主义哲学史进行一个合理的历史分期

呢？在黄枬森先生看来，首先要坚持的一个原则就是马克思主义哲学史的分期应该与不同时期的生产史、经济史、政治史等密切联系。在这个原则基础上，黄枬森先生又进一步认为，从时间范围上讲，19世纪与20世纪之交，不仅在马克思主义史上，即使在马克思主义哲学史上都可以称为一个分水岭。比如在他主编的《马克思主义哲学史》中就曾指出："世纪之交前是马克思主义哲学创立、系统化和在西欧各国传播和发展的时期，世纪之交后，随着整个形势的发展，马克思主义哲学也进入了一个新的时期，它不仅向世界各地广泛传播，而且要总结，概括新的实践经验和科学成果来丰富自己，还要进行体系建设，使马克思主义哲学形成自己的完整严密的新的科学体系。"[1]正是根据这一理解，黄枬森先生才主张，研究马克思主义哲学史就应该同时代的发展相呼应。按照这一逻辑，他把马克思主义哲学史划分为马克思主义哲学诞生的前50年和之后一直至今两大阶段。确切地说就是19世纪的诞生、形成和系统化阶段；20世纪至今的传播、运用、发展以及作为现代科学来加以建设的阶段。

对于黄枬森先生上述的这一分期观点，应该说是具有一定的实践指导意义的。因为从逻辑上讲，他的观点做到了从历史唯物主义角度来处理马克思主义哲学史的历史分期这一问题。比如他的观点反映了马克思主义哲学作为无产阶级认识世界和改造世界的强大理论武器，其诞生、发展必然都是与那个时代的政治、经济背景分不开的，反过来说，那个时代的政治、经济背景也必然会深刻影响着这一哲学思想的形成。从这个角度而言，马克思主义哲学史的分期就可以根据生产史、经济史、政治史等因素来进行，下面来做一些具体分析。

首先是19世纪的诞生、形成和系统化阶段。这一阶段时间跨度大约为50年，在这50年里，世界发生了不小的变化。比如，在经济领域，表现为生产力得到了较大的提高，很多发达资本主义国家的工业革命已经完成，以蒸汽机为代表的机械化大生产居于主导地位，资本主义经济得到迅速扩张，自由经济向垄断经济转化；在政治领域，资产阶级在欧美建立稳固政权，同时无产阶级革命运动逐渐趋于缓和。因此面对以上这一时代特征，马克思主义哲学在这一阶段的发展主要表现为产生、形成和系统化。在黄枬森先生看来，这一阶段的标志是辩证唯物主义与历史唯物主义思想体系

[1] 黄枬森、施德福、宋一秀主编：《马克思主义哲学史》上册，北京：北京大学出版社1987年版，第5页。

的基本形成。同时这一阶段还可以再分为三个更小的阶段，具体来说就是：从1841年到1848年的马克思主义哲学从萌芽到形成的阶段；从1848年到1871年的马克思主义哲学在西欧国家的运用和实践阶段；从1871年到1900年的马克思主义哲学系统化和进一步传播发展阶段。

其次是20世纪的传播、运用、发展和作为现代科学来加以建设的阶段。对于这后一阶段，在黄枬森先生看来，这一阶段的标志就是列宁对马克思主义哲学的发展，以及随后一些马克思主义哲学家在总结具体实际和新科学成果的基础上对各种哲学问题进行的深入的研究。特别是作为现代科学来加以建设，就是努力尝试重新建构一个符合时代变化的马克思主义哲学科学新体系。这一阶段的具体时代特征表现为，经济上，生产力高速发展，人类生产力水平大大提高，跨入了电气化、自动化、信息化的时代；政治上，世界进入两种社会制度并存的时代，工人阶级的革命运动也进入新高潮。但到20世纪后半叶由于科学技术的高度发展，资本主义国家采取了一定的国家宏观调控和经济计划，特别是提高社会福利，大大缓和了阶级矛盾，使得和平与发展逐渐成为世界的主题，但资本主义的各种危机并没有停止过。根据这个时代的发展特点，黄枬森先生认为这一阶段也可以分为三个更小的阶段：一是从1900年到1917年的马克思主义哲学在无产阶级革命时代运用和发展并向全世界传播的阶段；二是从1917年到1949年的马克思主义哲学在具备无产阶级政权支持的情况下进一步传播和发展阶段；三是从1949年至今的作为一门现代科学来加以建设的马克思主义哲学新体系阶段。

就以上分析而言，如黄枬森先生所持的这种划分观点，来划分马克思主义哲学史历史分期是具有其一定合理性的。因为这一划分方法是根据各个时期的生产史、经济史、政治史等具体情况来操作的，并同时充分考虑到了马克思主义哲学的理论继承性和历史性。所以，这种历史分期观点，无论是从理论逻辑承接角度，还是从历史实践角度，都对当前我们的马克思主义哲学史研究具有重要的指导意义。

（三）马克思主义哲学史学科自身的主要特点

要建设好当代中国的马克思主义哲学史学科，首先就必须把握马克思主义哲学史学科的主要特点。而关于这一主要特点，国内学术界一直也存在一些意见分歧。之所以有分歧,既是因为对于哲学的理解或对马克思主义哲学本身的理解仍然存在一些分歧,也是因为马克思主义哲学史作为一门学科进行建设,在我国起步相对较晚,很多观点或理论还没有成熟,也没有达成最终统一认识。

而对于马克思主义哲学史学科的主要特点,黄枬森先生在该门学科在我国形成之初就形成了他自己的认识。他在为1987年版的《马克思主义哲学史》撰写的序言中,就明确提出了马克思主义哲学史学科所具备的五大特点:理论与实践的统一;体现为关于革命领袖的哲学思想的发展;坚持与发展的统一;以辩证唯物主义和历史唯物主义的发展作为主要内容;同自然科学、社会科学的发展几乎是同步进行等。

就上述提及的第一个特点而言,可以说在这个观点上,目前国内没有太多的争议,大家基本都赞成哲学发展史是与革命发展史相统一的。但黄枬森先生特别指出,马克思主义哲学史毕竟不同于革命史和思想史,马克思主义哲学史的任务仍然只是重现马克思主义哲学的创立和发展过程,以史为鉴。因此在这个特点方面,我们通常所说的理论发展与实践发展的统一是相对而言的。

对于上述提及的第二个特点,某种程度上来说,这个特点被描述得比较笼统。笔者认为,这一特点可以看作是由第一个方面派生出来的,因此相比较而言倒不如用这样一句话,即"经典作家思想为主与其他思想为辅的统一"这一特点来概括。实际上对于这一问题,黄枬森先生之后也某种程度地提出了自己的补充意见。比如他说:"马克思、恩格斯、列宁、斯大林、毛泽东等人的哲学著作和哲学思想成为马哲史研究的主要对象,是毫不为奇的。但是,马哲史的内容不能局限于他们的哲学思想,它不仅应当包括其他革命领袖的哲学著作和哲学思想,而且应当包括职业哲学家的哲学著作和哲学思想。"①就此而言,应当认为,在黄枬森先生看来,马克思主义哲学史的内容事实上也是非常广泛的。即是说,马克思主义哲学不仅包括经典作家的思想,同时也涵盖其他一些马克思主义者的哲学思想。

关于上述提及的第三个特点,严格来讲目前哲学理论界是存在一定分歧的。比如,有部分学者就提出,不论什么哲学思想,作为一种哲学思想其发展只能是整个哲学发展史的一部分。就此而言,任何一种哲学思想都是

---

① 黄枬森、施德福、宋一秀主编:《马克思主义哲学史》上册,北京:北京大学出版社1987年版,第1-2页。

在不断地吸收新元素，从而不断更新。在这种观点看来，他们似乎更强调马克思主义哲学史的发展性。不过对于这种观点，黄枬森先生是旗帜鲜明反对的。黄枬森先生认为，马克思主义哲学与其他哲学不同，马克思主义哲学是科学，科学的哲学其发展过程根本不能说是一种哲学思想更新为另一种哲学思想，因为它的本质没有变化。为此，黄枬森先生举例说，就马克思主义哲学来看，这门科学发展过程的内容和形式虽然也经历着相当程度的丰富和深化，但其本质上只是向前发展，而不是被推翻。因此就马克思主义哲学而言，其发展也只能是坚持与发展的统一。对于黄枬森先生的这一观点，事实上已经涉及了当前哲学改革的一个核心问题，那就是马克思主义哲学的发展是在坚持的基础上进行的发展呢？还是某种重起炉灶的发展呢？显然，结论是，马克思主义哲学发展本身就是一种坚持与发展的统一，具体说来，这种发展是在坚持中加以发展，绝不是某种否定。

关于上述提及的第四个特点，即以辩证唯物主义和历史唯物主义的发展作为主要内容，这一特点可谓争议最大。不过在黄枬森先生看来，这一特点却是马克思主义哲学史的一个最主要特点。事实上，对于这个特点的理解是和对第三个特点的理解相联系的。在黄枬森先生看来，发展马克思主义哲学首先就要坚持马克思主义哲学，而这种坚持实际上就是对马克思主义哲学核心——辩证唯物主义和历史唯物主义的坚持。当然对于这一看法，目前国内不少学者并不认同，很多学者认为马克思早期哲学思想主要反映为一种实践唯物主义，对辩证唯物主义的坚持并不符合这一逻辑，对于这一争议后文将有专门论述。

关于上述提及的第五个特点，即认为马克思主义哲学的发展同自然科学、社会科学的发展几乎是同步进行的。对于这一看法，学者们同样也有不同的声音。之所以提出这么一个特点，这是因为黄枬森先生认为这一特点是由马克思主义哲学与科学的相互依存的关系决定的。然而许多自然科学家和社会科学家甚至包括部分当代中国马克思主义哲学家都不认可这一说法，并为此产生争议。究其原因，主要在于异议者对于马克思主义哲学究竟是否是一门科学有疑问。在马克思主义哲学与科学的关系上，黄枬森先生认为"所谓马克思主义哲学与科学的关系，严格说，是马克思主义哲学与其他科学的关系，因为它也是一种科学。它既不是自然科学，也不是社会科学,而是以二者为基础的第三种科学"①;"马克思主义哲学与科学的这种相互依赖关系(哲学以科学为基础,科学以哲学为指导)从整体上说也是相互促进、相互推动的关系,这就导致哲学和科学的发展大体上同步的现象"②。正是根据这样一种认识,黄枬森先生才提出,马克思主义哲学本身作为科学,自然同自然科学、社会科学的发展同步进行,在某种程度上可以说,这就是它们相互依存、协调发展的结果。笔者认为就黄枬森先生的这一观点而言,可以从以下两个层面加以分析认识:(1)如果把一种哲学思想泛化成为一个漫无目的流淌的思想历史长河,无疑它并不能称作是终极意义上的科学;(2)如果有一种哲学思想一直朝着正确方向发展,甚至是已经被实践证明为基本正确的思想,那么这样的哲学无疑就具备了一种科学性,换句话说可以称之为科学。就此而言,其也就成为一种类同于自然科学、社会科学的科学了。就这一观点看来,可以认为这也正是黄枬森先生后来提出"哲学科学化"的理论基础。因此正是在这个意义上,黄枬森先生才认为,马克思主义哲学的发展同自然科学、社会科学的发展几乎是同步进行的。

① 黄楠森、施德福、宋一秀主编:《马克思主义哲学史》上册,北京:北京大学出版社1987年版,第3页。

② 黄楠森、施德福、宋一秀主编:《马克思主义哲学史》上册,北京:北京大学出版社1987年版,第4页。

第五章 勇于探索：
引领当代中国人学研究

人学是一门新兴的学科，是最近30多年来我国哲学研究的一个前沿问题之一。改革开放以来，我国的人学研究获得了一些重要进展，取得了日益丰硕的研究成果。在这一勇于探索的前进过程中，黄枬森先生就由率先积极参加"人道主义和异化问题"的大讨论开始，不断创新，并对当代中国人学建设的几个重要方面，如现实前提、思想资源及基本内容等进行了较为深入系统的研究，从而为当代中国人学研究起到某种基础性作用。

一、积极参与"人道主义和异化问题"研究

改革开放之前，我国的人学研究处于半停顿状态，改革开放后，我国人学理论获得了迅速发展，逐渐在社会上形成一股热潮。我们知道，这股热潮发源于20世纪80年代那一场在我国哲学界展开的关于"人道主义和异化问题"的大讨论。当时的很多学者都积极地加入了这场声势浩大的讨论，黄枬森先生便是其中的一员，他还就此发表了不少的研究成果。

(一)较早参加"人道主义和异化问题"讨论

改革开放初期，在马克思主义哲学如何谈人，或者说人在马克思主义哲学中的地位究竟如何等方面，我国的理论界还存有很大的分歧。这种分歧也引发了20世纪80年代那场关于"人道主义和异化问题"的大讨论。实际上这场大讨论某种意义上就是"真理标准"问题讨论的继续。在这场大

讨论中,异化问题是被作为人道主义历史观的主要观点一并提起的,因此异化问题与人道主义问题可以视为是对同一个问题的争论,也是这场大讨论的中心议题。

在这场大讨论中学者们逐渐形成两种代表性的观点:

其一,是以王若水先生为代表的观点。这一观点认为过去我们否定人道主义是完全错误的,原因是马克思自始至终都是一个人道主义者,人道主义不仅是马克思的价值观,也是马克思的世界观或历史观,而马克思早期提出的异化理论就是其人道主义的理论基础。因此,在这种观点看来,马克思主义就是现代的一种科学的人道主义,只有"人"才可以成为马克思主义整个理论的出发点和归宿。

其二,是以黄枬森先生为代表的观点。这一观点认为要辩证地看待人道主义,既不能笼统否定过去对人道主义的批判,但也不能笼统肯定,而必须根据实际情况加以详细分析,取其精华而弃其糟粕。对于这一分为二的做法,黄枬森先生指出,把握好分寸就必须注意以下两点:一是要注意马克思主义的出发点是人类社会或者说社会中的人,而不是那种脱离社会的抽象的人,因为社会由人构成,所以人是社会的人,因此不能笼统地讲从人出发,以防出现抽象化。所以马克思主义主张通过对群众问题、社会问题、阶级问题的解决,然后再来解决个体人的问题,因为人的问题的解决说到底是一种人的社会问题的解决。二是要注意从思想历史发展的角度,来弄清楚马克思的思想实际上经历了一个从不成熟到成熟的过程。虽然马克思青年时期曾经是一名人道主义者,但当他用唯物主义历史观来取代自己的人道主义历史观,即从空想社会主义转变到科学社会主义时,他实际上已经转变成为一个历史唯物主义者。

(二)对"人道主义和异化问题"的理解

在这场激烈的"人道主义和异化问题"大讨论中,黄枬森先生尤其对人道主义及其理论发展过程进行了深入的研究和详细说明。他既反对过去的那种大批判,也反对现在如一些学者那样笼统地加以肯定。在他看来,科学地认识人道主义就要辩证地看待其理论发展过程,为此,他首先对人道主义中"人"的这一概念进行了具体的分析和说明。

1."人道主义"中的"人"主要指的是个人

在黄枬森先生看来，人道主义概念的核心是"人"，因此只有首先对其中"人"的概念进行了明确说明，然后才能以此为基础，进一步去科学说明关于人道主义的理论问题。为此，黄枬森先生指出："人的理论问题从来是一个重大的理论问题，应该讨论清楚，讨论中出现不同的观点完全是正常的现象。但是，这些争论除了表现出观点本身的分歧之外，有相当成分是由于对概念的不同理解或使用而造成的。"①可以看出，在黄枬森先生看来，关于人的理论问题的分歧虽然不少，但却主要是因为"人"自身概念的不明确而造成的。那么人道主义的"人"究竟应该怎么理解呢？黄枬森先生接着指出："'人'是一个实物名词。一个实物名词可以指一个类的个体或分子，也可以指这个类的群体或整体。因此，人可以指个人，也可以指人群或人类。……那么，现在讨论的人的问题主要是关于个人的问题呢，还是关于人群或人类的问题？我认为主要是个人问题。"②

根据这一"人"的概念分析，黄枬森先生进一步认为，在马克思主义哲学史上，尽管马克思主义理论体系确实比较少地讲个人问题，但不等于说马克思主义就不讲人的问题。因为在他看来，马克思主义从来都不否认个人的价值和利益，只是在传统辩证唯物主义理论体系中主要是讲个人利益要服从集体利益、党的利益、国家的利益，也就是强调整体人的利益，因此相比较而言，个人问题就显得讲得少。

对于上述这一问题的理解，笔者基本认同黄枬森先生的说法，但也不是完全赞同。之所以说基本认同，原因在于马克思主义哲学显然是讲人的，重视人的，黄枬森先生指出这点很重要。但对于黄枬森先生对马克思主义很少谈个人问题的原因分析却又不能完全赞同。因为根据上文分析，按照黄枬森先生的理解，马克思主义确实是很少讲个人的，而以往"人道主义"争论中关于人的问题又主要是指个人问题，这样一来也就显得马克思主义哲学很少谈人了。事实果真如此吗？答案应该是否定的。因为马克思主义也谈个人的问题，并且谈的还不少。比如马克思主义谈人的自由而全面的发展，实际上就是谈每个人的自由而全面的发展；比如马克思主义谈人的解放就是包括每个人的彻底解放；再比如马克思主义谈未来社会的

① 黄枬森：《哲学的足迹》，北京：中国社会科学出版社1987年版，第353页。
② 黄枬森：《关于人的理论的若干问题》，载《哲学研究》1983年第4期，第23页。

理想是"自由人的联合体",实际上这里的自由人就是自由的个人。总之在笔者看来,西方的人道主义与马克思主义的分歧,实际上并不在于是否谈个人的问题,而是关键在于如何谈个人的问题。具体来说就是,西方的人道主义即抽象的人道主义是孤立地就个人来谈个人问题,换句话说,是以个人为优先的,在个人与社会的一种绝对对立中来谈个人的问题。而与之相反的是,马克思主义则是完全立足于社会来谈个人问题,或者换句话说,马克思主义是以社会为优先的,在社会与个人的统一中来研究个人问题。这就导致了在西方的人道主义理论视野中,马克思主义似乎只强调整体社会而完全忽视个人,以至于提出所谓的"马克思主义哲学人学空场论"。可以明显看出,这其实是一种对马克思主义人学的误读。而实际上真正科学的做法是,以社会为优先,在社会与个人的统一中谈个人,才能做到在现实中解决个人的问题。反之,只能像抽象的人道主义那样,一面离开社会,一面孤立地突出重视个人,看上去似乎很强调个人的利益和价值,但实际上却因忽视作为人的整体利益而最终失去个人利益,到头来,其谋求个人利益的意图只能是陷于抽象的空想。所以,这种抽象的人道主义实际上缺乏对个人利益的尊重和保护。

当然,这样说并非就意味着抽象的人道主义没有任何价值。因为抽象的人道主义虽然只看到并夸大了个人与社会的对立性,并没看到人与社会的统一性,在总体上具有片面性,然而在现实中,社会与个人又并非绝对没有对立性。这种对立性表现在社会的发展有时会出现某种以牺牲个人的发展作为代价的现象。就这个意义上而言,抽象的人道主义在维护个人权益方面的一些观点,还是具有一定的历史价值的,因而可以对其加以一定改造,从而吸收到马克思主义人学理论体系中。事实上,这正是马克思主义人学需要加以补充和发展的重要内容,也是我们在当代马克思主义哲学创新中需要努力完善的方面。

2. 人道主义思想在历史上有一个从价值观向历史观的转变过程

应该说,前文一番论述告诉了我们,人道主义思想是马克思主义理论的不可缺少部分,也是马克思本人早年的重要思想。然而一些西方马克思主义者却又利用这一点,进而片面地把人道主义思想夸大拔高成为马克思的主要思想和核心思想,甚至将其定位到马克思主义哲学的历史观或本体论高度。

对于这一做法,黄枬森先生认为是很不妥的。因为在他看来,在资产阶级思想发展史上,人道主义思想有一个从价值观向历史观的转变过程。总体来看,当人道主义还是价值观时它曾经发挥作用,而当人道主义转变成为历史观时,它也就走上了一条错误的道路。比如黄枬森先生曾指出:"用理论形式来表达人道主义思想的是17、18世纪欧洲的启蒙运动,人道主义理论可以说是启蒙运动的最高理论成就,其内容主要是人道主义思想的系统化和人道主义从价值观向历史观的发展。"①因此在黄枬森先生看来,资产阶级人道主义思想之所以演变成一种历史观,完全是资产阶级维护自己权益的需要。因为他们在反对封建专制主义的斗争过程中,需要历史观意义上的人道主义思想来对自己进行舆论支持,因而对历史上的人道主义价值观进行资产阶级的改造后形成了人道主义历史观。从这个意义上来说,人道主义历史观就是资产阶级维护自身利益的产物。正因为这样,所以在黄枬森先生看来,人道主义思想从价值观向历史观的转变是一个被资产阶级利用的,也是错误的转变过程。这一转变不仅把抽象的人道主义上升为了历史观,同时也抹杀了历史观的那种唯物性,从而不符合马克思主义哲学的内在本质。

对于黄枬森先生的上述这一观点,也有论者有不同看法。这些论者虽然认为,西方的人道主义思想确实存在从价值观向历史观转变的这一过程,但他们却认为这一转变过程并非是一个错误倒退的过程,相反是一种进步。之所以持这样的观点,主要因为在这些学者们看来,马克思本人的哲学思想就是一种人道主义历史观。

如何看待这种认识上的分歧呢?其关键还是在于如何看待马克思本人的哲学思想与人道主义历史观的关系。对于这一点,我们需要结合西方哲学史来仔细分析一下。首先,在西方思想史上,人道主义的概念可最早追溯到西欧14、15世纪的文艺复兴时期。那时一些新兴的资产阶级为了反对神权、君权,捍卫自己的利益,于是就以兴人权为口号来反对专制主义,提倡民主主义。因而,在这一时期他们提出人道主义,并以其为思想武器来反对等级制度,争取人的平等权利。应该说,在这一历史阶段,人道主义作为新颖的理论武器,一方面为新兴的资产阶级反神权、反等级制度,捍卫自身利益发挥了巨大的作用,另一方面也确实大大地把人从中世纪的各

————————

① 黄枬森:《关于人道主义和异化问题的讨论》,载《北京大学学报》(哲学社会科学版)2010年第1期,第6页。

种思想桎梏中解放了出来。从这点上说,人道主义思想在思想史上的地位是很重要的,其功劳也是意义非凡的。但必须指出的是,这一时期的人道主义思想在形式上只是通过一些诸如文学之类的艺术作品表现出来,特别是在理论形态上体现的也仅是一种价值观上的诉求,既没有形成一定的理论体系,也无任何哲学意义上的历史观意图。

然而到了17、18世纪,随着整个欧洲资本主义的进一步发展,情况就不一样了。那时正在日益强大的资产阶级为了建立自己的政权,反对封建政权,就迫切需要在理论上为自己找到一个根据。而当时的启蒙学者作为资产阶级的发言人,一眼相中了人道主义,因为这一概念刚好具备了满足资产阶级要求的那种反封建、兴民权的形式。在这种情况下,启蒙学者们便对历史上的人道主义思想加以改造,主要是实现一种历史观意义上的理论化和体系化,并以其作为资产阶级历史观层面的思想武器。由此,人道主义开始从最初的价值观演变成了一种资产阶级历史观,并进而逐步得到宣扬,可以说从这时起人道主义也就走上了唯心主义的道路。实际上马克思早年也深受其影响,曾提出人的异化问题,就是这一思想的痕迹。但当唯物史观萌芽时,就马克思本人的思想来说,人道主义历史观在他那里也就宣告结束了。因此,从这个意义上来说,怎么能说马克思的哲学就是一种人道主义历史观呢?

3. 马克思主义保留了人道主义价值观,摒弃了人道主义历史观

马克思本人的哲学思想与人道主义的关系问题一直是哲学界争论的一个焦点问题。因为这一问题不仅关涉到马克思青年时期思想发展的问题,也关涉到之后的马克思主义哲学与马克思哲学的关系以及马克思主义哲学的重要特征究竟是什么的问题。因此,弄清楚马克思本人的哲学思想与人道主义的关系,对于澄清有关马克思主义哲学理论的一些争论具有重大的现实意义。

关于马克思本人的哲学思想与人道主义的关系问题,认为青年时期的马克思是一个人道主义者,学者们对这一观点基本没有异议。但青年时期之后的马克思的哲学思想与人道主义究竟是一种什么样的关系,大家是议论纷纷。有一种看法认为马克思创立马克思主义哲学之后仍是一个人道主义者,原因在于他创立的马克思主义哲学就是一种现实的人道主义;还有一种看法认为马克思主义哲学与人道主义有渊源,但实质上是两种根本

不同的思想。原因是青年时期的马克思虽然是一个人道主义者,但当马克思本人发现唯物史观后,其实质上就已经超越了一个人道主义者。这后一种看法中又有两种观点,一种观点认为目前的马克思主义哲学与人道主义是完全对立的;另一种观点则认为目前的马克思主义哲学对人道主义有所取舍,即抛弃了人道主义历史观,但保留并改造了人道主义价值观。

从具体理论观点看,黄枬森先生是提出并主张上述后一种看法中的第二种观点的。因为在黄枬森先生看来,马克思就是对人道主义进行了取舍,区分并放弃人道主义历史观而保留人道主义价值观,才形成自己的人道主义思想的。为什么马克思要采取这样的区分而对人道主义有所取舍呢? 这是因为马克思把唯物主义贯彻到了一切领域。在黄枬森先生看来,这种区分对澄清和说明马克思主义是非常有现实意义的。

对于黄枬森先生关于人道主义的观点,笔者认为可以从以下两个方面加以理解:一方面,人道主义绝对不能完全否定,因为历史上的实践已经说明了这一点。现实的人道主义可以作为一种价值观体现在人们的日常生活中,理论上讲它反映了马克思主义哲学的价值内涵。另一方面,马克思主义虽然是在批判人道主义中产生的,但是马克思主义仅仅是否定人道主义历史观,并且它还在批判这一抽象的人道主义中产生了一种价值观意义上的现实人道主义思想,这就是马克思主义的人道主义思想。不过这种现实的人道主义绝不可能建立在抽象的思维理论之上,换句话说,其必须找到世界观理论上的依据。那么马克思主义的人道主义其世界观理论上的依据究竟是什么呢? 就马克思本人的哲学思想发展过程而言,可以看出,马克思创立的唯物史观具有的辩证唯物主义世界观意蕴,就为这种现实的人道主义提供了这种理论基础。正是从这个意义上讲,我们才说辩证唯物主义与现实的人道主义并不是对立的,而是统一的。

正是考虑到上述原因,黄枬森先生才提出要辩证地看待人道主义思想。在他看来,历史上的人道主义思想是可以一分为二地来区分对待的,这种一分为二就是把人道主义思想分为价值观和历史观两个层面。一方面,就人道主义价值观来说,具有积极方面意义,应当保留和继承。另一方面,就人道主义历史观来说,是错误消极方面,应当去除和抛弃。这样一来就可以对人道主义思想实现在批判中加以继承了。应该说,黄枬森先生的这个观点客观地评价了人道主义思想的历史作用和理论价值。这就是说,对于人道主义思想我们既不能否定其在马克思主义思想史上的作用,也不能否定其在现当代的社会作用,但更不能因此过于拔高这一思想,甚至上升到历史观高度,从而否认马克思对其思想的超越和历史唯物主义的形成。

显而易见,如果能按照上述的思路去反思历史,正确理解马克思主义与人道主义的关系,消除关于这个问题的争论也就成为可能了。为什么马克思主义是在批判人道主义中产生的,但人道主义又不能完全否定呢?原因在于:人道主义思想具有价值观和历史观两个层面,如果混同这两个方面而不加区分,就会犯错误。一方面,全盘否定人道主义,将其与马克思主义哲学割裂开来,这既不符合马克思主义的精神本质,也不是马克思的本意;但另一方面,如果过于抬高人道主义,甚至将人道主义等同于马克思主义,则必然会使马克思主义陷入西方人本主义的陷阱中,忽视了马克思主义对抽象人道主义的超越。

总之,黄枬森先生关于马克思主义与人道主义关系问题的这一见解既是一种科学的见解,也是一种独到的见解。这一观点某种程度上解答了长期以来人们围绕马克思主义与人道主义的关系所产生的种种困惑。因为唯物史观的创立,说明尽管抽象的人道主义有其历史作用,甚至马克思本人也曾是一个人道主义者,但他最终还是在历史观层面上超越了这种人道主义。但这是否就意味着人道主义在马克思那里被彻底抛弃了呢?答案又是否定的。因为人道主义思想被马克思从价值观层面批判地继承了下来,从而形成了一种现实的人道主义。也就是说,就马克思本人来说,他的哲学思想始终没有忘记人,但他早已超越抽象的那种人道主义关怀,而是追求现实的人的自由而全面发展。所以,关于马克思主义与人道主义的相互关系,正确的理解应该是,马克思主义与人道主义既不是对立的,也不是等同的。马克思主义对人道主义在批判中加以继承,批判和否定了历史观意义上的人道主义,继承了价值观意义上的人道主义,从而形成了马克思主义的现实的人道主义。

二、深刻分析当代中国人学建设的现实前提

从当年的那场"人道主义和异化问题"的大讨论开始,为建设当代中国

人学,一大批马克思主义者开始了他们的艰辛探索,黄枬森先生便是其中之一。作为探索者,他曾指出:"在今天研究人时,出现了协调各种不同学科,即进行综合研究的趋势。在这种趋势下,建立一门相对独立的、关于人的统一的人学就成为必要和可能。"[1]为此,黄枬森先生首先对当代中国人学建设的必要性与可能性进行了科学说明。

(一)人学建设的必要性

人学思想在人类思想史上虽然源远流长,但人学概念却是新名词,人学学科更是至今没能完全建立起来。尽管今日的科学技术已是相当发达,我们对宇宙自然的认识和改造也已达到了一定的高度,但我们对人自身的认识却显得捉襟见肘,人类也出现了诸多的问题。面对这样一种状况,人的生存和发展问题就成为一个全球性的重大问题摆在了人自身面前。可以说这种状况的出现,不仅要求人们要深入地认识自身所处的世界,也同时要求人们要深入地认识人自己。从理论上说,认识人自己就要求人们把正在积累的关于人的各种认识和实践成果集中起来,并参照对其他不同学科的借鉴,从而实现对人的问题进行一种综合理论研究,这就是建立人学。因此就当前人类情况而言,人学的建设显得尤为迫切。

对此,黄枬森先生就曾提出:"我国对人的研究在走过了人道主义和异化研究——文化研究——价值研究——主体性研究之后,近来向两方面深化:一方面从深度上进一步研究人的某些侧面;另一方面从广度上力求沟通各个侧面对人的问题的研究,试图建立一门相对独立的人学。相比之下,后一方面较为主要,因为它涉及学科建设,涉及对以往研究和各门学科的综合问题。"[2]由此可见,在黄枬森先生看来,就我国情况而言,在人的研究走过一些曲折道路之后,现在已经到了一种必须从广度上展开对人的各种问题进行综合理论研究的时候了,这就是说,我国人学的建设具有了某种必要性。

但现实的问题是,在"人道主义与异化问题"大讨论后,关于人学的理论研究仍然很无序,观点很凌乱。特别是随着人学研究格局的兴起,人学理论研究的分歧和争论倒是越来越突出。这种分歧和争论表现为缺乏一

---

① 黄枬森、韩庆祥:《关于建构人学的几点设想》,载《社会科学战线》1989年第3期,第62页。

② 黄枬森、韩庆祥:《关于建构人学的几点设想》,载《社会科学战线》1989年第3期,第62页。

种统一的研究思路和方法,结果造成大家对人学理论中各种概念的理解和使用存在较大差异,这也制约了人学研究的良性发展。对于这种情况,黄枬森先生曾这样描述到,"党的十一届三中全会以来,情况发生了很大的变化。我国文艺界、理论界、哲学界近年来十分重视人的理论问题的研究和讨论,召开过多次会议,发表了大量的文章。不同的观点之间也展开过深入细致的争论。争论表明,尽管各方都自认为是马克思主义的,但他们的分歧却是十分深刻的,甚至看不出互相接近的迹象"①。由此可见,虽然人学研究开始兴起,但实际上人学的建设仍然是任重道远。

在主要的观点分歧上,正如前文所说,由于受西方学术观点影响,不少国内的学者也都认为,以辩证唯物主义为核心的马克思主义过去忽视了对人的研究,甚至接受了西方提出的"人学的空场"的说法。对于这一观点,黄枬森先生认为这种说法是不确切的。原因在于,辩证唯物主义事实上很重视研究人的问题,只不过辩证唯物主义研究的人的问题主要是从人与社会的统一角度去加以说明,因而在形式上大多以群众、社会集团、阶级等概念出现。不仅如此,黄枬森先生还认为,辩证唯物主义某种程度上也直接强调对个人问题的研究,只是这些内容涉及范围还不是很广。

那么,我们现在为什么又要特别强调重视对个人问题的研究呢?在黄枬森先生看来,这并不是我们建立的马克思主义的人学就是要照搬西方的人学,而是因为我们的实际情况变化了,因为"在和平建设时代,整个形势发生了根本性的变化,过去被压抑下去的许多个人问题破土而出,要求给予理论上的分析和正确的对待。和平建设时期不能过多地要求个人以牺牲自己来成全集体的事业,而应尽可能地把个人的利益同社会事业统一起来,以尽可能地满足个人的利益和愿望来完成社会的建设,只有把个人积极性充分调动起来,社会主义建设才能顺利前进。……体制改革的重要目标之一就是要充分调动每一个人在生产上、工作上、学习上的积极性、主动性和创造性,如果不对人的问题进行理论上的研究,建立马克思主义的人学,这怎么可能作到呢?"②因此,在黄枬森先生看来,我们所要建立的马克思主义人学是尽可能地把个人的利益同社会事业统一起来,从而调动个人的积极性。之所以出现这样的变化,不是对以前马克思主义的否定,而是现在的时代特征变化了,从大的方面来讲,和平与发展已成为世界的主

---

① 黄枬森:《哲学的足迹》,北京:中国社会科学出版社1987年版,第353页。

② 黄枬森、韩庆祥:《关于建构人学的几点设想》,载《社会科学战线》1989年第3期,第63页。

题。具体从我国的国情来说,社会发展已经发生了根本性的改变,这使得之前被湮没的许多个人问题也都显露了出来,现在我们对这些问题加以理论上的分析和重视,是顺应时代的需要。这实际上也就是改革开放以来我国人学思想大发展的真正原因,这种历史发展实践必然使得我国人学的建设提上历史日程。

当然需要特别说明的是,尽管目前人学建设的必要性已经显现,但是人学的建设还任重道远,完成这一任务还比较艰巨。特别是许多方面的分歧还比较明显,难以形成有效的合力。比如在探讨人学建设的必要性这一问题上,由于受苏联和西方的不同人学思想影响,我国理论界就出现了两种不同的关于建立人学的观点。

其中一种观点就认为,随着人类社会实践的不断发展,人类对人自身的问题的研究任务就越来越艰巨,这说明仅仅依靠一门或几门零散的关于人的分支学科来研究人是远远不够的,要解决这一问题只有通过各种社会科学、自然科学等共同努力才有可能完成。而现在要把这些各个侧面、各个层次的关于人的分支学科结合和沟通起来,办法只有一个,那就是建立一门统一的、相对独立的马克思主义人学。这种人学在内容上以原有的马克思主义哲学体系为基础,是对马克思主义哲学的一种内容补充。

而相反另一种观点则认为,由于受教条主义影响和"左"倾思潮冲击,我国在中华人民共和国成立后的一段时间里,马克思主义一度被看作是关于阶级斗争和无产阶级专政的理论,因而压抑了人的问题。现在既然我们纠正了这一错误认识,就必须全面恢复对人的问题的研究,特别有必要重新回到马克思那里,重新审视早年的马克思的人道主义思想,并借鉴西方的人学思想,从而以此为基础建立一门统一的、相对独立的有关人的科学,即马克思主义人学。

对于上述这两种不同观点,黄枏森先生是赞成第一种观点的。不过在笔者看来,这两种观点尽管角度不同,但实质上并不是互相排斥的,相反甚至是互相补充的。原因在于,这两种观点都是试图从学科建设的角度来论证建立人学的必要性,分析原因,从而突出当前人学研究在马克思主义哲学体系中的重要作用。只不过前一种观点是从历史传承角度说明了人学建设的必要性,而后一种观点是从历史反思角度说明了人学建设必要性,正是从这个意义上来说两种观点相互之间具有互补性。总之,我国人学建设的必要性已为各个方面所共识,对于人学建设来说这是可喜的一大变化,这一共识也必将促进当前中国人学的发展。

(二)人学建设的可能性

除了必要性之外,在人学建设的可能性方面,黄枬森先生也认为现在具备了很好的条件。因为随着思想的解放以及中国的对外开放等,当前中国已经开始兴起了一股热情非常高涨的人学研究浪潮,并且在这一过程中也诞生了一些重要的人学研究成果,在黄枬森先生看来,这些前提条件都为当代中国的总体人学建设提供了可能性。对于这一点,黄枬森先生在其主编的《人学原理》一书"导论"中,通过对一些社会背景所作的分析,包括认识史和科学史的背景、国际背景、国内背景等,向我们说明了人学研究的兴起为建设当代中国人学提供了何种可能。

首先,黄枬森先生考察的是认识史和科学史的背景。因为他认为:"古代人已经有了认识人的要求,但人的科学一直到近代才出现……但直至今天国际上还没有一个得到多数学者认同的科学的人学思想体系。人类的认识和科学发展到今天,建立一门基础学科——人学的必要与可能条件已经成熟,它迟早是会诞生的。"[①]因此,在黄枬森先生看来,虽然人想要彻底认识自己的愿望产生很多年了,但是至今竟然还没有形成一个大家都认同的科学的人学思想体系,这种局面无疑是不正常的。尽管我们现在各方面的科学技术都已经相当发达了,并且各类学科也都基本具备了,但唯独缺乏这样重要的一个统一的科学的人学思想体系,这种状况是令人难以接受的。既然现在各方面的条件基本成熟,特别是从人类认识史和科学史长期发展的趋势和已经积累的成果来看,我们现在建立一门相对独立的、能把各种有关人的学科统一起来的人学已经完全具备了可能性,那么为什么我们不去完成这样一个伟大的历史任务呢?

诚如黄枬森先生所说,人类历史发展至今,我们的认识和改造外部世界的能力确实已经比过去强多了。不仅如此,人在不断地以自己的实践努力认识和改变世界的同时,一刻也没有忘记过自己。然而"斯芬克斯"之谜一直是我们人类面临的最大困惑,为了解决这一人类关心自身的困惑,自古至今我们都没有放弃过,从而也提出了"认识人自己"的历史使命。虽然古人就有了认识人的欲望,但由于过去生产力和科学技术水平的低下,能

---

① 黄枬森:《哲学的科学化——黄枬森自选集》,北京:首都师范大学出版社2008年版,第390页。

做到真正认识人自己是何等艰难啊。这表现在人类文化史上,虽然人学思想源远流长,但人学作为独立学科从没有真正出现过。然而,时至今日,情况和以前已经有很大不同了,现在各方面的科学技术都已经相当发达了,并且建设一门科学的人学学科的各种条件也已经基本具备了。在当前各类学科都基本具备的情况下,缺乏这么个重要的和人自身密切相关的学科,实在是令人匪夷所思。因此从这一认识史和科学史的角度来说,开展当代中国人学建设不仅是可能的也是必要的,在黄枬森先生看来,这一背景也是当代中国人学建设与发展被提上历史日程的根本原因。

其次,黄枬森先生还分析了中国人学热兴起的国际背景。他认为:"中国人学热的兴起决不是一国现象,而首先是世界历史发展的产物。"①以这一观点为逻辑起点,黄枬森先生将中国人学研究兴起的国际背景列举为以下几个方面:一是对两次世界大战的反思;二是发达国家中民主运动和发展中国家民族民主运动的兴起;三是科学技术的高度发展引起的生态环境破坏;四是国际人权思潮、人道主义思潮与人学思潮的兴起等。并且他还对这些方面进行了一定的剖析,从而说明这些背景对建设当代中国人学的意义。

在黄枬森先生看来,之所以要把对两次世界大战的反思作为一个重要的背景来加以分析,是因为这些战争中一些反人道行为骇人听闻,令人难以置信,特别是二战时德国法西斯残酷的种族灭绝行为和日本军国主义的集体屠杀平民行为。这些暴行促使战后爱好和平的人们痛定思痛,开始反思。特别是强调在人类生产力和科学技术迅速发展的同时,必须更加注重研究人的问题,进一步提高人权意识、发扬人道主义精神、避免人道主义灾难。比如在这一时代背景下联合国《世界人权宣言》的发表,就充分表明了当时整个国际社会对人自身的研究的重视。

此外,在黄枬森先生看来,20世纪发达国家中的一系列民主运动和发展中国家的民族民主运动也是人学兴起的重要背景。因为就当时的社会情况来看,在发达的资本主义国家,资产阶级的压迫和剥削不仅引发了世界性的周期性经济危机,也同时促进了广大工人阶级的觉醒,他们由此提高了人权意识,因此在西方出现了一浪高过一浪的民主运动。而在广大的发展中国家,殖民主义的无情压迫也迫使各个国家要求独立、民主的民族

① 黄枬森:《哲学的科学化——黄枬森自选集》,北京:首都师范大学出版社2008年版,第390页。

民主运动不断兴起,许多发展中国家的人民得到解放,人权意识得到提高,甚至出现了一批社会主义国家。很显然这些情况都是人类历史上发生的新情况,这很大程度上都促使着人们进一步思考人的问题。

另外,在黄枬森先生看来,科学技术的高度发展引起的生态环境的破坏也是促使人思考人自身命运,促进人学兴起的重要背景。虽然高科技本身促进了人类生产力的发展,实际上也并不一定就会必然引起生态环境破坏,但之所以这么说,是因为一旦这种高科技被用来当作不断增值资本的手段时,它就可能会造成生态环境的破坏。我们知道,资本增值的欲望是没有止境的,为了实现资本增值,人们甚至会违背自然规律,滥用科学技术来征服、索取自然,从而不可避免地造成对自然生态的破坏,这种教训在人类历史上是非常多的。特别是到了近现代,全球性的各种生态问题诸如大气污染、森林减少、物种灭绝等都开始陆续出现,这不能不引起人们对自身前途与命运的思考,进而引发了人们对自身在自然界中的地位、人与自然界究竟是什么样的关系等问题开始加以重视。

不仅如此,黄枬森先生还认为,国际人权思潮、人道主义思潮与人学思潮的兴起,对我国人学研究的兴起影响很大,这实际上也是重要的背景之一,并且是我国当代人学研究兴起的直接国际背景。严格地讲,国际人学思潮对我国的影响是从改革开放后开始的。这时的国际人学思潮兴起主要是因为二战后,随着人们对各种反人道主义问题的反思,开始逐渐形成了一股关于人权、人道主义的思潮,实际上这种思潮从某些角度促成了把人作为整体研究的人学的应运而生。从某种意义上讲,西方人学在某些方面对我们有借鉴意义,因而把西方的人学思潮作为我国当代人学研究兴起的背景是可以的。

同样在国内背景方面,黄枬森先生也提出了四个方面的人学研究兴起的背景。分别是对“文革”的反思和关于“人道主义和异化问题”的讨论;改革开放和建立社会主义市场经济需要;中国生产发展引起的生态环境问题;“双百方针”在学术研究上的认真贯彻等。

第一个方面,“文革”之后大家对什么是人道主义和人性进行了反思。在黄枬森先生看来,很显然这种反思使大家认识到应该在坚持马克思主义的同时肯定人道主义的价值观。这种情况也就引发了人们开始重视对人的问题的研究,进而努力把人学作为一门学科来加以建设和研究,这无疑是当代中国人学研究兴起的重要背景。

第二个方面,在黄枬森先生看来也是直接相关的一个重要方面。对此,他认为:"改革开放是思想解放的结果,又是促进思想进一步解放的原因。改革开放要人来推动,解放思想也是解放人的思想。"①也就是说,改革开放和建立社会主义市场经济实际上需要人这个最重要的因素来发挥作用。就此而言,研究人的问题,探索如何调动人的积极性、主动性,实际上就成为我们在改革开放和市场经济建设中必须解决的一个前提问题。只有这方面做好了,我们的改革开放和建立社会主义市场经济才能成功。比如市场经济的建立就要求人们去广泛而深入地研究人的各个方面,从而激发人的思想和创造,规范人的思想和行为。在黄枬森先生看来,上述这些问题的解决都需要重视人学研究,特别是建立一门将人的各个方面综合起来,从而作为一个整体来加以研究的科学。

第三个方面,在生态环境问题上,黄枬森先生也将这一点作为当前人学兴起的一个国内背景原因。之所以要突出这一方面,笔者认为是因为黄枬森先生看到了我们在中国特色社会主义建设过程中,要追求一种可持续发展,而决不能以牺牲环境来求得经济的一时发展,决不能以牺牲子孙的幸福来求得当代人的发展。这实际上说明了要实现可持续的科学发展就需要协调好人与自然的关系,探讨人的问题。因此,当前的生态环境问题成为人学研究兴起的背景是符合逻辑的。

第四个方面,黄枬森先生认为,正是学术界"双百方针"的真正贯彻实现,才为当代中国人学的兴起提供了需要的政策条件和学术氛围。事实正是如此,"双百方针"的真正贯彻实施打破了学术僵化,创造了一种前所未有的、宽松的、自由的学术氛围。正是在这样一种前提下,很多学者才能发扬独立思考的精神,解放思想,畅所欲言,各抒己见,积极参加各种有关人学问题的讨论,并发表了大量的研究成果。现在这些研究成果都将进一步成为推动中国人学发展和建设当代中国人学的理论基础。可见,把"双百方针"的真正贯彻实施作为一个背景来说明我国人学研究兴起的原因也是可以成立的。

---

① 黄枬森:《哲学的科学化——黄枬森自选集》,北京:首都师范大学出版社2008年版,第394页。

三、详细考察中西人学思想的历史流变

无论是中国还是西方的思想史上,都可以看到思想家们提出的各种人学思想。尽管这些思想在总体上可能还存在着片面性,甚至不科学,但不可否定的是其中也会包含着一些真理的颗粒。在黄枬森先生看来,如果我们能总结好这些思想的长处和不足,扬长避短,并从中引出经验教训,这无疑会对当代的中国人学建设发挥重大作用。为此,他十分重视对这些历史上的中西人学思想进行分析和研究,以期为当代中国人学建设提供借鉴。

(一)中国传统人学思想

中国传统人学思想在时间上讲一般是指自夏朝立国以来,直至五四运动前产生的各种人学思想。纵览中国五千年文明史,可以看见其中的传统人学思想是占有独特地位的。这种独特地位表现在这些传统人学思想不仅发达和深邃,甚至还可以说曾一度占据着各种中国传统思想的主导地位。特别是自春秋战国以来,中国传统人学思想的发展在整个社会思想领域一直是一马当先,以至于出现这种局面,就是直到今天中国也没有出现过像西方那样的宗教或神学能够独占思想统治地位的历史局面。

对于这一现象,黄枬森先生曾分析指出:"中国古代人学思想十分发达,虽然同时也出现了很多神学思想,但神学思想没有压倒过人学思想。中国封建时期出现了势力强大的佛教、道教思想,有时也取得了统治阶级的尊崇,但它们始终没有取代过人学思想的统治地位。中国人学思想始终随着中国社会的发展和中国社会文化的发展而不断变化和发展。"[1]因此,在黄枬森先生看来,中国古代人学思想不仅发达,而且有着特殊的历史地位,同时也能随着整个社会以及文化的发展而不断变化和发展。因此,这一庞大而又丰富的中国传统人学思想资源库,完全可以为我们建设和发展当代中国人学而用。应该说,黄枬森先生的这一观点是十分有用的。因为其不仅仅指出了中国传统人学思想作为中华各民族在长期的历史实践中

---

① 黄枬森:《哲学的科学化——黄枬森自选集》,北京:首都师范大学出版社2008年版,第396页。

所形成的智慧,具有一种特殊的历史地位,而且敏锐地看到了中国传统人学思想能随着整个社会以及文化的发展而不断变化和发展,因而具有一种发展性和延伸性。正是这种发展性和延伸性才使得我们今天可以借鉴这一宝贵资源为建设当代中国人学服务。

为此,黄枬森先生对中国传统思想史上的关于天人关系的思想、关于人际关系的思想、关于人性的思想等进行了一定的分析和研究,以期为当代中国人学建设提供某种思想资源借鉴。

1.关于天人关系的思想

对于天人关系,在黄枬森先生看来,"天人关系也就是人与自然的关系,亦即人在自然中的地位,这是人学的首要问题,也是十分古老的问题"[①]。无疑黄枬森先生的这一观点简明地表达了天人关系的内涵以及这一关系的重要性,然而就人与自然的关系究竟是一种什么样的关系这一问题而言,这可是一个相当困难的话题。为了能充分说明这个问题,我们就必须结合中国传统文化中关于天人关系的一些观点来对此加以分析。总体来看,在中国传统思想史上,中国古代思想家们主要提出了两种有关天人关系的观点,即"天人合一"与"天人相分"。

应该说,中国古代的"天人合一"思想在人类思想史上是占有相当重要的地位的。不过对于这一"天人合一"思想,不同思想家们也有不同的阐释。总结中国古代思想史,关于"天人合一"的思想主要存在着以下几种不同理解:一是高度评价天的地位,这一观点认为,虽然天人本质上是一体的,但人仅是天的一部分,因此相对天而言,人是渺小的、微不足道的,中国的道家思想就持有这种观点;二是高度评价人的地位,这一观点认为,虽然天人为一体,但人却是这个共体的灵魂,因此人只要顺天而行,融天人为一体,就可以成为命运的主宰,比如老庄的著作中就体现了这样的一种观点;三是把"天人合一"的关系赋予了更多的伦理价值和实用色彩,比如主张人可以知天命,人可以主动实现天我合一。如儒家的董仲舒就以天人同类来论证天人感应,指出人在天地间具有重要位置,所以人是宝贵的。尽管不同的思想家们对"天人合一"有着不同的阐释,但就以上几种观点而言,显然有一点是值得重视的,那就是天人关系确实很重要,因而在中国思想史

---

① 黄枬森:《人学的科学之路》,郑州:河南人民出版社2011年版,第254页。

上很早就被关注,就这一点而言,如黄枬森先生那样,视自然与人的关系为人学的首要问题,无疑是恰当的。

除了主张"天人合一"外,中国传统思想还有观点主张"天人相分"论。持这种观点的主要代表人物有荀子、王充、刘禹锡等人。在"天人相分"观点看来,天有其常,即自然的发展变化有着自己的规律,也就是天的运行不以人的意志为改变。不过这种观点有时也指出自然现象对人来说是福是祸却取决于人的态度,所以人如能掌握自然规律,适应自然,就可以趋利避害。

对于上述两种中国古代的关于天人关系的观点,黄枬森先生认为,"这种观点在中国古代著作中是很多的。显然可见,这种天人相分思想与天人合一思想并不冲突,实际上是相辅相成的。这种天人相分思想,并不是主张天人割裂、对立,不是否定合一,相反,是主张把天人区别开来,以便把天人统一或合一起来,实际上也可以说成是一种天人合一思想"①。由此可见,在黄枬森先生看来,中国古代人学思想家不管是主张"天人合一"也好,还是主张"天人相分"也好,实际上他们在看待天人关系问题上的观点是相通的,也就是说这两种观点之间并不冲突,因为他们都看到了天与人之间的那种相互联系的关系,都反映了一种辩证关系,尽管两者之间在表现这一辩证关系时出发点并不同。正是从这个意义来说,黄枬森先生认为,"天人相分"也可以说本质上就是一种"天人合一"思想。

然而,近年来我国的哲学理论界却有学者提出了这样一种观点,认为我们如果要继承"天人合一"思想,就必须反对那种天人二分思想,实际上就是反对主客二分。在这一观点看来,黄枬森先生坚持的辩证唯物主义,实际上就是主张"天人相分",违背了"天人合一"思想,因此辩证唯物主义就是"见物不见人"。显然,对于这一观点,如果我们能结合黄枬森先生上述的关于天人关系的论述,就可以看出,这种责难是毫无根据的。理由正如黄枬森先生所说:"天人合一思想中逻辑地包含着天人相分,如果天人没有分别,合一也就无从谈起了。反之亦然,天人相分思想中逻辑地包含着天人合一,如果天人不是一体,从何加以区分?"②

不仅如此,黄枬森先生的上述观点也得到了学术界不少论者的认同。比如陶富源先生就认为:"不难看出,主客二分是前提、是手段,主客合一是

① 黄枬森:《哲学的科学化——黄枬森自选集》,北京:首都师范大学出版社2008年版,第401页。
② 黄楠森:《人学的科学之路》,郑州:河南人民出版社2011年版,第257页。

目标、是归宿。没有主客二分,也就无所谓主客合一。反之亦然。人类文明就是在主客又分又合、既对立又统一中发展起来的。"①就此而言,笔者认为对此问题的理解,应该从以下几个方面来把握:其一,主客二分并不必然导致主客对立,即是说,辩证唯物主义世界观中的主客二分并不是一种主客对立。相反,这种区分不仅不是对立的区分,而且还意味着一种人类历史的进步。因为如果没有主客二分,人就不成其为人,也就无所谓人对客体世界的认识活动和改造活动,这样一来,也就没有人的生存和发展了。其二,主客二分并不必然意味着在主客关系中存在厚此薄彼,即所谓的"见物不见人"。相反,在这种主客二分中,人作为主体是获得肯定的,这实际上是在表明和肯定人在自然和社会中的一种特殊地位。其三,主客二分,并不反映着主客关系是只分不合。辩证地讲,没有主客二分,也就无所谓主客合一。反之亦然。综上所述,全部问题的关键不在于是否主客二分,而在于如何正确理解主客二分②。

2.关于人际关系的思想

中国历史上的人际关系思想也是重要的人学思想资源。为了更好理解人际关系的有关思想,我们首先得明确其内在的涵义。对于人际关系的内涵,黄枬森先生就认为,"人际关系包括个人与个人、个人与人群、个人与社会、人群与人群之间的关系,其中关键性的关系是个人与个人、个人与社会的关系"③。因此,在黄枬森先生看来,人际关系不仅重要,其内涵也是十分丰富的,他还特别提出个人与个人、个人与社会的关系这两方面在人际关系的内涵中更是处于一种特别重要的地位。

当然,对于这些人际关系的内涵历史上都有一些不同的观点,为了能更加清晰地分析这些不同观点,黄枬森先生还进一步对几个相关的概念进行了说明,比如他曾明确提出:"我们把强调群体利益高于个人利益的观点叫作群体主义,把强调个人利益高于群体利益的观点叫作个人主义;把主张人人平等的思想叫作平等思想,把主张个人有等级之分的思想叫作等级思想。"④

① 陶富源、张涛:《关于"超越论"的反思》,载《马克思主义研究》2010年第11期,第94页。

② 参见陶富源、张涛:《关于"超越论"的反思》,载《马克思主义研究》2010年第11期,第94页。

③ 黄枬森:《哲学的科学化——黄枬森自选集》,北京:首都师范大学出版社2008年版,第401页。

④ 黄枬森:《哲学的科学化——黄枬森自选集》,北京:首都师范大学出版社2008年版,第402页。

实际上,作这样的不同概念区分,就是为了更好地划分人际关系的类型。比如,黄枬森先生就根据以上这几种概念区分,把中国古代关于人际关系理论的各种观点分为以下几类:(1)平等群体主义。在黄枬森先生看来,这种观点主张人际关系之间存在的爱是无差别的、平等的,因此在一定程度上只是体现了一种原始的抽象平等观念,很难在现实中实现。比如墨家主张的"兼爱"思想就是一种平等群体主义思想;(2)等级群体主义。在黄枬森先生看来,这种观点主张个人与社会并不是直接发生关系,而是在等级制度基础上,通过某种群体的中间环节来产生社会关系,这也是一种群体主义,实际上就是等级群体主义。比如孔子的"仁说"思想,本质上就是一种等级群体主义思想。因为儒家的"仁爱"显然是从统治阶级的立场出发的,是一种明显具有等级区别的人际关系思想;(3)个人主义。在黄枬森先生看来,这种观点虽然反对等级观念,强调个体利益,但实际上并不反对群体利益,因为它只是反对把群体利益摆在个人利益之前或凌驾于个人利益之上。比如杨朱的思想可以说就是一种个人主义思想。

通过上述黄枬森先生关于中国古代人际关系理论的深入分析,我们能够看出,人际关系思想作为中国古代人学思想的一个极其重要的组成部分,对于当前的中国人学建设显然具有重要的借鉴意义,特别是其中含有的很多智慧观点,无疑是值得我们深入思考的。不过,黄枬森先生的分析和研究也告诉我们,对于这些人际关系的观点及其在历史上的作用,我们在借鉴学习的同时应该抱着一分为二的科学态度,特别是要辩证地看到这些思想的合理方面和历史局限,从而为今天的人学建设和研究服务,比如我们今天如何正确理解和对待个人主义就是要从这一思想出发。

应该说,黄枬森先生的这些关于中国古代人际关系思想的论述都是很有新意的。如他把个人与个人、个人与群体这两方面的关系作了重点的、综合的研究,并从一种辩证的视角去分析这些中国古代的人际关系理论,最后从中引出比较贴切的、符合当前建设需要的理论。再比如黄枬森先生提出中国古代人际关系理论中既存在一种群体主义观念,同时也存在一种个人主义观念,特别是个人主义观念为我们今天的人学建设提供了重要的参考。我国理论界曾经出现过这样一种观点,认为如果依据马克思的社会发展形态理论,可以看见,在资本主义社会前,由于生产力低下,这时人是依赖于人的,并不能独立,因此这一时期的人际关系就表现为一种群体主义。而到了资本主义社会,人尽管独立了,但机器化大生产造成人是依赖于物的,因此这一时期的人际关系就表现为一种个人主义。而在资本主义社会后,人就成为既独立自由,又相互依赖的一个自由联合体,因此这时的人际关系就应该表现为一种集体主义了。对于这种观点,笔者是不赞同的。因为首先这种观点无疑绕开了所有制的区别,因而其实质上并不符合马克思主义哲学精神。其次,根据黄枬森先生提出的看法,这种观点也不符合历史事实,因为事实上每个历史时期都存在着一定的群体主义与个人主义思想。

因此,在关于中国古代人际关系的理解上,我们可以从以下两个方面把握:一是我国历史上人际关系思想也有着个人主义观念,强调个人的地位并非西方专利;二是我国历史上的群体主义思想与现在的集体主义概念是既区别又联系的,需要辩证地加以看待。

3.关于人性的思想

有关人性思想也是中国传统人学思想的重要组成部分。同样,首先必须了解清楚有关人性思想的内涵。对此,黄枬森先生认为,有关人性的思想实质上也就是关于人的本质的思想。他说:"人性论是中国人学思想史上争论极多、内容也十分丰富的一个问题,具有浓厚的中国特色。中国哲学史中没有人的本质的概念,但人性问题实质上就是人的本质问题,亦即人与动物的根本区别问题,因为中国思想家们不管在人性善恶上意见有多大分歧,但有一点共识,即都想从人的伦理道德方面来区分人与动物,把伦理问题看作是人的最根本问题。"[①]根据黄枬森先生的这一论述,可以看出,人性思想是中国传统人学思想的重要组成部分。尽管中国古代思想家们在人性善恶上有不小分歧,但这些思想无一例外都试图从人的伦理道德角度对人与动物加以区分,而这种做法实际上就是讨论到了人的本质问题。

事实上,讨论有关人的本质问题不仅是中国古代思想家们分析人性的重要方法,而且也是中国传统文化在涉及人的问题时的一个显著特点。某种程度上可以说,在中国古代思想史上,众多的思想家们正是按照这一分析方法,从而围绕着人性究竟是善还是恶这一问题争论了两千多年。梳理起来,对于有关人性善恶问题的解答,中国的思想家们给出了具有代表性的四种观点:人性善、人性恶、人性无善无恶、人性有善有恶。

---

① 黄枬森:《哲学的科学化——黄枬森自选集》,北京:首都师范大学出版社2008年版,第408页。

首先是关于人性善的观点,这种观点可以说是儒家思想关于人性论的主流,孟子是这一观点的最主要的代表人物。对此,黄枬森先生认为,孟子对于中国古代人学思想的贡献不仅在于他明确提出了性善论观点,而且在于他对此所作的论证,并据此提出了他的有关"仁政"思想。这一思想主张人性是善的,因而要启发人的善性,使人人都成为善良的人,这样天下也就太平了。应该说,在中国传统人学思想史上,性善论观点产生了很大的历史影响。

其次是关于人性恶的观点,这一观点也源自儒家思想,其中唯物主义者荀子可以看作是主要的代表人物。对于人性恶论的观点,黄枬森先生指出,荀子与孟子看法相反,因为他认为人生来的很多本能,比如人的生存本能(食)、繁殖本能(色)等都是恶的,因而人性生来就是恶的。那么怎么去改变这种状况呢?为此荀子提出需要以道德礼仪来教化人,从而促进人的自我修养,多做善行。在荀子之后主张人性恶观点的还有韩非等人,只不过韩非强调以厉法来达到教化人的目的。

再次是关于人性无善无恶的观点,这一观点的最早创立者可能是告子,在他之后主张这一观点的还有北宋的王安石、苏轼等人。对于这一观点,黄枬森先生指出,告子的论著实际上没有原本传世,只是孟子对他的很多这类思想加以了反驳,从而他的人性无善无恶思想通过孟子的著作得以流传。尽管这一观点也产生一定的影响,但总体来说影响不大。

最后是关于人性有善有恶的观点,据考证这个观点的最早提出者是战国时期的世硕,他实际上也没有自己的原本传世,只是其思想在王充的《论衡》中有记载。在中国古代思想史上,除世硕外,主张这种观点的人物还有杨雄、司马光、王充等。对于这一观点,黄枬森先生认为,其实质上仅是一种把性善论、性恶论两种观点结合起来的宿命论,因而严格说来其本身并不具备一种独立性。

当然如果我们把这四种人性观点综合起来加以考察和分析,就可以看出,其实它们都有一个共同的特点,即把人性看成是与生俱来的。应该说,从马克思主义的人学观点出发,这种认识是很不科学的,因而中国传统思想史上的这些有关人性观点也就不能算作是论述到人的真正本质。因为"任何具体的人性都是具体人在具体实践活动中所形成的一定的社会关系总和的折射和表现。人性具有复杂性和变动性"①。尽管如此，从上述的分析中，我们还是可以看出这些人性思想在历史上毕竟是或多或少地起了一定作用，从而对人学思想的发展也起了推动的作用，如促进了人的道德礼仪观念的发展，这也是中国成为世界公认的礼仪之邦的原因。就这一方面来说，尽管中国传统的人性思想还谈不上是科学的人学思想，但它的历史贡献是不可否认的，它的很多优秀元素也是应该值得继承的。

（二）西方人学思想

西方人学思想也是人类人学思想的重要组成部分。不过同中国传统人学思想比较起来看，西方人学思想在诸多方面都具有明显不同的特点。比如从各自发展的历史过程看，中国传统人学思想在思想史上长期占据着思想领域的主导地位，呈现一枝独秀的局面；而西方人学思想则在发展过程中呈现出一个两头发达中间衰退的形态。这一形态，具体来说就是，在古希腊罗马时期，西方思想家们比较重视对人的问题的研究，这一时期人学思想丰富；而到了中世纪，神学则成为唯一的意识形态，其他思想包括人学思想也就被扼杀了；不过到了文艺复兴之后，在新兴资产阶级力量的推动下，西方的人学思想开始重新兴起，并逐渐发展成为一股强大的思潮，在人的解放理论等方面取得了一定的成果，为人类发展做出了贡献。对于西方人学思想的这一发展过程，黄枬森先生从人和自然的关系、人与社会的关系、人的本质、人生的意义等方面入手对其进行了一番分析与思考，从而提出了自己的一些看法，以期作为当代中国人学建设的借鉴。

1.人与自然的关系

人与自然的关系问题，是人类很早就关心的重要问题之一，即使到了现在，哲学家们也不能够回避这一问题而去陈述自己的理论。对此，黄枬森先生认为，"人与自然的关系问题，也就是人在宇宙中的地位问题，是人学的基本问题之一，也是人类生存与发展的基本问题之一，也是理论界争论最大的热点之一，尖锐对立的争论双方就是人类中心主义和反人类中心主义"②。后来他又围绕此进一步指出，人与自然的关系问题还包括是人支

---

① 陶富源：《终极关怀论——人的哲学之悟》，合肥：安徽大学出版社2004年版，第155页。

② 黄枬森：《哲学的科学化——黄枬森自选集》，北京：首都师范大学出版社2008年版，第433页。

配自然还是自然支配人,以及强调是自然界重要还是人重要等一些具体问题。

这个问题同样也是西方思想史上哲学家们最为关注的问题之一。在西方哲学史上可以看出,事实上对于第一个问题,即是人支配自然还是自然支配人的回答,便是区分唯心主义和唯物主义的标准。可以说西方哲学史上围绕这两种回答的理论斗争一直存在。而对于第二个问题,即是对"自然界重要还是人重要"的问题的回答,也有两种不同的回答,但不论哪种回答,在黄枬森先生看来,都涉及对人类中心主义的看法了。当然如果从西方人学思想史来看,占优势的理论显然是人类中心主义,然而目前的人类的环境问题又使这一理论的优势面临否定。

那么我们究竟应该怎样来看待人类中心主义呢?对于这一问题,黄枬森先生给出了他的思想答案,即"作为宇宙观,人类中心主义是错误的;作为价值观,人类中心主义是正确的"①。某种意义上也就是说,人类中心主义不能简单地定性其对还是错,而实际上应根据具体情况辩证地看待。应该说,黄枬森先生的这一观点是睿智的,也是值得我们思考的。原因在于,从理论上讲,人作为认识世界和改造世界的实践者,无疑处于一种主动地位,是人与自然关系的中心。但另一方面虽然西方人学思想史上占优势的理论曾经是人类中心主义,然而从现在的人类的环境问题来看,这一问题又不是可以这么简单地下结论。因此,这些历史事实都告诉我们,人类中心主义确实需要一分为二地、辩证地来看待,而不是盲目的肯定或否定。

那么,我们又应该怎样来具体看待呢?换言之,什么时候肯定人类中心主义是对的,什么时候否定人类中心主义也是对的呢?这就需要将问题回到哲学层面上来加以分析和理解了。也就是说,人类中心主义对就对在其看到了人作为认识世界和改造世界的实践者,无疑人在价值层面居于一种主动地位,引领整个人与自然关系向前发展。但与此同时,人也认识到人是自然宇宙的一部分,需要与自然和谐发展,人不能凌驾于自然之上,甚至掠夺、破坏自然,从这个意义上来说,否定人类中心主义也是对的。为此,正如黄枬森先生告诉我们的那样,正确的做法应该是,从价值观上,我们要以人为本,一切为了人的发展,这实际上就体现了一种人类中心主义。当然与此同时,更为重要的是另一面,我们决不能因此而把人类中心

---

① 黄枬森:《哲学的科学化——黄枬森自选集》,北京:首都师范大学出版社2008年版,第434页。

主义提升到世界观的高度,将自然界看成是人的臆想物,甚至"见人不见物",这种人类中心主义思想错误带来的可能就是人类的灾难。

2.人与社会的关系

人与社会的相互关系,在中国传统思想史上曾一度被重视,但相比较而言,在近代西方人学思想史上这种关系则是被漠视的。尽管如此,黄枬森先生也认为:"在西方历史上,个人主义与整体主义的状况和作用都是很复杂的,从大体上说,整体主义在古代占优势,个人主义在近现代占优势,它们对社会发展所起的作用在不同条件下也是不同的,既有推动的作用,也有阻碍的作用。"[1]因此,在黄枬森先生看来,在西方历史上,人与社会的相互关系,虽不占主流,但却很复杂。经过认真梳理,他把西方人学思想根据这一关系划分为两大阶段,具体来说就是整体主义与个人主义两个阶段,同时他还指出整体主义在西方古代思想史上占优势,个人主义在西方近现代思想史上占优势。

当然,如果我们从西方的人学思想史发展的进程来看,整体主义思想确实在早期思想中占据一定的优势。比如著名的古希腊思想家亚里士多德就倡导一种整体主义思想,在他看来人生来就应该是合群的,因为人是离不开国家和社会的一种政治性的动物。不过到了文艺复兴时期,这一状况发生了改变,西方近代的各种思想和观点则主要是以个人主义的观点出现的。比如文艺复兴就不仅是针对神权的人权复兴,也是针对封建等级制度的个人主义的复兴。再比如,在这一时期的资本主义的生产关系中,个人中心的原则开始逐渐被看成是社会实际经济生活的主要原则,有句话可以形容,叫作"人不为己,天诛地灭"。

尽管从整个社会历史发展过程看,强调整体主义转向强调个人主义对于人的个性及其创造力起到了极大的解放作用,然而个人主义原则的种种弊端也是有目共睹的,因此这一转变过程的负面影响不可否认。近代西方思想史上,空想社会主义者和马克思恩格斯等都曾揭露过个人主义原则的弊端,甚至包括一些资产阶级学者在内也都承认这些弊端,只是他们最终并不能找到一个合理的办法来解决这一问题。

为此,马克思恩格斯在提出科学社会主义时,就着力来解决这一问题,

① 黄枬森:《哲学的科学化——黄枬森自选集》,北京:首都师范大学出版社2008年版,第445页。

最终提出了马克思主义的个人与社会关系,这一关系正如黄枬森先生所说:"马克思主义的创始人在启蒙思想家们的影响下曾经是人道主义者和个人主义者,当他们转变为科学社会主义者以后,就转变成为社会主义的集体主义者,但他们十分强调个人利益与社会利益的最大可能的结合,主张在自由全面地发展个人中发展社会,在充分发展社会中发展个人,尽可能使个人发展与社会发展协调起来。"①

事实上,对于马克思主义的个人与社会关系的理解并非简单地否定西方个人主义思想。而苏联时期,正是由于对马克思主义理解的僵化,导致了一种对马克思主义的个人与社会关系的片面理解。这种片面理解就是过于强调社会集体的利益和地位,不惜贬低甚至否定个人的利益和地位。在这种观点看来,如果我们肯定了资产阶级的个人主义思想就是违反了马克思主义。正是在这种片面理解的状态下,苏联有很长一段时期几乎不研究,也反对研究人的个性、人的价值、人的意义和作用等有关个人的理论问题。

这种理论局面的结果是压抑了个人的发展,社会集体的利益也得不到保障,进而阻碍了整个社会的发展。那么怎样才能避免这些在对个人与社会关系的理解上所犯的错误呢?在黄枬森先生看来,只有用真正的马克思主义观点来对此加以理解和把握,在辩证统一中正确处理个人和社会的关系,才能克服一些西方和苏联思想家们在这方面的缺陷。这可以从两方面来理解:一是,社会是由个人组成的,因此如果没有个人的主动性和创造性的充分发挥,实际上就没有整个社会的发展;二是,个人作为社会的一分子,只能在社会中随着社会的发展而发展,不能脱离社会,"而一旦个人与社会发生矛盾的时候,个人应该服从社会的需要。个人如果离开社会的需要来发展自己,其结果不仅不能发展自己,而且会危害社会"②。

应该说,关于个人和社会关系的理解,学术界多数论者都有着与黄枬森先生相同或类似的理解和认识。比如有一观点就直接提出,"个人与社会的关系是多方面的。从总体上说,二者互为前提、相互制约、互促共荣"③。总之,个人与社会作为人类存在的两种方式,二者之间原本就是不可分割地联系在一起的,换句话说,只有从二者的有机统一出发,对二者之

① 黄枬森:《哲学的科学化——黄枬森自选集》,北京:首都师范大学出版社2008年版,第445页。

② 黄枬森:《人性的抽象不等于抽象的人性》,载《河北学刊》1985年第1期,第41页。

③ 陶富源:《终极关怀论——人的哲学之悟》,合肥:安徽大学出版社2004年版,第69页。

间的关系加以辩证地理解,不割裂或贬低任何一方,才能真正全面地促进
它们的共同发展。

3.人的本质的思想

西方人学思想史上,还有一个重要的议题就是关于人的本质问题。应
该说,对于这一问题的答案,西方哲学史上的思想家们是根据自己的理解
作出了各式各样的回答。黄枬森先生在研究西方关于人的本质思想时,曾
将这些关于人的本质的解答概括为以下几点:(1)认为人就是一个由原子
构成的小宇宙。这是古希腊的德谟克利特和伊壁鸠鲁的观点。(2)认为人
是理性的动物。这是亚里士多德首先提出来的,后来的文艺复兴和启蒙运
动更是追捧这一观点。(3)认为人的本质是知、情、意的统一。古代柏拉图
和近代康德都有这样的思想。(4)认为人是政治的动物,社会的动物。(5)
认为人是能制造工具的动物。这是福兰克林提出来的。(6)认为人是符号
的动物,文化的动物。这是卡西尔提出的哲学命题。(7)认为人的本质是自
由。这个观点的代表人物有卢梭、萨特等。(8)认为人的本质是物质需要。
提出此观点的是弗洛姆①。

事实上,这些观点都只是从某些方面来探讨了一些人的本质特征。为
了能更好地辨明各种观点的长处和不足,黄枬森先生还接着对以上八种观
点进行了深入的分析和比较。在他看来,这些观点中,除了第一和第八两
种观点外,其他的观点基本上都能把人和动物区别开来,因而可以说在某
种程度上触及了人的一些本质特征。另外,黄枬森先生还指出,在所有这
些观点中,实际上涉及了人的本质特征的总共有七个方面,相互之间可以
取长补短,不过这些观点提及的人的特征都不是能最根本起决定作用的特
征。因此,如果要对人的本质作一个科学的完整的回答,就需要把上述这
些特征以及一些其他没有提及的特征综合起来,加以提炼和理论的抽象,
从而找出最本质的共性,最终获得更为完整的答案。否则我们对人的本质
究竟是什么的回答,就可能是一个片面的甚至是错误的答案。

实际上,在笔者看来,马克思有句话就是对西方哲学史上这些观点的
一个最好诠释和解答,即"可以根据意识、宗教或随便别的什么来区别人和
动物。一旦人开始生产自己的生活资料,即迈出由他们的肉体组织所决定

① 参见黄枬森:《哲学的科学化——黄枬森自选集》,北京:首都师范大学出版社2008年版,第
447—454页。

的这一步的时候,人本身就开始把自己和动物区别开来。人们生产自己的生产资料,同时间接地生产着自己的物质生活本身"①。很显然,马克思这段话清楚地表明了,在众多的关于人的本质的特征中,最根本的特征就是生产劳动,或者说是社会生产劳动实践,这实际上就是说劳动创造了人本身。因此只要我们能够做到从这一基本点出发,就完全可以把握人的劳动实践属性,进而突破西方人学理论的局限,从而对人的本质作出一个完整、科学的马克思主义的回答。

四、科学阐发当代中国人学建设的基本问题

改革开放以来,我们在马克思主义人学的研究领域取得了重大的进展,也公开发表了一批有价值的研究成果,然而我们却在一些人学问题甚至是基本问题上时有争议,这种局面对于建设当代中国人学非常不利。对此,黄枬森先生认为,这需要我们以马克思主义为指导,进一步对历史上各种中西人学思想加以认真地批判和借鉴,从而加强对中国人学建设一些基本问题的考察和研究,努力建构一个科学合理的马克思主义人学理论体系。为此,黄枬森先生从人学的对象和基本内容、人的发展及其规律、人学在科学体系中的地位以及"以人为本"的科学解读等方面,来对当代中国人学建设的这些基本问题作了一定的探究,并提出了不少观点。

(一)人学的对象和基本内容

在关于构建一门科学的理论形式上,黄枬森先生一直都有这样一个观点,即"一门科学的形成有最起码的三个要求:一个明确的能与相邻科学区别开来的对象;一系列有关这个对象的范畴和原理;一个由这些范畴和原理构成的有内在联系的思想体系"②。很显然,按照黄枬森先生的观点,现在我们要建构一个科学的马克思主义人学基本理论体系,也必须符合这一构建要求。这首先就必须要求有一个能与别的学科区别开来的,反映自身

---

①《马克思恩格斯选集》第1卷,北京:人民出版社2012年版,第147页。

② 黄枬森:《哲学的科学化——黄枬森自选集》,北京:首都师范大学出版社2008年版,第468页。

特征的明确的对象。

那么人学有自己的对象吗? 或者说人学到底要研究什么呢? 对此,黄枬森先生在总结历史上各种中西人学思想的基础上认为:"人学的对象当然就是人,但这个'人'是作为整体的人,而不是人的某一部分或某一方面,也不是大于人或多于人的东西。"①从这段话可以看出,在黄枬森先生看来,人学是有自己明确对象的,并且这个对象就是作为整体的人。就这点来说,人学具备了一个能与别的学科区别开来的,反映自身特征的明确的对象。应该说,黄枬森先生这一关于人学对象的说明既是简洁的,又是科学的,实际上这正是人学学科可以成立的最根本因素。事实上任何一门科学的任务不仅仅在于对自己对象的简单描述,而在于揭示其发展变化的内在一般规律。很显然,就人学来说,其揭示的内在一般规律应该是作为整体的人的发展变化规律,并不是作为人的某一方面的发展变化规律。从这个角度来说,正如黄枬森先生所说,既然人学揭示的内在规律主要是作为整体的人的发展变化规律,那么人学的对象自然也就是作为整体的人了。

为了能够进一步说清楚人学学科的对象,黄枬森先生还从学科研究的角度入手,特别对人学的研究对象的一般特征进行了总体归纳。他认为,人学的研究对象一般来说具有以下三个方面的基本特征:一是人学研究是针对一般的个人而不是针对由一切人构成的人类;二是人学研究不是对人的某些方面进行专门研究,而是对人的各个不同侧面进行总体综合研究,也就是说要获得作为整体的人的理解;三是人学对人的研究既有静态的方式,又有动态的方式,静态的要揭示人的本质,动态的要揭示人存在和发展的规律。

除了对象之外,在人学的基本内容方面,黄枬森先生也提出了自己的一些观点。在他看来,一门学科的对象决定了一门学科的基本内容。就人学来说,正因为人学有自己的特殊对象,从而也就决定了人学具有自己的特殊内容。人学作为研究整体人的一门学科,其基本内容一般应该有下列组成部分:一是人的现代图景,这主要是包括人与自然界的关系、人和社会的关系、人的历史、人的个人生活和社会生活等方面;二是人的本质;三是人的存在和发展规律。这三个部分相互有机联系,共同组成了人学的基本内容。

---

① 黄枬森:《哲学的科学化——黄枬森自选集》,北京:首都师范大学出版社2008年版,第469页。

总之,黄枬森先生的上述观点清晰表明,在当前我们的中国人学建设上,人学的对象和基本内容是一个最基本的,也是一个不应该被忽视的方面。尽管人学的对象和基本内容在很多人看来,似乎并没有多少值得研究的新颖地方,也不容易出研究成果,但在黄枬森先生看来,这却是异常重要的一个基础问题,因为这是马克思主义人学的基本问题,也是发展人学这门学科不能绕过的一个基本问题。

(二)人的发展及其规律

从理论上讲,人学作为研究整体人的一门学科,其不仅要对人进行一种静态的即关于人的本质的横断面研究,同时还要对人进行一种动态的关于人的发展的纵剖面研究。从这个意义上来说,人学除了要研究人的本质,还要注重对人的发展及其发展规律的研究。在这一方面,根据各种涉及人的具体科学为我们提供的各个侧面的人的发展细节,黄枬森先生为我们描绘了一个人学的科学体系图谱,这一图谱某种程度上提供了一个关于人的发展图景,也就是人的发展及其规律。

1. 人的发展

在人的发展问题上,黄枬森先生认为,人的发展应该包括两种发展,一是关于个体的人的发展,二是作为类的人的发展。在他看来,这两种发展实际上都是以人类社会的发展为基础的,因此要研究人的发展,还必须首先对人类社会的发展作一番研究。

黄枬森先生认为,在人类社会的发展理论上,马克思与恩格斯创立的唯物史观是目前最为系统和科学的理论。这一发展理论特别强调从生产方式的角度去认识人类社会的发展,因而对于研究人的发展及其规律必然有巨大的指导意义。当然如果我们从不同的角度去认识这一发展理论,也可得到不同的具体细节划分。比如《德意志意识形态》中就提出了关于人类社会发展的五形态理论,这一理论认为人类社会形态一般会经历从部落所有制(原始社会)到国家所有制(奴隶社会),到封建所有制,再到资本主义所有制和共产主义所有制的更替过程。可以说这一五形态理论是对人类社会历史发展规律的一次科学概括和判断。

此外,关于人类社会的发展规律,马克思后来在《政治经济学批判

（1857—1858年草稿）》中甚至还提出了一个三形态理论。根据这一理论，三形态是指人的依赖关系阶段、物的依赖关系阶段以及自由个性阶段。对此，黄枬森先生认为，实际上这种划分与五形态理论在本质上是一致的。因为在三形态理论中，马克思只是把原先五形态理论中的前三形态合并为一个形态，即概括为前资本主义阶段，然后再与资本主义阶段以及共产主义阶段共同形成三形态的理论。在前资本主义阶段，社会发展体现为一种对人的依赖关系，而在资本主义阶段，社会发展体现为一种对物的依赖关系，最后在共产主义阶段则会体现为一种自由个性发展。

不仅如此，在黄枬森先生看来，根据不同的情况和认识角度，人类社会的发展阶段还可以划分为二种形态。其一是把马克思提出的五形态理论中的中间三个形态加以合并，从而形成一个形态，即阶级社会形态。之后对应的就是五形态理论中剩下的两形态可以合并形成一种非阶级社会形态。其二是把五形态理论中的前四个形态合并成为一个形态，称之为"必然王国"形态，与之对应的就是五形态理论中的最后一形态，即共产主义形态，可称之为"自由王国"形态。但不管怎样，在黄枬森先生看来，"从以上论述来看，五形态也好，三形态也好，二形态也好，人类社会的发展总是一个从低级到高级、从野蛮到文明、从自发到自觉、从必然到自由的过程，这个过程就是人的发展的社会背景"①。

以人类社会发展为基础，关于个体的人的发展包含着若干个方面。黄枬森先生认为个体的人的发展过程，一方面既是人的身体的发展过程，另一方面也是人的实践活动和精神活动的发展过程。首先，是人的身体的发展，正常情况下人的一生从生到死，也就是几十年最多一百多年的发展过程。在黄枬森先生看来，除出生和死亡有明显的变化界限外，其余时间人的身体发展过程是一个逐渐变化的过程，当然也呈现出一定的阶段性。比如我们通常所提到的婴儿时期、少年时期、青年时期、中年时期、老年时期等。其次，人的发展还表现为一种人的实践活动的发展。在黄枬森先生看来，人的最基本的实践活动就是改造自然的生产活动，除此之外还有各种教育实践、生活实践等。某种意义上可以说，人的一生就是各种实践的总和。在这一过程中，人从实践活动的累积中慢慢地呈现出一个从低向高发展的过程，这一过程就是人的实践活动的发展。再次，人的发展还表现为

---

① 黄枬森：《哲学的科学化——黄枬森自选集》，北京：首都师范大学出版社2008年版，第501页。

一种人的精神活动的发展。对此,黄枬森先生认为:"人的精神活动是人的主观世界中的活动,它与实践活动的根本区别在于它限于主观世界之内,即大脑之内,而实践活动则超出了主观世界而涉及外部世界,并在或深或浅的程度上改变了外部世界。"①因此,人的精神活动的发展对于人的发展至关重要,因为人的精神活动的发展虽然是人的实践活动发展的产物,但是人的实践活动的发展却又离不开人的精神活动的发展,离不开人的精神活动对人的实践活动发展的指导。

关于作为类的人的发展,是人的发展的另一重要方面。在黄枬森先生看来,这不仅是人的发展的重要内容,而且也是个人与社会发展的重要基础,因为作为类的人的发展同个体的人的发展比较而言是有很大不同的。一方面从时间上看,很明显作为类的人的发展过程远远长于作为个体的人的发展过程,可以说作为类的人的发展过程从有人类以来就开始直到现在还远远没有结束。另一方面从形式上看,作为类的人的发展同作为个体的人的发展也有很大不同。很明显作为类的人的发展是一种抽象的发展,而作为个体的人的发展是一种具体的发展。此外,黄枬森先生还指出,研究人的发展问题时,还必须注意人类社会的发展与作为类的人的发展的区别。在他看来,人类社会的发展是一种整体性的历史发展,而作为类的人的发展则是分散地体现在个体的人的发展上。比如作为类的人的身体发展,主要经历了从猿到人的四个主要发展阶段,即猿的阶段、猿人阶段、智人阶段、现代人阶段等,而人类社会则不是。再比如作为类的人的实践发展,主要是在人的劳动实践基础上,表现为人的进化,而人类社会则不是,其主要表现在人类改造自然和社会的能力的不断提高上。不过黄枬森先生同样指出,尽管作为类的人的发展与作为个体的人的发展、人类社会的发展彼此间有很大不同,但三者都体现了一个共同的人的发展规律,即从简单到复杂、从低级到高级、从愚昧到文明的发展过程。

2.人的发展规律

经由前文论述,可以看出不论人的哪一方面发展,都体现了人的一种发展规律。那么人的发展规律到底是一种什么样的规律呢? 或者说有哪些规律呢? 应该说,这在目前的人学研究中仍然非常不明确。即使在一些

---

① 黄枬森:《哲学的科学化——黄枬森自选集》,北京:首都师范大学出版社2008年版,第506页。

具体的涉及人的研究领域中反映出某种规律性,但总体来说还是不均衡。
这种不均衡表现为:其一,关于人的自然属性的规律研究,特别是一些关于
人的具体生理方面的规律研究已经比较发达,但关于人的总体发展规律研
究相对薄弱。其二,关于人的分支学科建设较为发达,但关于研究人的总
体发展规律的人学建设相对落后。这实际上也正是当前我们要大力推进
人学建设的重要原因之一。

　　对于上述问题,黄枬森先生不仅看到了这种不均衡,而且他还在改变
这种状态方面做了自己的努力和尝试,为此,他提出了一些关于推进人学
建设的看法和观点。

　　首先,在把握人的发展规律方面,黄枬森先生认为应该以唯物史观为
指导思想,来重点把握住人的发展规律的一些关键特征。因为在他看来,
人学是历史唯物主义的学科,人学与唯物史观的关系,就如遗传学与生物
学的关系一样,显然生物学是遗传学的最直接指导学科,从这个意义上来
说,人学建设就应该以唯物史观为指导思想,进而来丰富其内容。比如在
对人的发展规律的把握方面,黄枬森先生就认为:"人的规律与自然规律的
区别比较明显。一般说来,自然规律中不包含人的意识的作用,是不以人
的意识为转移的,而人的规律则包括人的意识的作用,但也具有客观性,即
也是不以人的意识为转移的。"①从这段论述我们可以看出,在黄枬森先生
看来,人的发展规律与自然发展规律相比较,二者既存在不同之处,但更具
有某种相似之处。不同之处在于人的发展规律具有主动性,包含人的意识
作用,而除此之外,更多的则是和自然发展规律一样,具有一种不以人的意
识为转移的客观性,这显然就是历史唯物主义的观点。

　　其次,黄枬森先生还根据相关研究基础设计了一个关于人的规律的理
论框架。这一成果体现在其发表于《江海学刊》1997年第2期的《人的发展
规律》一文中。在该文中他从七个方面全面总结了人的发展规律:(1)和人
类社会一样,个体的人的形成和发展也是一个过程;(2)人的实践能力,即
改造自然、改造社会和改造自我的能力,是不断增长的;(3)人的平均劳动
时间日益缩短,人的自由时间在日益增加;(4)人的主体地位和主体性日益
增强,而自发性、盲目性在日益减弱;(5)人的自然存在是人的意识的自然
基础,但人的意识本身具有相对独立性;(6)人民群众在历史上的作用逐渐

---

　　① 黄枬森:《哲学的科学化——黄枬森自选集》,北京:首都师范大学出版社2008年版,第516页。

扩大和加强,杰出个人的作用在日益减弱;(7)人际关系在日益扩大、加深、多样化、复杂化,人与人更加互相依赖和互相作用①。

在人学建设的这种努力尝试中,或许黄枬森先生这时提出的这七条还不完善和成熟,但他的这一努力尝试无疑是具有某种启发意义的。可以说他最早建构这一关于人的规律的理论框架,某种程度上为后续研究打下了一定的基础。甚至就黄枬森先生本人以及他的学生来说,他们后来就在这一早先理论框架的基础上,从制定理论框架的原则入手,不断丰富完善,从而最终提出了一个相对更加科学完善的关于人的规律的理论框架。

在这一新的理论框架中,黄枬森先生首先确立了一些关于如何建构人的规律的理论框架的指导原则,主要有:(1)以唯物史观为指导思想;(2)人的规律应区分为作为个体的人的发展规律与作为类的人的发展规律;(3)规律都是具有普遍性、必然性的关系,人的规律也不例外;(4)人的规律的体系排列应遵循从简单到复杂、从外到内、从个体到类的原则。然后再根据这些原则,经过反复设计和整理,重新提出了一个新理论框架。在这一新的关于人的规律的理论框架中,人的发展规律同样具有七条:(1)人和环境相互作用的规律;(2)人的实践活动和其他活动之间相互作用的规律;(3)人的社会存在和意识相互作用的规律;(4)人的个体发展的有限性和类的发展的无限性相互蕴涵的规律;(5)人的实践的自发性递减与自觉性递增的规律;(6)特殊个人的作用递减与人民群众的作用递增的规律;(7)人的发展的不自由性、片面性递减和自由性、全面性递增的规律。

比较起来,如果就体系完整性而言,这个新理论框架相比前面的旧理论框架,更加具有某种合理性和系统性。一方面,这个新理论框架中,内容安排就显得更加条理整齐、思路清晰、逻辑顺畅,特别是前三条就是关于个体人的发展的规律,而到了第四条,则是关于个人与类的人的发展之间的关系,最后三条是关于类的人的发展规律。另一方面,在这个新理论框架中,对于设计时制定的原则贯彻得很明显,体现了诸如从简单到复杂、从个体到类的指导原则。比如,在五、六、七条规律中,它们的顺序排列就是根据他们相互之间的因果关系决定的,在五、六条之间五是因六是果,在六、七条之间六是因七是果。除此之外,在这个新理论框架中,黄枬森先生还阐明了研究马克思主义人学的一些方法和意义。比如:"所谓方法论原则,

---

① 参见黄楠森:《人的发展规律》,载《江海学刊》1997年第2期,第83页。

也就是研究人学的指导思想,亦即研究人学的一般思维方法。这种方法是由研究对象的本性决定的……下面我们只想挑选特别重要的几条谈一谈,它们是:系统论原则,分析和综合相结合的原则,抽象和具体、一般和特殊相统一的原则,历史唯物主义原则"[1]等。

总之,黄枬森先生对于有关人的发展及其规律的研究做出了贡献,他的相关研究思想也给了我们很大的启发。这种启发具有一种引领意义,比如在实际的人学研究中,我们就可以从对人学研究对象的分析中来进一步寻找关于人学研究的一些方法论原则,从而作为宏观的总体的指导。在推进人学建设的过程中可以看出,实际上辩证唯物主义的三大原理,就对人学研究具有这种指导意义,而其他的一些诸如历史和逻辑相一致等具体原则,经过一种适当的应用,在人学建设过程中也可以成为一种方法论原则。

(三)人学在整个科学体系中的地位

研究人学,除了研究人学自身内部的各种关系,还必须处理好人学与各种外部学科之间的关系,从而加以正确定位。这实际上就涉及了关于人学在整个人类科学体系中的地位问题。对于这一问题,黄枬森先生认为必须加以重视。为了能更清楚地阐述人学的学科地位问题,黄枬森先生特别援引了钱学森关于科学技术体系的观点,并以这一观点为基础对人学的学科地位问题加以了说明。

在钱学森先生提出的科学技术体系中,钱学森先生把马克思主义哲学即辩证唯物主义世界观置于最高层次。之后位于第二层次的就是通常所说的十大部门哲学了,如历史唯物主义、自然辩证法、系统论、认识论、数学哲学、人天观等。接下来位于这一体系第三层次的则是与上述十个部门哲学对应起来的十大科技部门,比如社会科学、自然科学、系统科学、思维科学、数学科学、人体科学等。在黄枬森先生看来,钱学森先生的这一科学体系结构一目了然,结构合理,具有重要的指导意义。之后黄枬森先生还以这一体系为基础,就人学在整个人类科学体系中的位置作了设计,提出了自己的观点。比如他认为:"人学与一般社会学虽有这种层次之分,但由于它的重要性,我们可以把人学与历史唯物主义并列,取代上述科学体系第

---

① 黄枬森、韩庆祥:《关于建构人学的几点设想》,载《社会科学战线》1989年第3期,第67页。

二层的人天观,把人的科学列入第三层取代人体科学。"①

按照这一思路,人类科学体系的最高层次仍然是辩证唯物主义世界观,第二层次则是包含人学在内的十个部门哲学,第三层次则是对应的十大科技部门,包括与人学对应的人的科学。可以看出,人学在这个新的人类科学体系结构中是具有很高的特殊地位的,正是由于人学的这一特殊地位,与此相联系也就形成了人学与其他学科之间的那种密切相连的关系,具体说来就是一种既相互区别又相互联系的关系。在研究这一关系的过程中,黄枬森先生认为至少有三种学科与人学的关系较为复杂,因而必须弄清楚。这三种学科分别是哲学、人类学和人的科学。

在这三种学科与人学的关系中,首先就是如何看待人学与哲学的关系。对此,我国哲学理论界曾存在这样一种流行观点,该观点认为那种传统的本体论已经过时了,近现代西方哲学已经完成从本体论向认识论(如笛卡尔、康德等)或实践论(如马克思)的转变,而这后两种理论都是关于人的理论,或者说是以人为主导的理论,从这个意义上来说,哲学实际上就是人学。对于这种或类似观点黄枬森先生是从不同意的。他说:"从古到今所说的哲学实际上不是一门学科,而是一个学科群。……所谓'哥白尼式革命'不过是哲学内部重点的转移,历史上发生的不过是研究重点从本体论向认识论、实践论的转移,并没有发生认识论、实践论取代、消灭本体论的事实。"②因此,在黄枬森先生看来,在哲学史上,发生的本体论向认识论、实践论的理论转变,究其本质实际上是不同历史时期一种研究重心的转移,这种转移只是对某一研究领域的补充或强调,而绝不是一种理论替代过程,也就是说并非是认识论、实践论替代了本体论。或者说,并非是以人为研究出发点的认识论、实践论替代了以整个世界为研究出发点的本体论。从这个意义上来说,人学并不能等同于哲学。

此外,我国哲学理论界还有一种观点提出,尽管哲学作为一种本体论或世界观具有普遍的意义,但这一理论体系归根到底还是为了人的发展,因此从这种逻辑上来说,哲学也可以看成是人学。对于这种说法,黄枬森先生也是不赞成的。他认为如果把哲学研究目的为了人这一事实,当成哲学就是人学的理由,显然是荒谬的。因为从道理上来说,我们人类所从事的哪一种研究其目的不是为了人呢? 比如物理学,难道物理学也是人学

① 黄枬森:《哲学的科学化——黄枬森自选集》,北京:首都师范大学出版社2008年版,第479页。
② 黄楠森:《人学的足迹》,南宁:广西人民出版社1999年版,第37页。

吗? 在黄枬森先生看来,显然这种观点并没有弄清楚人学的真正内涵。

那么人学与哲学究竟是什么样的关系呢? 对于这一关系,黄枬森先生给出了自己的看法。他认为哲学可以包括人学,但绝不等同于人学。事实上,从前文所述的黄枬森先生提出的人类科学体系结构中就可以看出这种关系。总结来说,黄枬森先生提出的关于人学与哲学的关系的这一观点,对于建设当代中国人学是有一定的指导意义的。因为过去我们的理论界一直把哲学和人学混为一谈,过多强调本体论进而对于人的研究有所偏废,这样的局面既不利于哲学自身的发展,也非常不利于人学的发展。比如人学理论的实际发展过程中人学一直没有自己的明确对象,进而造成人学作为一门完整的独立的学科迟迟不能建立起来。

说人学不等同于哲学,强调把人学和哲学区别开来,这并不等同于把二者割裂开来。为了防止对于这一关系的认识走向另一个极端,黄枬森先生特意指出:"我主张把人学和哲学区别开来,决无把二者分割开来之意,它们之间是局部与整体之间的关系,或者说,特殊与一般的关系,二者当然是无法分开的。没有明确的区分,就没有正确的结合。把人学和哲学明确区别开来,它们就可以正确地结合起来,这会使二者互相促进,相得益彰,两利而不致两伤。"①

显然,在黄枬森先生那里,人学虽不等同于哲学,但与哲学也不是对立的。不仅如此,人学作为哲学的一个分支学科,它们之间实际上是局部与整体、特殊与一般的关系,从这个意义上来说,两者之间是有机统一的,当然更不会割裂对立。现状之所以要强调将二者区别开来,目的只是为了两门学科的更好发展,避免在研究过程中含糊不清,相互干扰。

其次,就是如何看待人学与人类学的关系。对此,黄枬森先生同样认为,二者是有根本区别的。因为二者的对象根本不同,人学的对象是作为整体的个人,而人类学的对象则是人类。显然由于个人与人类的区别是非常明显的,所以人学与人类学之间的那种区别也是很容易理解的。不过近几十年来,在西方国家兴起了一种新的被称之为哲学人类学的学科,这一学科也强调从本质上去把握那种作为整体的人类,并进一步去理解完整意义上的个人,这种研究思路与人学非常相似,实践中难以区别。为此,黄枬森先生还特意对人学与西方哲学人类学的区别作了一番详细的研究和说

① 黄楠森:《人学的足迹》,南宁:广西人民出版社1999年版,第41页。

明。在他看来,二者之间的区别表现在三个不同的方面:其一,哲学人类学主要是从人类生命的某些现象出发来理解人的本质和完整性。而人学所要达到的人的完整性则是根据人的各个不同侧面,对此加以综合而得到的,可以说这是目前所能形成的关于人的最完整图景。其二,哲学人类学往往只注重研究关于人这个类的种种方面,相对忽视对有关个人的论述。而人学研究的对象——人——虽然也离不开那种作为类的人,但这个类只是某种现实个人的抽象,相比较而言人学更注重研究个人。其三,哲学人类学在研究过程中缺乏对人的实践活动和社会关系的重视,而与此不同的是人学则是在研究人的实践活动和社会关系的基础上来研究人。

最后,就是如何看待人学与人的科学的关系了。关于这一对关系,黄枬森先生也有自己的理解。比如,他曾经提出:"我们把人学看成一门科学,把人的科学看成多门科学,人学是关于人的整体的科学,人的科学是关于人的某一方面的科学,是人学的分支科学。"①可见,按照黄枬森先生的理解,人学与人的科学的关系非常清晰明了。因为在整个人类科学体系中,人学是居于第二层次的科学,而在逻辑上与其对应的就是位于第三层次的人的科学。因此,从结构上来说,人学是包括了广大的关于人的具体学科领域在内的,并且在这个领域内,如果有必要,各个不同领域还能同其他部分区别开来,进而形成一门相对独立的学科。比如在实践中的人体组织学、个人法学等,某种意义上可以说这些学科实际上已经形成了若干个关于人学的分支学科。在黄枬森先生看来,根据对人的属性的区分,还可以把人学的各种分支学科分为三个不同大类,即人的自然科学、人的社会科学、人的精神科学,当然这样的区分只是相对的,他们之间往往更具有一种相互渗透的关系。

总之,通过深入研究,黄枬森先生为我们呈现了一个有关人学的体系结构图,阐明了人学在整个体系中的地位,指明了人学的发展方向,正如他所说:"人的科学可以成为人学及其分支学科的共名。在人的科学中,人学作为一门关于人的综合性的理论学科,将发挥指导作用,而各门分支学科将成为人学的基础,人学将带领这个学科群加入人类的科学体系,在其中占有不可缺少的一席地位。"②

---

① 黄枬森:《哲学的科学化——黄枬森自选集》,北京:首都师范大学出版社2008年版,第485页。

② 黄枬森:《哲学的科学化——黄枬森自选集》,北京:首都师范大学出版社2008年版,第487页。

(四)对"以人为本"的人学解读

自2003年党召开的十六届三中全会之后,"以人为本"一词开始正式出现在党相关的文件上。此后我国马克思主义理论界也对"以人为本"给予了极大的关注,特别是对于"以人为本"的科学内涵、"以人为本"与马克思主义理论体系的关系、"以人为本"对建设中国特色社会主义的作用等一些重要问题都进行了研究,并在这一过程中发表了大量的观点。这些观点从总体上来说,对于如何理解"以人为本"和促进中国特色社会主义的建设和发展有重要的借鉴作用。

然而,尽管这些观点大体上是具有一致的看法的,但是在对一些细节的理解上仍然存在着一些分歧,甚至产生针锋相对的看法。比如,"以人为本"中的"人"究竟指哪些人? 怎么来理解"以人为本"中的"本"? 又是谁来"以人为本",怎样做到"以人为本"? 等等。

总结起来看,在这些分歧中,归根到底,可以说如何理解"以人为本"在马克思主义理论体系中的位置则是产生这些分歧的根本。在黄枬森先生看来,承认"以人为本"是马克思主义社会理论的最高原则,是解决这些分歧的根本。他说:"以人为本是不是马克思主义社会理论的最高原则? 这是毫不为奇的,实际上这场争论已经延续了近一个世纪,短时间内是不会停息的。"[1]为什么说这是一个长期的分歧,短时间内不会停息呢? 因为黄枬森先生对此从人学的角度进行了解读,在他看来,"人道主义就是人本主义,人本主义就是以人为本思想,关于以人为本的争论实际是关于人道主义争论的继续"[2]。

正是根据这一角度去理解上述问题,黄枬森先生才认为,现在我们理论界围绕"以人为本"的争论,实际上就是多年前关于人道主义争论的某种继续,从这个意义上说,理论界关于"以人为本"的理解分歧实质上就是对于"人道主义"理解的分歧。因此在黄枬森先生看来,要澄清现在关于"以人为本"的分歧,就必须重提以前关于"人道主义"的一些争论。在人道主义的大讨论中,黄枬森先生主张马克思主义批判地吸收了人道主义的价值观,而否定和超越了人道主义的历史观。由此黄枬森先生进一步认为,我

---

① 黄枬森:《哲学的科学化——黄枬森自选集》,北京:首都师范大学出版社2008年版,第544页。
② 黄枬森:《关于以人为本的若干理论问题》,载《中共中央党校学报》2007年第2期,第18页。

们讨论"以人为本"在马克思主义理论体系中的地位问题也要从这个方面去理解。用直白的话说,也就是说"以人为本"究竟是反映了一种价值观呢?还是体现了一种历史观呢?显然,在黄枬森先生这里,答案是肯定明确的,即"以人为本"逻辑上体现了一种价值观。

应该说黄枬森先生的这一观点较有价值,特别是在驳斥一些学者借中央提出"以人为本"的机会来宣扬资产阶级人本主义历史观方面发挥了巨大作用。黄枬森先生在中央提出"以人为本"的根本原则后,曾连发数篇文章,提出了他自己的关于"以人为本"的系列观点,阐明了自己的立场,同时也指出了对"以人为本"加以资产阶级人本主义历史观理解的那种错误倾向。虽然黄枬森先生的这些观点引起了我国广大哲学社会科学理论工作者和研究者的重视,得到了不少人的认同,但与此同时也受到了不少的质疑和否定。这种赞成和否定在某种意义上可以说,形成了继20世纪80年代那场人道主义讨论后的又一次小规模的关于人道主义的讨论。

举例来说,在上述争论中,黄枬森先生就提出,"'以人为本'(或人本主义)与辩证唯物主义何者更为根本?哪一个是最高指导原则?是在辩证唯物主义世界观与历史观的前提下谈以人为本,还是在以人为本的前提下谈人类社会历史的发展?我国理论界还没有谁如此尖锐地提出这个问题,但实际上意见分歧是存在的"[①]。如何理解黄枬森先生的这一看法呢?在笔者看来,价值观,实际上指的是日常生活中人们处理和解决一个问题时所表现出来的态度、方式、方法,这里黄枬森先生视"以人为本"思想为一种价值观,即说明每个人都应该抱着以人为根本的态度、方式、方法来处理日常生活中的问题,但并非表明一种人为根本的世界观。从这个意义上来说,"以人为本"作为重要的理论内核和指导原则虽然对科学发展观理论有重要的指导作用,但理论上来说它绝不是科学发展观的最高指导原则。在黄枬森先生看来,科学发展观的最高指导原则应该只能是辩证唯物主义,或唯物史观原则。他还以此为理论前提,进一步向我们说明了不能以人本主义作为世界观,达到取代马克思主义的辩证唯物主义世界观的目的。当然黄枬森先生同时认为,把辩证唯物主义世界观作为科学发展观的最高指导原则,并不排斥"以人为本"价值观巨大的现实指导意义,特别是其在科学发展观理论体系中的核心理论地位。

---

① 黄枬森:《"以人为本"原则在科学发展观中的位置》,载《中共中央党校学报》2006年第1期,第20页。

总之，在人学研究方面，黄枬森先生提出了一系列新颖的关于马克思主义人学方面的重要观点。可以说他的这些观点涉及当代中国人学建设的多个方面，从而不同程度地推动了当代中国人学建设的发展。不仅如此，黄枬森先生还积极倡导、推动当代中国人学这门新学科的建立与发展，比如，他发起全国性的"马克思与人"的大型学术研讨会，领导参与成立了中国人学研究学会等。可以说，黄枬森先生在当代中国人学建设和研究方面的成果及其贡献都是显著的，在某种程度上发挥了示范作用，从这点上来说，可以看作是他引领了当代中国的人学研究。

第六章　谱写新篇：
经济文化理论的哲学研究

　　由于经济全球化的快速发展和文化产业的崛起,近年来经济与文化问题成为经久不衰的热门话题。紧跟时代脚步的黄枬森先生对经济文化理论,尤其是文化基础理论的哲学研究一直非常重视,在这方面也发表了大量的研究成果,这既是他晚年谱写的一个新篇章,又是他整个哲学思想重要的有机组成部分。本章主要根据黄枬森先生发表的相关理论成果,从他对社会主义市场经济的哲学思考以及对文化基本问题、对古今中西文化的比较、对中国特色社会主义文化理论的内涵理解等一些方面阐发他的相关思想。

一、建立社会主义市场经济的哲学思考

　　社会主义制度在我国建立后,摆在中国共产党面前的一个重大问题就是建设社会主义应当实行什么样的经济体制。在这样一个选择过程中,中国共产党实际上经历了两次重大的选择。中华人民共和国成立初期,由于生产力水平低下,国民经济实力薄弱,在这样的条件下,我们选择了计划经济体制,这有利于有效地、迅速地集中全国力量来恢复国民经济,因而计划经济在我国社会主义建设初期发挥了不小的作用。但高度集中的计划经济在实际运行过程中也暴露出不少弊端,针对这些经济建设过程中的问题,党的第一代中央领导集体就曾进行了积极的探索。而到了改革开放以后,以党的十一届三中全会为标志,随着经济体制改革不断深化和理论创新,最终建立社会主义市场经济体制成为我们经济体制改革的目标。在黄枬森先生看来，如何建立社会主义市场经济虽然是一个经济学问题，但也是一个哲学问题。作为从事哲学专业的工作者，就必须学会运用马克思主义的基本观点来剖析有关建立社会主义市场经济的重大问题，这既有理论价值，也有实践价值。

（一）社会主义市场经济的本质

社会主义的本质是解放生产力，而要解放生产力就离不开必要的改革。改革虽然是一场革命，但不是改变基本经济制度，而是对原有经济体制的变革。我国改革开放后相当长的历史时期内，经济体制改革的核心问题就是正确认识和处理计划与市场的关系。随着社会主义市场经济体制的基本建立，如何从社会化大生产的角度来理解和把握市场经济，抓住本质，加快发展，就成为重要的理论议题。在黄枬森先生看来，要理解和把握好社会主义市场经济的本质，就必须先行解答好社会主义市场经济和资本主义市场经济的区别所在这一问题。

黄枬森先生将二者的区别归结为以下几点：一是二者经济活动的目的不同；二是二者各自的主体不同；三是二者的调控力量和调控方式不同；四是二者各自的对应分配方式不同；五是二者经济活动的指导思想不同；六是二者各自体现的价值观不同。这六个方面从整体上将二者区别了开来，因此黄枬森先生说："从上可见，社会主义市场经济和资本主义市场经济有本质区别，不能混为一谈。弄清楚了二者的本质区别，我们就可以讨论社会主义市场经济的本质了。"[1]

那么社会主义市场经济的本质究竟是什么呢？在黄枬森先生看来，这一个问题可以分两个方面的层次来回答。从普遍的市场经济层次来说，市场经济的本质就是人类劳动生产的社会化。随着人类生产有了一定的发展，开始出现了原始的社会分工，也形成了人与人之间的一种特殊社会关系。从这个角度来说，市场经济作为一种经济形式无疑早在私有制社会中，特别是在资本主义条件下就得到了发展，这也是我们过去视市场经济专属于资本主义的主要原因。而事实是市场经济作为一种以市场来进行资源配置的经济形式，在社会化大生产前提下，它具有一种普遍适用性，就是说社会主义也可以搞市场经济。因此，从特殊的社会主义市场经济的层

---

① 黄枬森：《黄枬森文集》第6卷，北京：中央编译出版社2012年版，第50页。

次来看,社会主义市场经济的本质就既具有普遍性,同时又具有特殊性。普遍性在于,社会主义市场经济也是以市场作为资源配置的基本手段和方式;特殊性在于,社会主义市场经济条件下,市场的作用是在社会主义条件下进行的。正因为如此,黄枬森先生认为:"社会主义市场经济的本质就是在社会主义条件下提高生产社会化的程度,实现生产的现代化。"①所以,在黄枬森先生看来,社会主义市场经济的本质是与社会主义的本质,也就是解放生产力分不开的,目的是实现生产的现代化,来达到解放生产力、发展生产力的最终目标。

根据黄枬森先生的这一理解,正确看待我国的经济体制由计划转向市场也就不难做到了。正如前文所说,改革虽然是一场革命,但不是改变基本经济制度,而是对原有经济体制的变革,目的是为了解放和发展生产力,这是社会主义制度的本质要求。尽管人们的思想总会有或多或少的刻板效应,但如果我们能够做到从哲学的角度看待经济体制改革,自觉运用辩证法,中国特色社会主义市场经济体制可以更快地、更完善地建立起来。

(二)建立社会主义市场经济需要解决的矛盾

市场经济概念在理论上的突破,虽然为我们进行经济体制改革确立了明确的目标,但在具体的改革过程中,中国特色社会主义市场经济的建立还需要解决一系列的矛盾。从哲学的角度来说,社会主义市场经济作为发展中的新生事物,不仅有矛盾,而且充满了各种矛盾,这也是其自身发展的动力所在。

对此,黄枬森先生认为,我们要建立的社会主义市场经济本质上是一个复杂的社会工程,因此必须处理好诸如中央和地方、企业和个人等一系列的矛盾。而在他看来,首先必须处理好的矛盾就是计划和市场的矛盾。因为在社会主义市场经济条件下,计划不是销声匿迹了,而是仍然发挥着一些重大作用,特别是在国家对市场经济进行宏观调控过程中,它的作用非常关键。所以,对于上述问题黄枬森先生曾这样指出:"近来社会上形成一种倾向,似乎社会主义市场经济完全不要计划,这是天大的误解。社会主义市场经济决不是不要计划,而是要更好地处理计划与市场的关系。"②

---

① 黄枬森:《黄枬森文集》第6卷,北京:中央编译出版社2012年版,第52页。

② 黄枬森:《黄枬森文集》第6卷,北京:中央编译出版社2012年版,第53页。

可见，在社会主义市场经济条件下，计划和市场的关系仍然是一对重要的关系，需要妥善处理好，也只有这样才能实现二者之间相互推动、相互补充，从而促进社会主义市场经济的健康发展。

除了计划和市场的矛盾之外，在黄枬森先生看来，建立社会主义市场经济还必须处理好公有制和私有制以及所有权和经营权等一些主要矛盾。这些矛盾在建设社会主义市场经济的过程中，也都必须加以认真研究和对待，进而在实践中加以正确处理。否则会直接影响到社会主义市场经济的建立，甚至影响到社会主义的命运。比如就所有权和经营权的矛盾来说，这个矛盾主要存在于国有企业内部，在以前计划经济时代，国有企业的所有权和经营权都属于国家，因而不存在这种矛盾。但社会主义市场经济的实行，为了使企业提高活力，二者就需要进行分离，所有权属于国家，经营权属于企业。在这一过程中，如果所有权人放任，所有权就会名存实亡，如果所有权人管得太多，企业活力就会被削弱，这样一来，由于利益主体不同，二者之间的矛盾就显现出来了。因此，在黄枬森先生看来，只有从马克思主义哲学基本原理出发，正确认识和处理好二者之间的对立统一关系，把握好度，辩证地看待二者之间的相互关系，才能正确地解决这一对矛盾，从而有助于社会主义市场经济的发展。

(三)社会主义市场经济与人的主体性发挥

在黄枬森先生看来，建立社会主义市场经济的指导思想，或者说社会主义市场经济理论的哲学基础实际上就是马克思主义哲学。由于历史条件限制，马克思主义哲学史上的经典作家没有也不可能来研究这一问题。但随着我国经济体制改革的推进，计划经济向市场经济的转变，社会主义市场经济理论的哲学基础就凸显了出来。特别是在这一过程中，人的主体性问题成为哲学理论界的热议话题之一。

之所以出现这种局面，有学者认为，是因为计划经济时代人的主体性被压抑了，而现在市场经济的推行则大大地释放了人的主体性。对于这种观点，黄枬森先生并不完全赞成。在他看来，在计划经济条件下，人的主体性也有一定程度的发挥，因为人的实践活动本身就是一种有目的、有计划的活动，而非本能活动。比如，中华人民共和国成立后的一段时间，我国广大的劳动者的主体性就曾突显过，特别是"一五"计划期间，为国家的经济建设发挥过巨大作用,这是有目共睹的。

当然,说计划经济条件下,人的主体性也有一定程度的发挥,并非否认市场经济条件下,人的主体性能得到更大程度的发挥。在黄枬森先生看来,尽管计划经济条件下,人的主体性也有一定程度的发挥,但也确实在很多方面受到限制。比如劳动者劳动的好坏就与他的物质方面的利益难以联系起来,在生产力水平还不高的时代,这种脱离就大大地削减了人的劳动积极性。因此,相比较起来,在这方面市场经济更有利于发挥人的主体性,调动各方面积极性。为此,黄枬森先生主张,在社会主义市场经济条件下,物质利益方面的激励作用对于更大程度地发挥劳动者的积极性是非常重要的。但也不是万能的,社会主义市场经济条件下,发挥人的主体性作用还必须加强思想政治工作,提高劳动者觉悟,革新管理方法,真正发挥劳动者的主人翁地位。总之,在黄枬森先生看来,"在社会主义市场经济体制下如何更好地发挥人的主体性,可以归结为两个方面,一是调整社会经济体制的各个环节,使之更加合理,以利于人的主体性的发挥,这是集体的主体性;一是调动个人的主体性,这是个体的主体性。社会主义市场经济对于调动这两种主体性都比计划经济更为有力"①。

二、文化理论的几个基本哲学问题

近年来,由于全球化的发展和信息时代的到来,文化问题成为理论界研究的热门话题。在这一过程中,关于文化方面的各类著作和论文大量发表,可以说呈现出一片繁荣景象。不过值得注意的是,这其中不少人都仅仅是热衷于研究文化的潮流话题,相对而言对于一些重要的但却又枯燥乏味的文化基本理论哲学问题往往少有人问津。对于这一理论研究局面,黄枬森先生一方面投入大量精力进行一些文化理论的引领性研究,另一方面他身先士卒,以马克思主义为指导,深入地分析和研究了一些枯燥的、易被大家忽视的文化基本理论哲学问题,诸如文化的概念、文化的本质、文化的分类等,从而为进一步研究文化问题奠定了基础。

---

① 黄枬森:《黄枬森文集》第6卷,北京:中央编译出版社2012年版,第61页。

（一）文化的概念

近些年，虽然有关文化问题的相关研究一直很热，但学术理论界对于什么是文化，或者说文化的含义究竟怎么来定义，一直没有一个能得到公认的说法。这种众说纷纭的局面，导致很多学者没有也不愿意去思考这样一个令人乏味的文化基本问题，结果文化便成了一个既成的、不证自明的抽象概念，各说各理。这种局面的后果是，形式上文化研究看起来异常繁荣，但实际上缺少一个统一的标准来形成文化的理论体系，表现在现实中就是各个不同文化领域的研究往往会在某种程度上出现一些争论。

对于上述状况，黄枬森先生认为，当务之急必须首先形成一个关于如何理解文化内涵的统一认识，然后再以此为基础进一步推动文化其他方面研究的发展。对此他曾经指出："'文化'一词可能是各种论文著作和日常语言中含义最为分歧，使用最为随意的名词之一，要求全社会都按照一个同一的定义来使用它当然是做不到的，也是不必要的。但当我们把文化问题作为一个理论问题来研究，特别是作为有中国特色的社会主义文化建设来研究的时候，我们对文化的含义必须有一个比较合理因而比较统一的理解，这是文化研究和文化建设必须首先解决的前提，否则研究与建设都无从谈起。"[1]

根据黄枬森先生的这一论述，可以看到在日常语言中，"文化"一词确实存在多种理解，但如果把它作为一个理论上的问题来研究，还是必须解决一个统一的理解的问题，这就是说文化问题研究的基础应该是从最基本的概念开始，力求获得一个科学合理的一致的理解。实际上也只有这个基础概念问题处理好了，才能为进一步的研究打下必备的基础。所以，黄枬森先生在对文化问题进行研究时，首先指出"要研究马克思主义文化理论无疑首先要弄清楚文化这个概念。要弄清楚一个概念的含义必须从内涵和外延两个方面着手"[2]。

1.关于文化的内涵

关于文化的内涵，通常这一理解可以看作是对文化的定义。有学者曾

---

[1] 黄枬森：《论文化的内涵与外延》，载《北京社会科学》1997年第4期，第11页。

[2] 黄枬森：《哲学的科学化——黄枬森自选集》，北京：首都师范大学出版社2008年版，第569页。

做过粗略统计,文化的定义甚至多达360多种,由此可见文化内涵的复杂性与不确定性。对于这种状况,黄枬森先生曾经指出,"一个概念的内涵指它的定义,而定义必须揭示这个概念所指该类事物的本质"①。因此,在黄枬森先生看来,在研究文化概念这个问题的过程中,就需要从人类本质入手,揭示文化的那种共性,进而去把握科学的文化内涵。为此他特意说:"不管人们对文化的定义有多少,若只问它是那一类社会现象,人们的看法还是比较一致的。几乎各种论著都指出,文化的含义有广义与狭义之分,广义的文化现象等同于社会现象,狭义的文化现象就是精神现象,不包括客观现象或物质现象。"②

为了进一步说明上述关于文化内涵的问题,黄枬森先生还特意选取了《中国大百科全书》社会学卷以及哲学卷中关于文化的定义,然后对此加以了比较分析。经过一番推敲和研究,黄枬森先生认为,"概括起来讲,主要的理解有二:广义的文化指人所创造的一切物质的、制度的(关系的)、精神的东西,实际上就是整个人类社会及其赖以存在的经过人改造过的自然物和人所创造的精神产品;狭义的文化指人所创造的一切精神的东西,即观念文化。从今天人们的多数使用来看,文化实即观念文化,这不仅表现在人们常说的'文化教育'、'文化活动'、'文化工作'、'文化事业'等用语中,也表现在'食文化'、'穿文化'、'酒文化'、'茶文化'等用语中"③。实际上从黄枬森先生的上述论述中可以看出,在文化内涵的理解上,他是主张将其分为广义和狭义两种情况来理解的。不过,黄枬森先生又认为,人们日常生活中常说的文化实际上只是反映了文化的那种狭义内涵,也就是说文化内涵的理解以狭义为普遍。所以,黄枬森的看法是,"对文化作狭义的理解是具有更广泛性的趋势,而且从文化理论和文化建设来讲,应该使用狭义的理解。狭义的文化是严格意义的文化,即人类的精神现象和精神产品"④。

为什么要提倡使用这样一种狭义的文化内涵呢?黄枬森先生认为这是历史发展的结果。在他看来,使用"文化"一词有一个清晰的趋向狭义内

① 黄楠森:《论文化的内涵与外延》,载《北京社会科学》1997年第4期,第11页。

② 黄楠森:《论文化的内涵与外延》,载《北京社会科学》1997年第4期,第11页。

③ 黄楠森:《建设中国现代化文化的几个理论问题》,载《高校理论战线》1996年第4期,第34页。

④ 黄枬森:《哲学的科学化——黄枬森自选集》,北京:首都师范大学出版社2008年版,第570-571页。

涵的历史过程。比如自20世纪以来，就有众多的理论家、哲学家以及社会学家在对人类社会的历史进行研究分析时，不约而同地出现了把经济、政治和文化三者并列起来使用的情况。甚至可以说不论是西方学者还是马克思主义学者，都出现了这种并列起来使用的情况。而把经济、政治和文化三者并列起来使用，则在实质上就是给予文化概念一种狭义的理解，从某种意义上可以说，这种作狭义理解的做法已在理论界成为一种普遍性的趋势。

为了说明上述趋势，黄枬森先生还举例加以说明，"例如英国著名历史哲学家汤因比的文明形态理论认为人类社会表现为各种文明形态，而文明包括三个组成部分，即经济、政治和文化。又如近年来在国际理论界引起很大争议的美国学者亨廷顿的文章《文明的冲突》也是把文化与经济、政治并列。还应指出，在日常用语中，文化一词常常有更狭义的使用，如文化工作指文学艺术、新闻出版、博物馆、图书馆、文化馆等项工作，文化程度指教育程度，文化水平指知识水平等"[①]。除了上述西方学者习惯把经济、政治和文化三者并列起来使用，从而对文化作一种狭义的理解，在黄枬森先生看来，实际上就是马克思主义者往往也是经常使用关于文化内涵的狭义理解。比如黄枬森先生认为，伟大的无产阶级革命家毛泽东同志在其著作《新民主主义论》中就实际上提出了将经济、政治和文化三者并列的一种社会结构理论，这里的文化就是作一种狭义的理解。

当然，尽管马克思主义学者也像西方学者那样，对文化内涵作一种狭义理解，但在黄枬森先生看来，马克思主义学者对文化内涵问题的表述是与西方学者截然不同的，因为马克思主义学者持有的是一种对文化内涵的唯物史观的理解，而西方学者则往往是一种唯心史观的理解。具体来说，这种不同表现在前者把文化看作是经济和政治的反映，而后者则把文化看作是人类某种最根本的活动，因此认为文化某种程度上决定着经济和政治，这实际上唯心地夸大了文化的地位和历史作用。不过对于文化内涵的狭义理解，黄枬森先生也指出，从形式上来说，"不管人们如何理解三者的关系，只要把三者并列，就是承认文化不是经济、政治，而是经济政治以外的东西，即精神活动及其产品。这就是前面提到的狭义的理解"[②]。

总结来看，在如何理解文化内涵的这一问题上，尽管有不同的理解和

---

① 黄枬森：《哲学的科学化——黄枬森自选集》，北京：首都师范大学出版社2008年版，第571页。
② 黄楠森：《论文化的内涵与外延》，载《北京社会科学》1997年第4期，第12页。

分歧,但总体来说,狭义的理解往往是更具普遍性的,被大家广泛使用的一种理解。不过,在这一使用过程中,实际上存在两种外在形式相似,但本质内容却根本对立的两种文化内涵,即唯物主义文化观与唯心主义文化观,或者说唯物史观与文化史观。这必须引起我们的注意,因为这两种关于文化内涵的观点在形式上具有相似性,但是唯心主义文化观对文化的本质认识却与唯物主义文化观根本不同甚至对立。二者之间这种不同和对立,实质上就是在文化的本质内涵理解上的一种唯物主义与唯心主义的不同和对立。有了这样一个区分之后,科学定义文化的内涵就变得可以实行了。而黄枬森先生在进行了一番分析之后,就是以唯物史观为指导,给出了他的关于文化内涵的狭义方面的明确定义,即"文化是人类的精神活动及其产品,是经济和政治的反映,归根到底是人类物质活动的反映"①。

然而,对于上述的黄枬森先生的这一观点,也有一些论者并不赞同。比如,青岛社科院的杨曾宪先生就在其发表于《理论学刊》1999年第3期的《试论文化的本质及分类——兼向黄楠森先生请教》一文中,就上述问题提出了不同的看法。杨曾宪先生说:"黄先生要对广狭两种文化'验明正身'取'狭'弃'广'的作法,笔者却不敢苟同。"②因为在杨曾宪先生看来,狭义的文化并不能称之为一种严格意义上的文化。相反"只要把握住特定语境,我们便不难确定各种'文化'的特指内涵,完全不需要重新给文化规定本质,甚至将'广义文化'排斥出去。如果那样的话,文化的本质恰恰给掩盖了,我们真的要搞不清什么是'文化'了"③。

对于上述这种理论上的分歧,在笔者看来,这实际上就是一种从唯物史观出发还是从文化史观出发,从而来理解文化内涵的分歧。因为,正如前文所言,文化的内涵作为文化理论的一个基本问题和重要前提,它的明确界定是非常必要和关键的。如果不对此加以本质区分和科学明确的说明,而是随时根据某种特定的语境随意地来把握文化的科学内涵,实际上很有可能将文化的内涵泛化了,正如现在的这种文化定义繁杂凌乱局面,甚至还造成一定程度的引用混乱。因此从这个意义上来说,黄枬森先生的

---

① 黄枬森:《哲学的科学化——黄枬森自选集》,北京:首都师范大学出版社2008年版,第572页。

② 杨曾宪:《试论文化的本质及分类——兼向黄楠森先生请教》,载《理论学刊》1999年第3期,第95页。

③ 杨曾宪:《试论文化的本质及分类——兼向黄楠森先生请教》,载《理论学刊》1999年第3期,第97页。

文化内涵观点还是比较值得认同的。实际上关于任何一个理论问题的研究和探讨，首先必须明确和固定下来的就是这一理论名称的内涵，否则就会出现大家各执一词的局面。这样最终也不可能达成共识，形成关于理论问题的统一的看法，无疑这非常不利于最终问题的解决。

2.对文化外延的分析

在关于文化的概念这一问题上，黄枬森先生认为，要做到对文化概念的真正科学理解，除了要掌握文化的内涵之外，还有一点同样也很重要，那就是必须弄清楚文化的外延。在黄枬森先生看来，只有明确界定好文化的外延，才能得到对文化的一种具体的、历史的理解。为此，黄枬森先生在研究有关文化问题的过程中，首先就以当代中国社会的各种文化现象为例，通过认真总结进而把文化的外延归纳为若干类具有某些共性的文化现象，并据此归纳来阐释他的有关文化外延的观点。

上述研究成果主要体现在他发表于《北京社会科学》1997年第4期的《论文化的内涵与外延》一文中。在该文中，黄枬森先生将文化的外延按照不同领域分层次归结为十二类相对应的文化现象。具体说来，这十二类文化现象分别为：(1)科学技术类(这里指的主要是自然科学技术)。在黄枬森先生看来，这是人类社会物质生产水平的某种直接反映并起到直接推动生产发展的文化作用。(2)经济思想和经济理论类。在黄枬森先生看来，此类文化现象是一个社会经济制度的直接反映。(3)政治法律思想和理论类。在黄枬森先生看来，虽然这类文化现象反映了一个社会的政治活动，但归根到底还是对社会经济制度的一种间接反映。(4)语言文字类。在黄枬森先生看来，这类文化现象很重要，因为它是人类进行生产劳动以及社会实践时的功能产物，所以作为人类文化的重要组成部分，语言文字可以说贯穿于人类社会的许多文化领域。(5)道德伦理类。在黄枬森先生看来，这类文化现象作为人类一种评价善恶及行为准则的标准，对人们的日常生活影响很大，因而也是人类文化的重要组成部分，不过它是作为观念性的上层建筑出现的。(6)宗教类。在黄枬森先生看来，这类文化现象是人类一种很特别的观念现象，它对人类的思想文化发展有较大影响，可以说已深深地扎根于人类的文化中。(7)文学艺术类。在黄枬森先生看来，文学艺术作为一种生动活泼的文化形式，可以说是最具有群众基础、影响广泛的文化现象，在现实的社会生活中它对于人的观念和思想的感染作用也最具体和最强大。(8)哲学和社会学说类。在黄枬森先生看来,这类文化现象是人类对自我的一种反思和认知,起到引领发展作用。(9)教育以及教育思想类。在黄枬森先生看来,这类文化现象促进了人自身的发展,在形式上也与人类各个领域的文化现象都难以分开。(10)新闻出版事业类。在黄枬森先生看来,这是人类文化现象发展到一定高级阶段的产物,大大加快了人类的文化交流。(11)公共文化设施及其活动类。在黄枬森先生看来,这类文化现象一般是由政府或社团设立的,为大众服务的各类文化设施及活动,比如图书馆、博物馆等及其活动。(12)民间文化类。在黄枬森先生看来,这类文化现象虽然往往是民间自发形成的,但在形式上却非常丰富多彩,比如各种民间风俗习惯以及民俗非物质文化遗产等①。

通过上述列举,可以看出,文化现象存在于人类社会的各个角落,而黄枬森先生对这些方面的归纳,也只是主要的方面而已,除此之外,至少还有体育和卫生两个领域没有归纳到。特别是文化的外延本身是不断丰富和变化的,因此决不能将文化的外延僵化地固定下来。实际上在上述的十二个领域归纳中,黄枬森先生也是按照一定的规律性和层次性来表述这些方面的,并非僵化地罗列,并且留有很大的空间,从这个方面来说,文化的外延问题实际上还是一个需要进一步进行详细研究的问题。

(二)文化的类型

正因为文化本身是一个内涵和外延都非常丰富的领域,因此这也决定着文化的类型在社会生活中呈现出多种多样的局面。而在文化问题的实际研究过程中,我们为了能更有针对性地进行分门别类研究,往往又需要根据文化的类型来确定研究思路和方法,从这点上来说,文化分类问题也相当重要。对于文化分类问题,黄枬森先生也非常重视,在他看来,如果要想深入地研究和探讨文化问题,首先就必须科学地对文化进行分类,而要做到这一点,又必须有一个科学合理的分类标准来对文化进行分类。

1.文化分类的标准

正如前文所说,人们对事物进行分类,往往首先必须解决的一个重要问题就是确定分类标准,也只有具备一个科学客观的分类标准才能进行科

---

① 参见黄枬森:《论文化的内涵与外延》,载《北京社会科学》1997年第4期,第13—15页。

学合理的分类。而遗憾的是，国内学者们在对文化进行分类研究过程中，往往是各有各的标准，这本身可能并没有什么问题，但在某种程度上造成了有关文化分类的混乱，影响后续的理论研究。

对于上述局面，黄枬森先生认为，还是确定一个统一的文化分类标准为好，这样才能得到较为统一的文化分类。特别是在他看来，在理论界的实际研究过程中，很多学者进行文化分类研究时确定的标准并不能反映文化的本质属性，而是按照需要和喜好，因而这种分类也就不具有根本的意义。从这点上来说，给文化一个科学合理的分类就必须有一个统一的客观标准。对于这个统一标准，黄枬森先生认为，这个标准必须能反映出各种不同文化差异背后的那些本质的东西。比如，黄枬森先生举例说，在我们将文化分为古代文化、近代文化、现代文化时，我们选择和确定的标准就是时代标准，而时代标准可以反映在不同的人类文明时期，人类文化有什么样不同的主要特征，并且科学说明了人类文化是怎样随着历史的发展而发展。从这个意义上来说，如果我们现在要来探讨文化的最本质和核心问题，并对文化进行最能反映本质属性的分类，就必须有一个反映文化最本质属性的分类标准。

那么这个反映文化最本质属性的分类标准究竟是什么呢？在黄枬森先生看来，这就是自觉地运用辩证唯物主义，依据唯物史观标准来划分文化的根本类型。原因是："文化是由经济、政治决定的，既然如此，文化的类型应该是同社会的类型一致的，即应该按照社会的类型来划分。唯物史观把人类社会的主要类型划分为五种，文化的主要类型也应该划分为五种，即原始公社文化、农业奴隶制文化、农业封建文化、工业资本主义文化和工业社会主义文化，每一种类型的名称都包括了生产力水平和经济政治制度的内容。"①所以，在黄枬森先生看来，对文化进行最能反映本质属性的分类，就是比照社会的类型来划分，具体说来，就是划分为五种具体社会属性的文化。

如何看待黄枬森先生的这一观点呢？应该说，尽管从形式上看这种划分方法较简洁，但从最能反映文化本质属性这点上来说，这不失为一种相对较为科学合理的文化最基本类型划分方法。因为将划分文化类型的标准比照划分社会类型的标准，从而呈现出与社会类型一致的，由五种文化

---

　　① 黄枬森：《哲学的科学化——黄枬森自选集》，北京：首都师范大学出版社2008年版，第581页。

类型构成的整个人类文化发展史,从某种角度上来说,将人类文化史的发展进程和最基本规律表现了出来,这可以说就是一种带有根本性意义的文化类型划分方法。

2.对不同类型文化的比较

正确地根据各种分类标准实行文化的不同分类后,对不同类型文化的比较就成为一个值得研究的问题了,因为这有助于我们获得不同文化类型的长处,从而为新时期的文化建设服务。在黄枬森先生看来,对不同类型文化的比较主要反映在不同类型文化的个性与共性对比上。他曾指出:"同任何其他事物一样,任何文化均有其共性与个性,文化的类型正是由文化的共性造成的,同类型的文化具有一定的共性。研究文化的共性与个性的最主要的方法就是比较不同类型文化的共性与个性。"①从这一论述不难看出,对不同类型文化的比较研究是离不开对不同类型文化的共性与个性进行分析对比的。对此,黄枬森先生举例说,中西文化比较研究就是一个典型的代表。因为中西文化比较研究实际上就是分析对比中西文化有哪些共同之处,有哪些不同之处,这实际上就是谈中西文化的共性与个性问题。

一方面,就文化的共性来说,不同层次的文化类型应该有不同层次的共性,也就是说,实际上文化的共性是分层次的。在黄枬森先生看来,在这些不同层次文化共性中,最高层次的文化共性应该就是整个人类文化的那种最本质的共性了。对于这个最高层次的文化共性的认识可以通过多种方式来获得,而最一般、最普遍的方式就是结合时代和地区两大要素,从人类所有文化现象中总结出共同的特点。不过,黄枬森先生又强调,对于这一文化共性的总结,最科学的方式还是必须以唯物史观为指导,结合不同文化的具体特征,在人类社会实践的基础上去理解不同文化的共性。原因是文化作为人类社会的重要因素之一,本质上其也来源于人类的社会实践,由人类的社会实践而生,正因为如此,黄枬森先生主张,文化的共性与个性问题实际上决定于人类社会实践的共性与个性,换句话说,有什么样的人类社会实践共性,就可能会产生相对应的文化共性。

既然如此,那么要弄清楚人类文化的共性,就必须先弄清楚人类社会

---

① 黄枬森:《哲学的科学化——黄枬森自选集》,北京:首都师范大学出版社2008年版,第583页。

实践的共性。对于人类社会实践的共性,黄枬森先生解释说:"实践的最根本的共性是实践的本质,即自觉地改造自然、改造社会和改造自我的活动。"①因此,在黄枬森先生看来,人类社会实践的共性就是人类的自觉改造活动。而在这个基础上产生的整个人类文化,显然它的共性也就是人类自觉改造世界的思想。

在黄枬森先生看来,虽然人类整个文化的共性是自觉改造世界的思想,但另一方面,就文化的发展具体历史过程来说,各地区、各时代、各民族的文化又都具有自己的独特方面,从这个方面来说,这种独特性就是文化的个性。然而对于文化的共性与个性而言,掌握二者之间的辩证关系尤为重要。对此,黄枬森先生特意指出,个性是与共性相对而言的,实际上不同个性的文化在其自身范围内,针对更小范围的文化个性,它又称得上是具有某方面特色的一个共性文化。对于中国传统文化和西方文化来说,前者强调整体主义和伦理道德,后者强调个人主义和宗教思想,二者之间的不同特点表明了它们的个性,但如果放在各自文化的自身区域内部来看,这些鲜明的特点又成了这一文化内部各种不同文化类型的共性。而向更高层次看,中国传统文化和西方文化又具有某种人类文化共性,它们都是人类在自身社会实践中产生的改造世界的思想。理论界曾经有一种流行的观点,认为,中国传统文化其精神精髓就是"天人合一"思想,该观点认为这种思想虽然引导了某种和谐的天人关系,但在实践中导致了人的退缩性,表现为科学技术不发达;而另一方面,西方近代文化则相反,其精神精髓就是"主客二分"思想,这种思想促成了近代西方的科学技术发达,但实际上却使得天人关系紧张,环境破坏。对于上述这一观点,黄枬森先生明确表明了反对的态度,因为在他看来,上述观点的错误根源就在于没有把握好,或者说没有弄清楚文化的共性与个性问题。因为二者虽然在天人关系问题上具有不同的个性认识,但二者也具有共性,这种共性就是人类要靠自身的努力去改造世界,只是各自主张的路径不同。而如果将二者不顾共性放到了一种绝对对立的层面,显然得出的结论就不是很科学。

3.不同文化间的影响与文化进步

除了看到不同类型文化之间的共性与个性之外,黄枬森先生还指出不

---

① 黄枬森:《哲学的科学化——黄枬森自选集》,北京:首都师范大学出版社2008年版,第584页。

同类型文化之间具有相互影响、相互促进的辩证关系。为什么这么说呢？他认为这是由于人类文化的最根本共性决定的,因为人类的自觉改造世界思想为各种文化能够相互影响、相互促进提供了重要的实践基础。所以,在形式上,我们可以看见,人类不同类型的文化往往可以呈现出复杂的立体存在形态,并不是单纯的那种替代发展。这一事实实际上就是说明了不同类型文化之间的那种相互影响和相互促进的运动变化过程。因而,"在今天的地球上,历史上曾经出现过的文化类型都或多或少同时存在。尽管资本主义文化占据着绝对的优势。因此,这些文化类型之间便产生了相互影响,不仅先进的文化影响着后进的文化,后进的文化也在多方面影响着先进的文化,使现代社会的文化呈现出丰富多样的姹紫嫣红的色彩"①。

实际上,黄枬森先生的这段论述明确揭示了一个关于人类文化发展的规律,认识到这一关于文化发展的规律非常重要。因为各种不同类型文化之间在发展过程中具有相互影响、相互促进的关系,使得我们认识到在当代的文化建设中,必须对各种人类文化加以重视和认真借鉴,取长补短。在这一过程中,特别值得注意的是,不仅先进文化会影响后进文化,后进文化有时也可以反过来影响和促进先进文化,尽管表面上看,"这种相互影响无疑有负面的消极的作用,但从整体上看,从长远看,其作用是积极的正面的。这种作用不仅使各种文化更加丰富多彩,而且可以扩大与加深人类的智慧与才能,提高人们的品德与趣味,推动整个社会和文化的发展"②。特别是在黄枬森先生看来,随着人类社会的发展,这种不同文化类型之间的相互影响是越来越频繁、越来越深入,并且这种文化交融在总体上表现出一种趋势,主要表现为从单一到多样、从低级到高级的过程,在某种意义上说,这一发展过程是人类社会发展无法阻止的历史趋势。

对于黄枬森先生的上述观点,应该说,大多数论者是表示认同的。比如根据唯物史观来划分的,最普遍的五种根本文化类型,和人类社会发展一样,大体上按照历史发展顺序呈现出一种先后替代的人类文化发展过程。但在实际发展过程中又并不是完全如此,而是五种根本文化类型之间相互有影响,甚至造成出现一定的跳跃性或中断性的发展过程。众所周知,在中国文化发展史上,由农业封建文化向当代社会主义文化的发展,就

---

① 黄枬森:《哲学的科学化——黄枬森自选集》,北京:首都师范大学出版社2008年版,第589-590页。

② 黄枬森:《哲学的科学化——黄枬森自选集》,北京:首都师范大学出版社2008年版,590页。

跨越了资本主义文化阶段，呈现出跳跃性发展特征，而在这一过程中，农业封建文化对当代社会主义文化的建设和发展有着不小的影响作用，在黄枬森先生看来，这虽然是人类社会发展的趋势，但也是一种不同文化类型之间的相互影响和相互促进。

　　笔者认为，对于上述问题我们可以从下列两个方面去理解这种不同文化类型之间的相互影响：一是从形式上来说，各种不同类型文化之间的相互影响往往表现为积极的和消极的两方面；二是从总体上来说，各种不同类型文化之间的相互影响受制于经济和社会历史的发展，因而表现出积极的影响作用总是远远大于消极的影响作用，也就是说，在人类文化发展史上，不同文化间的相互影响本身就是一种历史进步，这某种程度上就是人类社会实践不断向前发展形成的必然结果。当然，在这一过程中，我们也不能忽视不同类型文化相互间的那种消极影响，要做到扬长避短，正确取舍，才能更加有利于促进人类文化的发展。就此而言，在当前的中国特色社会主义文化建设过程中，我们应该大力引导并推动各种不同类型文化之间的相互交流，比如对于中国传统文化以及西方文化都应该抱着开放的态度，取其之长，为我所用，而不是拒绝与回避，闭门造车。从这个意义上来说，黄枬森先生的关于不同类型文化之间具有相互影响、相互促进的辩证见解，对于我们当前的中国特色社会主义文化建设，以及在此过程中对中国传统文化和西方文化优秀元素的借鉴都是有指导作用的。

三、关于中国传统文化与西方文化

　　正如前文所言，在当前的中国特色社会主义文化建设具体过程中，我们应该大力引导并推动各种不同类型文化之间的相互交流，特别是对中国传统文化和西方文化的优秀元素要加以吸收和借鉴。在黄枬森先生看来，这就必须对中国传统文化和西方文化做详细的分析和比较研究，取其精华、去其糟粕，从而吸收优秀元素为当前的中国特色社会主义文化建设服务。为此，他对中国传统文化以及西方文化这两个方面都做了一系列的深入研究和比较分析，并以此为基础，对建设中国特色社会主义文化提出了一些相关观点。

（一）中国传统文化研究

中国传统文化是在漫长的中华文明历史过程中逐渐孕育生成的，这就使得这一文化的内容显得十分丰富和庞杂。尽管这一文化是在落后的社会制度中形成的，但毕竟其凝聚了中华民族的无穷智慧和思索，特别是其中的很多优秀元素都是中华民族各族人民在长期的生产劳动和社会实践中逐渐形成的，因而仍然具有重大的现实指导意义。同时，中国传统文化又是在中国的土地上生根发芽，逐渐发展成长的，从这一角度来说，它还具有很强的一种地域适应性，这些都决定了中国传统文化对建设中国特色社会主义文化无疑会有重大的参考作用。

1.中国传统文化的时间跨度

对于中国传统文化的各种分析研究来说，首先必须解决的一个重要问题就是要明确界定这一文化的时间跨度。中国是一个有着五千年文明史的民族国家，就中国传统文化来说，明确其存在于什么时间范围内，对于我们正确认识这一文化的科学内涵非常重要。对此，黄枬森先生的观点是，"中国传统文化不等于现在的中国文化，它主要指历史上形成的中国文化，即两千多年来逐渐形成的相对稳定的文化，从性质上来讲，它是一种农业封建文化。它的下限应是五四运动"[①]。之后，为了能更加清楚地说明这个时间跨度问题，黄枬森先生还进一步指出："我认为传统文化指两千多年来逐渐形成的相对稳定的文化，即封建文化，亦即中国古代文化。传统文化在鸦片战争后开始变化，在五四运动后，开始急剧的变化，也随着反帝反封建革命形势的发展开始了向现代文化的过渡。"[②]

由黄枬森先生的上述观点可以看出，在他看来，中国传统文化就是中国两千多年封建社会形成的封建农业文化。如何看待他的这一对中国传统文化时间跨度的界定观点呢？笔者认为，由于文化一词本身的模糊，实际上确切地给出一个具体年代来，是不科学的。但如果作为一种宏观的把握，抽象出一般特征，中国传统文化应该是有其时间分水岭的。按照这一

[①] 黄楠森：《中国传统文化与有中国特色社会主义文化建设》，载《红旗文稿》2000年第6期，第3页。

[②] 黄枬森：《哲学的科学化——黄枬森自选集》，北京：首都师范大学出版社2008年版，第591页。

逻辑,笔者认为黄枬森先生对中国传统文化的时间跨度下限的见解是有道理的,因为五四运动确实标志着中国文化由传统文化向新的现代文化的转变,虽然也有学者提出以鸦片战争为界,但这显然并不十分科学。不过对于黄枬森先生提出的中国传统文化的时间跨度上限,笔者认为这可能是有待商榷的一个观点。原因是中华五千年文明史,每个时期无不对这一大文化有所贡献,如果把中国传统文化的内涵仅仅定义为一种封建性质的农业文化,显然有失偏颇。当然不可否认的是,两千多年的封建农业文化在中华民族中形成某种稳定形态的民族文化,从而成为中国传统文化的主体。不过这并不能否定其他文化在中国古代传统文化中的作用及其应有的位置。从尧舜禹开始,中国古代的农耕文化就一直领先于世界,包括整个原始社会文化和奴隶制时期文化,所有这些封建农业文化之前的文明实际上也应该是中国传统文化的重要有机组成部分。这是因为这些文化不仅自身有丰富内涵,成为中国传统文化的重要组成部分,同时也是因为这些文化还是两千多年封建农业文化形成的不可缺少的重要思想基础。

2.中国传统文化的内涵阐释

众所周知,中国古代传统文化博大精深、历史悠久。但它作为一种旧文化又带有相当大的缺陷,因而只有科学认识和理解了这一文化的内涵,才能做到扬长避短,对其加以科学地批判和继承。那么究竟应该怎么来科学理解中国传统文化的具体内涵呢?

比如理论界曾经有一种很流行的观点,该观点提出中国传统文化就是以儒家思想为核心的中华文化。显然在这种观点看来,中国传统文化的具体内涵实际上就是影响封建社会两千多年的儒家思想,而其他各种思想文化都只是以儒家思想作为其思想主导前提,进而进行某种扩展、延伸和变造形成的。对于上述这一观点,黄枬森先生的看法是,大体上这种观点是可以接受的,但还不是很贴切,在他看来,这一观点还要作进一步的具体的分析,特别是不能忽视儒家之外其他文化因素的作用。比如他曾提到:"这些因素在儒家思想中有所反映,但由于儒家阶级性的局限,没有占据主要的地位。中国传统文化非常丰富而复杂,如果把它归结为儒家思想,又把儒家思想归结为天人合一、以人为本、和为贵等思想就未免片面了。"因此,

"决不能以此来抹杀其他文化因素在传统文化中的重要作用"①。

正因为如此,黄枬森先生对上述关于中国传统文化的内涵观点给出了一种补充理解。他认为,中国传统文化就是在中国两千多年来的封建社会时期逐渐形成的,并且以儒家文化为思想主体的,同时具备多种文化共存的封建农业文化。如何看待他的这一观点呢？应该说,黄枬森先生的这一观点具有其合理性,因为这一观点既某种程度彰显了中国传统文化的主导思想,也同时展现和表达了中国传统文化的那种多元特征。不过如果从时间角度来说,仅仅把中国传统文化的丰富内涵囿于整个封建农业文化概念之内,显然还不能对我们中华民族在长达五千年文明史中所创造的一切文化成果做出全面的概括和说明。

当然黄枬森先生也看到,博大精深的中国传统文化除了儒家思想外,还有很多同样不能被忽视的其他反映封建农业文化的元素。就这一点而言,尽管将中国传统文化定性为以儒家文化思想为主体的封建农业文化,但黄枬森先生并不抹杀其他各种反映封建农业思想的文化元素在传统文化中的重要作用,或者说不反对把儒家文化之外的各种其他封建农业文化当成中国传统文化的组成部分来看待。

通览中国封建社会思想史可以看见,事实上这一时期的思想文化是丰富多彩的。比如包括道家、法家思想在内的除儒家之外的诸子百家思想就是这一时期文化繁荣的见证。当然这些思想文化在中国传统文化中的作用也很重要,因为不仅其自身理论观点具有一定的历史影响,即使是占统治地位的儒家文化也从这些思想文化中吸收、借鉴了不少思想成分。因此,从总体上来说,诸子百家思想都为中国传统文化的大放异彩呈现了自己的一面。而另一方面,中华民族的各族劳动人民在长期的改造自然生产实践中也积累起来了大量的生产和创造方面的优秀文化元素,比如在劳动过程中形成的勤劳、团结等优良品德,在反抗外来侵略的斗争过程中所形成的爱国主义、不怕牺牲等民族文化精神。某种意义上可以说,正是上述这些优秀民族文化因素才使得中华民族能够在自己生活的这片土地上得以繁荣昌盛、生生不息。总之,中国传统文化应该是中华民族在20世纪前长达五千年的文明史中所创造的一切文化成果总和。

---

① 黄枬森：《哲学的科学化——黄枬森自选集》,北京：首都师范大学出版社2008年版,第592页。

3.中国传统文化的批判与继承

由前文分析可知，中国传统文化在中国的这片土地上已经延续了几千年，不曾中断，因此它的生命力是强大的。这点与西方古代的很多文明发生断代有很大不同。当然，历史上中国传统文化也曾经多次遭遇过多种外来文化的挑战，比如佛教等，但中国传统文化最终都以自己内在的那种宽大和包容消融了这些挑战。甚至在这一过程中，不仅中国传统文化的思想主导地位未动摇，而且某种意义上得到了增强。但到了近代，这种状况改变了，随着西方列强的入侵和西方文化的到来，中国传统文化面临着一种前所未有的危机，甚至一度被我们自己视为腐朽、落后的文化而遭丢弃。当然令人欣慰的是，改革开放后，面对西方价值观，在中国传统文化经历了大半个世纪的风雨磨难之后，国人又重新开始认识到了这一文化的特殊价值和历史地位，国学开始得到重视。那么，面对中国传统文化的是是非非，我们究竟应该怎么对待这一先祖的文化遗产呢？又如何使其在我们走向现代化的过程中，为中国特色社会主义文化建设服务呢？

近些年来，国内理论界对如何看待中国传统文化大体上形成了三种观点：一是在20世纪80年代文化热过程中形成的彻底反传统主义。在这种观点看来，中国传统文化本质上是落后的，因而根本无法适应中国走向现代化的要求，为此我们必须从总体上彻底否定中国传统文化。甚至有一部分论者明确宣称，中国文化的落后已经是全面的落后，为此在文化上必须全盘西化。二是在20世纪90年代形成的文化保守主义。在这种观点看来，中国文化的现代化离不开大力弘扬中国传统文化，特别是复兴最具代表性的儒学思想，甚至有部分论者大胆预言，21世纪就是儒学复兴的世纪，那时儒学将再次成为中国文化的主导思想。三是中国传统文化与马克思主义结合论。在这种观点看来，中国传统文化作为本土文化有其一些优秀元素，只有把传统文化与马克思主义科学地相结合，才能真正为建设中国特色社会主义文化服务。

对于上述不同观点，黄枬森先生有着自己的看法。首先，对于反传统主义观点，他明确表示了不认同。在黄枬森先生看来，虽然中国传统文化作为一种农业封建文化，里面包含着许多糟粕，但这一文化内容十分丰富和复杂，里面也同时包含着很多优秀元素。比如他曾提出："应不应该彻底反传统?中国文化能不能完全西化?显然是不可能也是不应该的。因为中国传统文化是现代文化的历史根源,它不仅是字面上的东西,说扔就能扔掉的。"①从他的这一论述可以看出,在对待传统文化的态度上,黄枬森先生是不赞成反传统主义观点的,而是主张以一种客观的、辩证的态度和方法来批判和传承中国传统文化。其次,对于文化保守主义他也不赞成。在黄枬森先生看来,虽然传统文化包含着很多优秀元素,对中华民族发展也起了一定的作用,但它毕竟是封建性质的、落后的农业文化,总体上并不适合于今天的中国特色社会主义文化建设,因此中国特色社会主义文化建设不可以过度依赖全面复兴儒学。

而对于第三种观点,即主张中国传统文化与马克思主义相结合的结合论观点,黄枬森先生也并不赞成。原因是在中国特色社会主义文化建设过程中,作为整体的中国传统文化毕竟已经不存在了,因而也是不可能实现与马克思主义相结合的,虽然从思想传承角度来说,中国传统文化的很多优秀元素我们可以继承,一些文化传统依然存在于现实的生活之中,但这只是零散的、局部的精神吸收。对此,黄枬森先生就曾提出:"中国存在中国文化的现代化问题,不存在中国传统文化的现代化问题,正如中国存在中国社会的现代化问题,不存在中国传统社会的现代化问题。"②由此可见,在黄枬森先生看来,中国文化的现代化问题,不是把哪种文化与马克思主义相结合的问题,而是中国当代文化自身在发展中走向现代的问题,尽管这一过程可能需要吸收一些诸如中国传统文化中的优秀元素。因此,从这个角度来说,像儒家思想这样的中国传统文化,现在如果想从整体上把它恢复过来,进而进行一种现代化的改造,根本是不可能的。

综上所述,黄枬森先生的相关文化观点可以从以下两个方面来分别加以把握:一方面,中国传统文化内部包含有中华民族在长期劳动实践过程中形成的宝贵的民族精神遗产,对于这一宝贵遗产首先当然是要做好继承和弘扬。特别是很多优秀中国文化传统作为一种影响深远的社会因素,即使今天也仍然存在于我们的生活实践中,从这个角度来说,传统文化并未终结,也不可能被全盘否定。另一方面,中国传统文化作为一种民族文化毕竟有着它自己独特的历史时代,特别是就其主导思想儒家文化来说,它就是一种在农业封建主义的社会基础上产生的思想文化。而在建设中国

① 黄枬森:《黄枬森文集》第6卷,北京:中央编译出版社2012年版,第250页。

② 黄楠森:《中国传统文化与有中国特色社会主义文化建设》,载《红旗文稿》2000年第6期,第5页。

特色社会主义文化的今天,社会不同了、时代进步了,中国传统文化也就不可能也没有必要来全面恢复了。因为"中国传统社会和传统文化已经成为过去,不必要也不可能加以恢复。传统文化立足于传统社会之上,现代文化立足于现代社会之上,传统文化与现代文化之间存在着中断与继承的关系,不能只承认传统社会与现代社会之间的中断而否定其间的继承,也不能只承认传统文化与现代文化之间的继承而否定其间的中断"①。

应该说,黄枬森先生的上述关于中国传统文化的观点是有不少启发意义的。比如他认为,当前的中国文化现代化在本质上并不等同于将过去的中国传统文化加以现代化。因为中国传统文化本质上是一种封建农业文化,根本不可能实现现代化,也就是不可能依靠全面复兴儒学来达到实现文化现代化的目标。当然在谈到这一问题时,黄枬森先生并不反对甚至提倡要善于传承和弘扬一些优秀的中国传统文化元素。总之,中国文化的现代化只能是中国当前社会文化的现代化,这种当前的文化主要是马克思主义的社会主义初级阶段的中国社会文化,当然这其中也包含着很多继承下来的优秀传统文化元素。

事实上,在笔者看来,在我们今天正在进行的中国特色社会主义文化建设过程中,中国传统文化是不必要完全丢弃也是不应该丢弃的。因为中国传统文化作为一种地域性的民族文化,曾经的辉煌验证了其地域的适应性,而其中蕴含的在劳动实践中形成的多种体现劳动人民本色的优秀元素更是人类的宝贵精神财富。同时从文化的发展源流上来说,这一文化不可避免地成为当前中国现代文化的一种历史源头,即是说其中的许多优秀文化元素在今天的中国特色社会主义现代化文化建设中将仍然发挥作用。因此,我们对待中国传统文化的正确态度应该是:实事求是,科学传承,取其精华,弃其糟粕。也只有这样,才能实现文化的现代化,同时使传统文化的精华更好地融入当前的中国特色社会主义文化建设之中,这实际上就是辩证地实现一种对中国传统文化的"批判地继承"。

(二)西方文化研究

自中华人民共和国实行改革开放以来,伴随着思想的解放,西方各种形式的文化思潮蜂拥而来,在中国理论界形成一股股的文化潮流。特别是

① 黄枬森:《哲学的科学化——黄枬森自选集》,北京:首都师范大学出版社2008年版,第604页。

在这一过程中,各种鼓吹"西方文化先进"的论调或主张"全盘西化论"逐渐成为一种时髦,给整个中国思想理论界带来不小的冲击。在当前建设中国特色社会主义文化的过程中,面对这种局面,如何看待此类观点,特别是如何把握各种西方文化思潮的正面和负面影响,就成为一个至关重要的文化问题。对此,黄枬森先生从阐释概念与基本性质出发,对西方文化进行了一番考察和借鉴,并进一步对中国传统文化与西方文化作了比较。

1.西方文化的概念与基本性质

"西方文化"属于文化的一种类型,对这一概念内涵的理解,由于出发点不同,理论界往往存在着多种不同的意见。一般情况下,这一概念是与"西方世界"的概念紧紧联系在一起的,因此当我们提及西方文化时,一般通常泛指西欧、北美等发达资本主义国家的社会文化,这主要体现的是西方世界中一些共同的价值观、信仰、风俗等。对这一概念,黄枬森先生的观点是,"西方文化主要指西方发达国家的文化,即资本主义文化,对中国影响最大的当然是西方现代文化"[①]。

事实上,国内学术界对西方文化的概念及其基本性质存在着不少不同的观点和看法。比如就西方文化的基本性质而言,学术界就存在着三种不同的观点:第一种认为西方文化就是一种先进的时代文化;第二种认为西方文化只是落后的资本主义文化;第三种认为西方文化是一种兼容并蓄的过渡性质文化。对于上述几种看法,黄枬森先生是有不同观点的。在黄枬森先生看来,虽然西方文化的根本性质是落后的,但作为人类工业文明的先锋,它也是有很多值得借鉴之处的。正因为如此,黄枬森先生反对把西方文化作如上述三种观点那样的简单化评价。在他看来,必须以马克思主义为指导,实事求是,根据对推动社会进步的作用来对西方文化进行辩证地分析和研究。比如他曾指出:"自鸦片战争以来,一百多年间对中国文化影响最大的外国文化是西方文化,特别是西方现代文化。在中西文化接触和碰撞的过程中,中国人有的抱排斥主义的态度,有的抱全盘西化的态度,这是两种极端的态度,绝大多数人根据百多年来的经验教训主张分析的有所拒绝有所接受的态度,这无疑是正确的,但是,文化是很复杂的,拒绝哪些接受哪些,拒绝多少接受多少,我们根据哪些原则来进行分析和选择呢?

---

① 黄枬森:《哲学的科学化——黄枬森自选集》,北京:首都师范大学出版社2008年版,第605页。

为了建设中国特色社会主义，归根结底，还是要以马克思主义为指导，对具体问题具体分析，具体解决。"[1]

因此由上述论述可以看出，在黄枬森先生看来，西方文化虽然是在西方旧的社会制度特别是资本主义时期孕育起来的，不可避免地带有历史落后性，但它作为曾经的人类文明的结晶，特别是作为工业文明时代的文化成果，可以说在人类历史发展的进程中是起过重大作用的，因而作为人类创造的思想成果，是有不少的积极因素蕴涵于其中的。从这个意义上来说，对于西方文化，我们必须以一种辩证的、实事求是的态度来对待。也就是说，对于西方文化的积极成果我们要勇于吸收，而对于其落后和糟粕的部分要能认清楚并坚决剔除。为此黄枬森先生认为："在我看来，对于所有的外国文化，我们都应该抱着尊重和理解的态度，首先，力求了解它，更加深入地认识它，而不应先入为主地歧视和排斥它，只有在此基础上，我们才能对它进行客观的分析而有正确的取舍。这整个过程可以 12 个字来概括，那就是：辨同异，分优劣，定取舍，致交融。"[2]

总之，在对待西方文化的态度上，黄枬森先生是从概念和基本性质的把握上入手，首先弄清楚西方文化的本质内涵，然后再根据实事求是的原则，科学、辩证地理解西方文化的优势与不足。因此他既看到了西方文化在历史上的作用，具有的优秀元素，又指出了西方文化的落后和缺陷。因而，在建设中国特色社会主义文化的过程中，对于西方文化既不能完全拒之于门外，但也不能照搬硬套，全盘西化，而是应该客观、辩证地加以分析，正确取舍，为中国特色社会主义文化建设服务。

2.中国传统文化与西方文化的比较研究

从前文的分析可以看见，事实上，中国传统文化与西方文化，对于当前的中国特色社会主义文化建设都有着一定范围的影响和借鉴作用。但这两类文化毕竟根本不同，因此如何具体看待这两类文化，做好对两者之间的比较研究，对于正确处理好对两者的吸收与借鉴，做到扬长避短还是很有价值的。为此，黄枬森先生还特意对中国传统文化与西方文化做了一番

---

[1] 黄枬森：《马克思主义与当代中国文化建设》，载《中国特色社会主义研究》2010年第6期，第7页。

[2] 黄枬森：《马克思主义与当代中国文化建设》，载《中国特色社会主义研究》2010年第6期，第7页。

比较研究,并发表了数篇论文,提出了一些观点,可以说他的这些观点对理论界产生了一定的影响。

首先,中国传统文化与西方文化之间具有某种值得学习借鉴的文化共性。对此,黄枬森先生曾特别指出,在文化研究中,不少学者在对不同类型文化作比较时,往往只是一味地去强调个性,却忽略了共性,这造成了在对不同类型文化进行学习借鉴时,难以找到恰当的入口。因此黄枬森先生在其发表于《哲学研究》1997年第4期的《唯物史观与文化的共性和个性》一文中,就以其独特的视角考察并回答了中国传统文化与西方文化之间是否具有共性的问题。在黄枬森先生看来,二者之间显然是具有很多共性的,其中最根本的共性应该是二者都反映了人类自觉改造世界的思想。此外,他还特别指出,中国传统文化中主张的"天人合一"与西方文化中提出的"主客二分",事实上不仅仅是中西文化的个性,而恰恰是反映了它们的共性。

怎么理解这一说法呢?这个问题表面上看起来很难,事实上道理很简单。因为人类社会的历史不外乎是人的各种社会实践的总和,所以作为人类社会历史组成部分的文化,其理论根源显然也是人的社会实践活动。从这个意义上来说,中国传统文化与西方文化都是人的社会实践成果,这决定了二者之间必然有其共同之处。而其中最根本的共性就是自觉改造世界的思想。而在人类自觉改造世界的过程中,主体方面与客体方面是人类社会实践不可分割的两个方面,可以说缺乏主客体任何一方,人类社会的实践都是不可能存在的,因而人类社会包括文化当然也是不可能存在和发展的。即是说,不论中国传统文化还是西方文化,二者都看到了人类自觉改造世界过程中的主体方面与客体方面,尽管对主体方面与客体方面的关系有不同认识。所以说,中国传统文化中主张的"天人合一"与西方文化中提出的"主客二分",事实上也反映了二者之间的某种共性。

所以,黄枬森先生总结提出:"天人合一与天人相分首先是东西文化的共同之处,至于东西文化在天人合一和天人相分上有哪些殊异,则必须具体分析。对于东西文化的同异有了正确的比较,我们才有可能找准中国文化与西方文化的长处与短处,优胜之处与拙劣之处,弄清楚我们需要什么,不需要什么,从而取彼之长,补己之短,使我国的文化更丰富、更发展、更繁荣。"①由这一论述不难看出，对于中国传统文化与西方文化之间的同异，只有在实事求是的基础上，坚持辩证统一才有可能找准各自的长处与短处，从而加以科学地借鉴。比如前文提及的中国传统文化主张的"天人合一"思想与西方文化中提出的"主客二分"思想，不仅是反映了各自的个性，而且也体现了它们的某种共性。从这个意义上来说，对于不同类型的文化，只有在共性的基础上弄清楚它们的个体特殊性，才有助于我们进一步认识一种文化的优缺点，从而做到正确借鉴。

上述事实告诉我们，在研究文化的过程中，探讨文化共性和个性问题非常必要。当然，在这一过程中，对不同类型文化做比较时，我们应该坚持辩证统一、实事求是的态度，客观加以比较和分析。比如，就研究西方文化这一问题来说，在经过充分比较和论证分析后，可以从共性和个性问题的辩证关系角度出发，用马克思主义的观点和立场，坚持辩证统一、实事求是，大胆地接受其优秀元素，并加以积极利用，为中国特色社会主义文化建设服务。

其次，中国传统文化与西方文化在实践与认识的关系问题上虽看法不同，但各具不同的优势。有学者认为，相对于中国传统文化而言，西方文化比较注重分门别类的专科研究，而中国传统文化则更注重系统抽象的综合认识。因此，在这种观点看来，在人类劳动分工越来越细的今天，西方文化相比较中国传统文化就具有了一种优势，因而显得更加实用。对于这种观点，黄枬森先生并不认同。在他看来，这仅是问题的一个方面，而从实质上讲，文化的很多特点随着时代的变化，究竟是优点还是缺点也是相对的，因此我们不能脱离历史，笼统地说某一文化好或者不好。比如，中国传统文化强调认识的综合性，就在全球化、网络化的今天越来越有优势了。再比如，中国传统文化强调实践中认识的人文性，而西方文化强调实践中认识的规律性，二者之间的不同特点就既是它们各自的优点，也是它们各自的缺点。具体来说，如果孤立地强调自己的一面，忽视辩证统一的其他方面，各自的优点也就转化成了缺点，进而会犯教条主义的错误，这样的教训在历史上和现实中都是有的。比如，正因为中国传统文化过于强调认识的人文性，忽视规律性，所以"中国古代科学技术的辉煌成就比西方毫不逊色，四大发明对世界历史的发展作出了巨大的贡献，但直到'文化大革命'的几

---

① 黄枬森：《马克思主义与当代中国文化建设》，载《中国特色社会主义研究》2010年第6期，第7-8页。

千年历史中却没有一门基础学科是中国人建立的,这是值得深思的"①。

总结来看,从黄枏森先生对中国传统文化与西方文化之间的比较研究中不难看出,中国传统文化与西方文化都不具有适合中国现代文化建设的根本特性,但同时又具有一些优秀元素值得吸收,这些研究成果反映了黄枏森先生对中国传统文化与西方文化的比较研究是相当严谨与求实的。具体来说,一方面,这些研究成果反映了他非常注重实际考察和辩证的研究方法,敢于解放思想,做到实事求是,进而主张在坚持马克思主义指导思想的基础上,提倡大胆借鉴和善于吸收中国传统文化和西方文化的一些优秀元素;另一方面,面对当前理论界的盲目复古思想与西方文化崇拜等理论大潮的冲击,他却始终能坚持用马克思主义的观点和立场来分析和研究中国传统文化与西方文化的是非曲直,不畏潮流,不乱阵脚,这种学术品质充分体现了一个坚定的马克思主义信仰者的思想觉悟和一个马克思主义哲学工作者的理论自觉。

四、有关中国特色社会主义文化理论的阐发

从结构上说,中国特色社会主义文化理论是中国特色社会主义理论体系的一个重要组成部分。在这个大前提下,中国特色社会主义文化理论立足中国改革开放和现代化建设的伟大实践,通过对自身的不断总结和对世界各国文化建设的经验借鉴,特别是吸收中国传统文化和西方文化优秀元素,在中国特色社会主义建设的实践中逐步形成。因此可以说,中国特色社会主义文化理论整体上反映了当前的中国特色社会主义建设与发展对文化方面的新要求。为了充分说明这一点,黄枏森先生从考察中国特色社会主义文化建设的历史与实践出发,对中国特色社会主义文化观、中国特色社会主义和谐文化建设等方面提出了他的看法。

---

① 黄枏森:《中西文化在实践与认识的关系问题上的特点比较》,载《理论视野》2000年第1期,第35-36页。

（一）对中国特色社会主义文化观的理解

中国特色社会主义文化观，是对中国特色社会主义文化理论的总体认识与把握。对于这一文化观究竟怎么去表述，理论界已经讨论了很多，围绕这一理论也已经发表了不少理论成果。比如，有学者提出，中国特色社会主义文化实际上就是把中国传统文化与马克思主义相结合，从而形成的有中国特色的社会主义文化理论体系；与此对应，则是另一部分学者认为，带有很强封建农业色彩的中国传统文化根本无法适应现代化的要求，因此在当前的马克思主义中国化的过程中只有加大学习西方文化的优势和长处，才能构建出一个真正现代化的中国特色社会主义文化。

如何看待上述两种不同观点呢？对于这两种不同观点，黄枬森先生都表示不认同。为此，他对上述观点都加以认真的分析和评价，并在此基础上依据主导性原则，提出了他自己的中国特色社会主义文化观。在黄枬森先生看来，首先要弄清楚对于文化观的认识，就此他指出："文化观或文化哲学是一种部门哲学。各种哲学的文化观各不相同，有多少哲学就有多少文化观。作为文化整体及其一般规律的科学的文化观，即马克思主义文化观至今没有完全形成，在我国的今天，出现了不止一家自认为是马克思主义的文化观。但无论如何，认识一种文化现象，处理一个文化问题，任何人都离不开自己的文化观的指导，无疑，只有力求以科学的文化观来自觉地指导，我们才能获得正确的结论或好的结果。"[1]

可见，根据上述论述，在黄枬森先生看来，文化观实际上就是一种部门哲学，文化观显然受到它的哲学基础影响。而从我国当前的马克思主义哲学理论状况来看，一些理论分歧依然存在，这实际上导致了科学的文化观还难以完全真正形成，所以也就出现了不止一家都认为自己是真正的马克思主义的文化观的现象。在黄枬森先生看来，前面所提及的两种不同观点，其最大的偏颇就在于它们没有在其文化观中确立一个能占主导地位的科学的哲学观指导思想。之所以会这样，原因在于，对于马克思主义哲学观的认识还有不同的理解。理论上说，不论是什么样的文化观，只要是社会主义文化观就应该以马克思主义为指导思想。在黄枬森先生看来，只要有了马克思主义这一正确的指导思想作为前提，至于社会主义文化再与什

---

[1] 黄枬森：《马克思主义与当代中国文化建设》，载《中国特色社会主义研究》2010年第6期，第5页。

么其他文化元素相结合就不是一个决定性的因素了。换句话说,只要这个结合元素对建设中国特色社会主义文化有益都可以被吸收和借鉴,它也不会动摇中国特色社会主义文化的本质属性。从这个意义上来说,中国特色社会主义文化观的确立,单纯围绕应该吸取中国传统文化还是西方文化进行争论并没有什么实质意义。

据此,黄枬森先生提出,中国特色社会主义文化观总体上说应该是这样一种文化观:以马克思主义为指导思想,立足于中国改革开放和现代化建设实践,充分吸收各种优秀文化的现代化文化。之所以说中国特色社会主义文化是现代化文化是因为:"现代化的中国文化应该是现代化的中国社会的一部分,而现代化的中国社会就是邓小平同志所指明的有中国特色的社会主义社会,因此,现代化的中国文化就是有中国特色的社会主义文化。它将随着中国现代化建设的发展而逐步形成,成为有中国特色的社会主义社会的一个重要组成部分。"①

为了能进一步说清楚他的这一中国特色社会主义文化观内涵,黄枬森先生还发文专门提炼了这一文化观具备的五个特点,包括现实基础、思想来源、主体地位、指导思想等方面②。应该说,从黄枬森先生归纳的五个方面特点来看,这一中国特色社会主义文化观,主旨明确、内涵丰富、重点突出,具体来说,既把握住了文化的根本性东西,又关注了文化理论本身的多方面内容。

比如,首先这个文化观就体现出了一种主旨明确、重点突出的特点。这一文化观充分强调了以马克思主义、毛泽东思想和建设中国特色社会主义理论体系为指导思想的原则性,这实际上就排除了一些所谓潮流理论,诸如"复兴儒学"或"推行西学"等思想对中国特色社会主义文化建设的干扰。

再比如,虽然强调指导思想的唯一性,但黄枬森先生的这个文化观并不排斥文化建设在形式上的多样化,甚至这一文化观认为建设中国现代化文化就需要贯彻"双百"的方针,特别是提出只要有益于中国特色社会主义文化建设的各种文化元素都可以被吸收和借鉴,都同样可以为促进中国现

---

① 黄楠森:《建设中国现代化文化的几个理论问题》,载《高校理论战线》1996年第4期,第37-38页。

② 参见黄楠森:《建设中国现代化文化的几个理论问题》,载《高校理论战线》1996年第4期,第38页。

代化文化的繁荣和发展做出贡献。就这些方面而言,黄枬森先生的这一关于中国特色社会主义文化观应该是较为全面和科学的一种观点。

(二)中国特色社会主义文化建设的历程

改革开放以来,随着对社会主义建设规律认识的加深,中国特色社会主义文化建设被摆在了更加突出的位置,也在多方面取得了辉煌的成绩。但为了能更好地总结我们过去在这方面的得失,为进一步指导中国特色社会主义建设服务,黄枬森先生在其后来的文化理论研究中,还特别关注了过去我们进行文化建设的一些成败问题,对中国特色社会主义文化建设的历程作了一番考察。

黄枬森先生首先对自中华人民共和国成立以来,我们所进行的社会主义文化建设的总体情况做了一个分析和回顾。并据此总结出了其中的一些规律。比如,在其主编的《有中国特色社会主义文化研究》一书中,就根据不同历史时期将中华人民共和国成立以来我们的社会主义文化建设历程分为四个阶段:第一个阶段主要是从1949年到1956年。在这一个阶段,总体上说,社会主义文化建设取得了一定的成就,主要体现在社会主义制度建设和群众文化等方面,虽然在有一些方面有所失,但取得的进步和成绩依然是主要的。第二个阶段主要是从1956年到1966年。在这一个阶段,由于受一些历史因素影响,社会主义文化建设总体上有得有失,这其中也有不少的经验教训。第三个阶段主要是从1966年到1976年。在这一个阶段,社会主义文化建设遭遇了一些挫折,总体上来说,道路曲折。第四个阶段主要是从1976年特别是从1978年到现在。在这一个阶段,中国特色的社会主义文化建设开始受到了前所未有的重视,因而也在很多方面取得了较大的进步,甚至可以说进入了一个文化建设的大繁荣时期,在这一过程中也取得了不少文化建设方面的宝贵经验。

显然从上述黄枬森先生分析的这四个文化建设的历史过程来看,中国特色社会主义文化建设与中国特色社会主义建设的总体历史进程分不开,作为上层建筑,与经济、政治的发展也分不开。因此,从这一逻辑上来说,当前的中国特色社会主义文化建设,如同经济与政治的建设与发展一样,必然也要有一个正确的指导思想来指导,否则就会走弯路。在黄枬森先生看来,这就是必须以唯物史观为基础的马克思主义文化理论为指导思想来指导文化建设,这也是我们进行社会主义文化建设所必须遵循的一个基本规律。应该说黄枬森先生所阐明的这一文化建设规律,必将大大有助于我们当前所进行的中国特色的社会主义文化建设实践。

除了历史总结外,在当前中国特色社会主义文化建设的内容与实践认识上,黄枬森先生也特别强调了在实践内容上应当包括以下几个方面:(1)要搞好具有基础性作用的整个社会的思想文化建设,坚持走中国特色社会主义文化发展道路,建设社会主义核心价值体系;(2)构建一个具有中国特色的社会主义伦理道德体系,从而提高整个中华民族的道德素质;(3)顺应全球化趋势,努力建构一个完善的文化创新体系,大力推进社会主义文化建设的战略目标,实现文化强国;(4)大力发展哲学社会科学,以重大文化理论问题和现实问题为研究方向,把握正确舆论导向;(5)积极实施文化体制改革,推进文化产业化,提高文化竞争力,实现社会效益和经济效益的双丰收。

综上所述,黄枬森先生对中国特色社会主义文化建设从历史进程与实践内容两方面进行了充分的、深刻的分析和总结。他的这一方面研究给我们提供了以下启示:一是中国特色社会主义文化建设在指导思想上必须坚持一元化,坚持马克思主义的指导思想地位,反对多元化。二是在指导思想一元化基础上,也必须反对中国特色社会主义文化建设在内容上的单一性、片面性,单一性和片面性会使得我们的文化发展僵固,失去活力。由此可见,在文化建设的内容上,黄枬森先生是赞成文化成果多样化的,因为在他看来,文化建设内容的多样化与文化指导思想的一元化之间不仅不是互相排斥的,而且是互相补充的。正如他曾经所说的那样:"任何一个统一的整体都是由多种多样、丰富多彩的内容构成的,愈加多种多样就愈加丰富多彩。社会主义文化不能只有马克思主义的指导思想而没有具体的生动的万紫千红的内容,社会主义文化要求有比资本主义更加多姿多彩的内容。要做到这点,就离不开认真贯彻'双百方针'。没有百花齐放、百家争鸣的局面,就会声音单调、色彩灰暗、观念僵化、思想停滞,这样的'社会主义文化'决不是社会主义建设所需要的,决不是广大人民群众所欢迎的。"①

---

① 黄枬森:《哲学的科学化——黄枬森自选集》,北京:首都师范大学出版社2008年版,第614页。

（三）关于中国特色社会主义和谐文化建设

建设中国特色社会主义和谐文化思想是党在领导中国人民建设中国特色社会主义伟大征程中逐渐形成的。早在党的第十六届全国代表大会上，江泽民同志就指出了和谐社会与文化的辩证关系。2005年，胡锦涛同志在《在省部级主要领导干部提高构建社会主义和谐社会能力专题研讨班上的讲话》中也指出："我们党明确提出构建社会主义和谐社会的重大任务，就是要求全党同志在建设中国特色社会主义的伟大实践中更加自觉地加强社会主义和谐社会建设，使社会主义物质文明、政治文明、精神文明建设与和谐社会建设全面发展。"到了2006年，党的十六届六中全会通过的《中共中央关于构建社会主义和谐社会若干重大问题的决定》中更是明确指出："建设和谐文化，是构建社会主义和谐社会的重要任务。社会主义核心价值体系是建设和谐文化的根本。必须坚持马克思主义在意识形态领域的指导地位，牢牢把握社会主义先进文化的前进方向，弘扬民族优秀文化传统，借鉴人类有益文明成果，倡导和谐理念。培育和谐精神，进一步形成全社会共同的理想信念和道德规范，打牢全党全国各族人民团结奋斗的思想道德基础。"[①]至此，党在正式文件中首次明确提出了建设中国特色社会主义和谐文化的思想，这一思想也使建设中国特色社会主义和谐文化成为新时期全党全国各族人民的共同奋斗目标。

为了响应党的这一文化建设号召，为促进社会主义和谐社会建设服务，黄枬森先生克服高龄以及身体不适等不利因素，积极投身于这一理论的研究中，并且提出了他自己的一系列观点。他的研究成果主要集中体现在社会主义和谐文化的性质、建设和谐文化的方法、和谐文化与先进文化的关系、如何辩证看待社会主义核心价值体系与和谐文化建设等方面。

1.社会主义和谐文化的性质

和谐文化以和谐社会理论为基础。在中央提出构建和谐社会要求后，学术界关于和谐社会的性质曾有过不少热烈的讨论，也形成了一些看法，提出了一些观点，当然其中也有一些争论。比如有学者认为我们要建设的

[①]《中共中央关于构建社会主义和谐社会若干重大问题的决定》，载《求是》2006年第20期，第8页。

社会主义和谐社会,其描述的只是一种社会状态,但也有学者认为这是一种社会形态,等等。

对于上述这一观点分歧,黄枬森先生的观点是:"和谐社会状态与社会主义社会形态仍然有着明显的区别,社会和谐不是中国特色社会主义的惟一本质属性,也不是社会主义社会独有的属性,社会主义社会还有人权普及、社会民主、分配公平等属性,非社会主义社会也有一定程度的社会和谐。"①由此论述可以发现,在黄枬森先生看来,我们当前所要建设的和谐社会其反映的就是一种社会状态,并不能作为一个单独的社会形态来对待。并且在此理论见解基础上,黄枬森先生还提出了一个关于社会主义和谐文化的性质的观点。在他看来,社会主义和谐文化不是一个孤立的概念,作为社会主义和谐社会的一个重要组成部分,和谐文化理论是构建社会主义和谐社会理论的应有部分,因而和谐文化理论与社会主义和谐社会理论一样,理所当然也应该反映的是一种状态。比如在《论社会主义和谐文化的建设》一文中,黄枬森先生就指出:"和谐文化也是文化的一种状态,即文化内部各个成分之间或社会内各个类型文化之间形成了和谐关系,而不是一种文化形态。"②

黄枬森先生的这一观点说明了就社会主义和谐文化的性质来说,这种和谐关系指的是一种文化之间的和谐状态,而并非指文化形态。正是从这个意义上来说,我们认为当前要建设的社会主义和谐文化,其目的不是对文化形态进行一种根本属性的变革,而是对社会主义文化内部之间的各个组成成分进行了一定程度的优化和调整,从而促使其达到一种最和谐的状态。换句话说,这种优化和调整并不涉及当前社会主义文化的社会制度属性方面。因此,从这个意义上来说,建设社会主义和谐文化并不意味着对各种不同于社会主义文化的文化一味包容,或者说允许不同社会制度属性的文化对社会主义制度的冲击。同时,建设社会主义和谐文化也不意味着要建设成一种不同于以往社会主义文化的特殊的文化,而主要目的是使社会主义文化内部多种成分达成一种新的和谐状态。应该说,黄枬森先生的一系列关于建设社会主义和谐文化的观点是很有启发性意义的。一方面,这些观点对于当前中国文化领域的自由主义泛滥必然会起到一定的遏制作用;另一方面,对打着和谐旗号,但却放弃社会制度属性的所谓的"文化

① 黄枬森:《哲学的科学化——黄枬森自选集》,北京:首都师范大学出版社2008年版,第620页。
② 黄枬森:《论社会主义和谐文化的建设》,载《人文杂志》2007年第4期,第45页。

大同论"观点也给予坚决的驳斥。

2.建设社会主义和谐文化的方法

在黄枬森先生看来,建设好社会主义和谐文化,不仅要把握好社会主义和谐文化的性质,处理好有关理论关系,与此同时还要掌握一些关于建设社会主义和谐文化的科学方法,这样才能实现这一任务目标,为此,他从下列三个方面提出了自己的看法。

第一,最重要的方法就是必须紧紧围绕最根本的指导思想来建设和谐文化。这一根本的指导思想就是坚持马列主义、毛泽东思想和中国特色社会主义理论体系,只有坚持这一指导思想才能最终建成社会主义和谐文化,这实际上也是总体的宏观指导方法。

第二,建设和谐文化,还要做好协调文化差异工作。在他看来,做好协调文化差异工作是建设社会主义和谐文化的最主要方法。因为文化差异如果不进行协调就可能会导致矛盾出现,进而形成各种不和谐因素。对此,黄枬森先生曾指出:"社会主义文化不仅是多样的,多种类型的,而且是多元的,多元不仅源于多个来源、多个民族,而且源于多种制度、多个阶级或阶层,这样不仅一个文化的各个组成部分之间存在着各式各样的差异,而且各种文化之间存在着更多更大的差异。差异不一定是矛盾,但差异如不予以适当的协调就会导致矛盾,而且不少差异本身就是矛盾,甚至导致冲突。因而协调差异,构建其间的和谐关系就成为十分必要的了。"[1]在此理论基础上,黄枬森先生又进一步提出,当前协调文化差异最主要的手段就是坚持和贯彻"双百方针",从而在坚持文化建设指导思想一元化的基础上,使我国社会主义的各种不同文化之间的差异与共性能充分显露,并相互磨合、相互借鉴,达到矛盾缓和并最终化解,进而最终实现一定程度的相伴而生的文化和谐局面。

第三,要建成社会主义和谐文化还要对现有的社会文化体系中的一些糟粕的、腐朽的、无法改造的因素加以清除,消除害群之马。对此,黄枬森先生说道:"在一个具体社会中会有一些消极的、无法协调的东西,这就是腐朽文化。正如和谐社会中会有少量的反国家反社会分子必须绳之以法一样,一个具体社会的文化中也会有一定数量的无法协调的文化因素,即

---

[1] 黄枬森:《论社会主义和谐文化的建设》,载《人文杂志》2007年第4期,第45页。

腐朽文化因素,如邪教、封建迷信、色情文化、反国家反社会反人类文化等等,也必须尽可能限制之、铲除之。只要我们能及时正确处理腐朽文化,它就不会蔓延开来,阻碍和谐文化的建设,破坏整体上的文化和谐状态。"①

从以上黄枬森先生提出的观点来看,建设社会主义和谐文化确实需要掌握一系列科学方法。在这一点上,黄枬森先生为我们设计了这样一种方法结构,具体来说,就是先总后分,正反结合。比如,他首先提到的是总体上的指导方法,即坚持马列主义、毛泽东思想和中国特色社会主义理论体系这一最根本的指导思想。再比如,他又提到了一些具体的建设方法,并且从正反两方面来进行阐述。正面是做好协调文化差异工作,反面是清除现有社会文化体系中的一些糟粕的、腐朽的、无法改造的因素。尽管黄枬森先生在这一方面的理解不一定是最科学的和全面的,提出的和谐文化建设方法也不一定是最完善的,但他提出的这一方法及其组成结构却无疑是有重要的借鉴意义的,因而可以说,他的这方面观点具有重要的现实价值。

3.先进文化与和谐文化之间的关系

先进文化与和谐文化是中国共产党在文化建设方面近年来先后提出的两个建设目标。二者之间究竟是一种什么样的关系呢?如何理解它们之间的区别与联系呢?某种意义上可以说,弄清楚上述这一问题,对于如何正确理解建设社会主义和谐文化,如何形成先进文化等都有着相当重要的理论指导意义。为此,黄枬森先生对先进文化与和谐文化之间的关系做出了自己的一番解读,他说:"《决定》把'牢牢把握社会主义先进文化的前进方向'作为建设和谐文化的指导思想之一,这就原则地说明了和谐文化与社会主义先进文化的关系。我们要建设的和谐文化是中国社会主义社会的和谐文化,其中的主流文化无疑属于社会主义先进文化的范畴。"②根据这段论述,可以看出,在黄枬森先生看来,先进文化与和谐文化之间的关系是紧密相连、有机统一的。表现在,一方面,先进文化是和谐文化的指导思想,而另一方面,社会主义和谐文化中的主流表现为先进文化。比如,就当前的中国特色社会主义文化建设来说,虽然作为社会主义社会性质的文化,由于处于社会主义初级阶段,其中无疑还会包括一些非社会主义因素的文化,这是正常的,并不影响社会主义和谐文化的建设,其主流文化还是

① 黄枬森:《论社会主义和谐文化的建设》,载《人文杂志》2007年第4期,第45页。
② 黄枬森:《论社会主义和谐文化的建设》,载《人文杂志》2007年第4期,第45页。

社会主义性质的先进文化。因此，"和谐文化与先进文化不相等，先进文化是和谐文化中先进的主流文化。先进文化与和谐文化之间有互动关系。和谐文化的建设或文化中的和谐关系的形成当然会大大利于文化之间的交融与互相学习，以彼之长补己之短，推动各种文化的发展，其中包括先进文化的发展，而先进文化作为主流文化对整个和谐文化发挥着指引我国文化发展的前进方向的作用"①。

这一论述表明，先进文化与和谐文化在内容上大体上是一致的，但也并非完全等同。一方面，先进文化是一种文化理论形态，是建设和谐文化的指导思想，表现为一种和谐文化中先进的主流文化；另一方面，和谐文化则是一种文化的构成状态，这种状态的形成会大大利于各组成文化之间的相互交融与学习，从而有利于推动包括先进文化在内的各组成文化的进一步发展。显然，黄枬森先生的这一关于先进文化与和谐文化之间关系的认识观点是颇具有现实价值的。某种意义上可以说，其将先进文化与和谐文化之间的关系进行了一个辩证统一的理解，准确定位了二者的历史价值，先进文化引领着和谐文化发展，和谐文化反过来又推动着先进文化发展，因此这一理论观点必将对进一步促进中国特色社会主义文化建设发挥着重要的作用。

4.社会主义核心价值体系对和谐文化建设的指导作用

社会主义核心价值体系是我党在新的历史时期提出的一个重要理论体系，也是促进全民族形成一种奋发向上的精神力量和团结和睦的精神状况的重要指导思想，它体现了社会主义制度的内在价值取向，是社会主义意识形态的本质体现，反映了全国各族人民的核心利益和共同愿望。作为在意识形态领域的重要指导思想，社会主义核心价值体系对和谐文化建设有着什么样的指导作用呢？对此，党的很多文献都作出了详细的论述，比如，在党的十六届六中全会通过的《中共中央关于构建社会主义和谐社会若干重大问题的决定》中就曾指出："建设和谐文化，是构建社会主义和谐社会的重要任务。社会主义核心价值体系是建设和谐文化的根本。必须坚持马克思主义在意识形态领域的指导地位，牢牢把握社会主义先进文化的前进方向，弘扬民族优秀文化传统，借鉴人类有益文明成果，倡导和谐理

---

① 黄枬森：《哲学的科学化——黄枬森自选集》，北京：首都师范大学出版社2008年版，第621页。

念,培育和谐精神,进一步形成全社会共同的理想信念和道德规范,打牢全党全国各族人民团结奋斗的思想道德基础。"①

由此可见,建设和发展中国特色社会主义,包括中国特色社会主义文化,都需要有一个能够被全社会共同接受和认可的核心价值体系来引领。正是从这个意义上来说,社会主义核心价值体系建设对和谐文化建设有着相当大的现实指导意义。为了能进一步挖掘和说明这一指导意义,黄枬森先生积极投入研究,并发表了自己在这一方面的研究观点。在他看来,作为一种指导思想,社会主义核心价值体系中的核心价值反映的就是一种根本的或最高的价值标准,而以这一最高价值标准来指导社会主义和谐文化建设,就把握了最先进的方向,也就必然会大大推动整个中国特色社会主义现代化文化建设事业的发展,因为"社会主义核心价值体系本身就是一种文化因素,是中国特色社会主义文化的根本因素。对中国现代文化中的主流文化,即社会主义先进文化而言,核心价值体系是精髓,是精华,是最高指导思想。对非社会主义文化因素而言,它也具有指导、引导、规范、鉴别的作用"②。

根据黄枬森先生的这一论述可以看出,社会主义核心价值体系与和谐文化建设两者之间具有一种互动的辩证关系。这一关系可以从下列两个方面去加以理解:一是社会主义核心价值体系是指导思想,发挥好社会主义核心价值体系的指引作用可以更好地建成社会主义和谐文化;二是社会主义和谐文化是表征,它的形成有利于进一步反映和彰显社会主义核心价值体系。由此可见,能否发挥好社会主义核心价值体系的宏观指引作用,实际上成为能否建设好社会主义和谐文化的关键因素。因此,只要我们形成了社会主义核心价值体系,"再加上全国人民的共同努力,妥善协调各种文化之间的差异,正确化解、解决各种文化之间的矛盾,改造落后文化,抵制、铲除腐朽文化,我国社会主义和谐文化是可以顺利建设成功的"③。

中国特色社会主义文化理论作为中国特色社会主义理论的一个重要组成部分,其自身也是一个系统严密的理论整体。自改革开放以来,对于如何建设和发展这一理论体系,中国的文化哲学工作者通过不断努力在这

---

① 《中共中央关于构建社会主义和谐社会若干重大问题的决定》,载《求是》2006年第20期,第8页。

② 黄枬森:《论社会主义和谐文化的建设》,载《人文杂志》2007年第4期,第46页。

③ 黄枬森:《哲学的科学化——黄枬森自选集》,北京:首都师范大学出版社2008年版,第624页。

方面取得了重大的进展。而黄枬森先生提出的相关文化理论无疑是这其中的重要部分，甚至可以说他的很多文化方面的研究成果都是基础性的、系统的、具有深厚哲学底蕴的，因而这些成果在某种程度上从哲学的角度拓深了文化理论研究，因而也受到了国内外学术界的广泛关注。他的很多关于中国特色社会主义文化建设方面的研究成果和理论观点，诸如在文化继承上的"辨同异，分优劣，定取舍，致交融"等，都引起了学术理论界的高度重视，这些研究成果也必将给当前的中国特色社会主义文化建设提供某些方面的重要启示。

第七章 一面旗帜: 黄枬森哲学思想的 理论贡献与当代价值

2013年1月24日,在哲学战线上奋斗了近70年的黄枬森先生因积劳成疾,病逝于北京,他的离去是我国哲学理论界的巨大损失。作为北大精神的传承者,他为我国的马克思主义哲学发展与创新做出了杰出的贡献。尽管也曾有一些学者对他的创新精神有所质疑,甚至将他冠以"保守主义者"称号来进行责难,但这些责难恰恰反映了辩证唯物主义理论体系在各种理论挑战中艰难前进的步伐。实际上,在马克思主义中国化过程中,如何实现对马克思主义哲学进行一种在守正基础上的创新是关键。而黄枬森先生的哲学思想恰恰在这方面做出了自己的贡献,这也体现了黄枬森哲学思想的时代价值,某种意义上可以说他的哲学思想就是当代中国哲学界的一面旗帜。

一、反映了中华人民共和国60多年来 哲学发展的历史进程

作为当代中国著名的马克思主义哲学家、马克思主义哲学史家、马克思主义哲学教育家,黄枬森先生在哲学理论战线奋斗了近70年,获得了很多殊荣,在很多领域特别是马克思主义哲学研究领域做出了不少值得称道的成就,对我国哲学界也产生了较为广泛的影响。从黄枬森先生哲学思想的成长与发展历程来看,他的哲学思想是在中华人民共和国成立后时代发展的实践中总结出来的,具有一种典型的代表意义。为了深入了解黄枬森先生的哲学思想,笔者曾在其北大朗润园家中,就他的哲学思想的形成和主要观点采访了他,并与他进行了深入交流,受益匪浅。

从整个哲学人生看，黄枬森先生于1942年考入西南联大物理系后第二年主动申请转到哲学系，从而开始了哲学学习历程。在哲学系他开始学的主要是西方哲学。他真正接触到马克思主义哲学，是1947年北京大学复学以后，在北大当时的一个名叫"腊月读书会"的社团里，有机会学习了大量的马克思主义哲学著作。黄枬森先生曾这样回想自己当时的情况，"在读书会里再度学习了马克思主义哲学著作，特别是学习了马克思、恩格斯、列宁、斯大林、毛泽东的著作。《反杜林论》、《唯物主义和经验批判主义》都是那个时候学习的"①。对于那个时候，黄枬森先生认为对自己影响最大的马恩经典作家是列宁。后来，1948年他大学毕业进入哲学系做研究生，从1950年起担任北京大学哲学系的助教，开始从事政治理论课的教学工作，这实际上也意味着开始了他的马克思主义理论专业工作。随后50年代初他先后在北大当苏联哲学专家萨波日尼可夫、格奥尔基耶夫的助手，帮助苏联哲学专家培养马克思主义研究生，并被安排主持研究生班的教学工作，这以后马克思主义哲学就逐渐成了黄枬森先生的终身事业。

黄枬森先生从事马克思主义哲学专业工作大致可以分为两个阶段：一个阶段是1978年改革开放以前，另一个阶段是改革开放以后。改革开放以前他主要是研究列宁的一些哲学著作，同时在科研上他也协助我国老一辈的著名哲学家金岳霖、郑昕先生，创办了《光明日报》哲学副刊，并担任编辑。1956年黄枬森先生被借调到中共中央政治研究室编写哲学教科书。1958年他的哲学著作《群众路线——辩证唯物主义的认识论》一书出版。但由于反右斗争以及后来的"文化大革命"，他都被错误地对待，致使在学校讲课的权利被剥夺，科研也受到影响，特别是在1959年他被错误地开除了党籍，这对黄枬森先生影响很大。即使这样，1960年到1962年间他还是组织宋文坚、辛文荣、庄宝玖、张翼星、钱广华等同志进行了部分《哲学笔记》的注释工作。应该说，这一时期是黄枬森先生的哲学思想萌芽阶段，表现为一方面，他开始了最为基础的马克思主义哲学文本研究，但另一方面当时的很多哲学研究只是处于起步酝酿阶段，在体系上也不是十分系统。

随着1978年"真理标准"问题的讨论开始，黄枬森先生的学术春天也真正到来了。这一时期他写就了《社会实践是检验认识的真理性的唯一标准》等多篇文章，形成了他自己的关于"真理标准"问题的哲学见解。20世

---

① 黄枬森：《哲学的科学化——黄枬森自选集》，北京：首都师范大学出版社2008年版，第2页。

纪80年代初,在学术界提出对人道主义进行重新评价这一问题时,黄枬森先生发文提出了自己的观点,认为不能把马克思主义归结为人道主义,人道主义作为历史观是错误的。他说:"事实是:当马克思还没有完成唯物史观的发现,还没有完全摆脱旧思想影响的时候,确曾把自己的理论称为人道主义;当马克思和恩格斯一起发现了唯物史观,实现了历史观上的革命变革的时候,就以这个唯一科学的历史观的指导,创立了科学共产主义学说,并与人道主义划清了原则界限。"[①]这一时期黄枬森先生还编著了多部哲学书籍,如《〈哲学笔记〉注释》《〈哲学笔记〉与辩证法》《问题中的哲学》《哲学的足迹》《马克思主义哲学史》《列宁传》等。

到了20世纪90年代,由于一系列原因,国际共产主义运动开始处于低潮。面对这种形势,为了配合国际人权斗争的需要,凸显马克思主义哲学对人的研究的重视,黄枬森先生开始联合国内其他学者共同进行马克思主义人学方面的研究。在这一过程中,他组织出版了《人学辞典》,组建了北京大学人学研究中心等。这一时期国内理论界要求进行马克思主义哲学改革的呼声很高,特别是以实践唯物主义的称呼来取代辩证唯物主义和历史唯物主义的称呼这一观点在我国哲学界颇为流行,甚至持这种观点的人数达到多数。面对这种理论局面,黄枬森先生以马克思主义哲学史为依据,结合当代中国的时代特征并进行逻辑分析后提出观点,认为实践观点是马克思主义的主要观点,但绝不是马克思主义哲学首要的和基本的观点,也不是唯一的观点,从历史传承角度来说,必须坚持辩证唯物主义。为此,这一时期他编著了《哲学概念辨析辞典》《马克思主义哲学史》《人学的足迹》《黄枬森自选集》以及《马克思主义哲学史》等,主旨思想都是体现了捍卫辩证唯物主义。同时从20世纪80年代开始,在如何理解和阐释中国特色社会主义理论这一问题上,黄枬森先生也紧跟时代步伐,积极倡导加强这方面的理论研究。早在1983年的4月,在参加由联合国教科文组织举办的纪念马克思逝世100周年学术研讨会上,他就作了题目为《在马克思主义指导下建设有中国特色社会主义》的精彩发言。1993年第7期的《哲学研究》期刊上还发表了他的《关于建立社会主义市场经济的几个哲学问题》一文,这是他涉足社会主义市场经济研究的较早文章。之后,在此基础上,他还对建设中国特色社会主义文化进行了一系列有效的探索,1999年

---

① 黄枬森:《哲学的足迹》,北京:社会科学出版社1987年版,第322页。

主编出版了《有中国特色社会主义文化建设研究》一书。

进入21世纪,我国哲学理论界兴起了一股构建马克思主义哲学新体系的理论热潮,但一直争议很大,没有形成比较一致的看法。对此,黄枬森先生进行了努力。2001年,恰逢黄枬森先生八十华诞,很多学者积极筹划为他组织一次以庆生为名的研讨会。在确定会议主题时,有学者提出重点讨论他的学术贡献,被他一口否定了。黄枬森先生借此机会提出研讨会主题应该是讨论21世纪的哲学创新问题,特别是马克思主义哲学的创新问题。这样他的八十华诞纪念变成了首届"21世纪哲学创新论坛",之后出版了论文集《21世纪哲学创新——黄楠森教授八十华诞纪念文集》。同年7月,根据黄枬森先生等人的提议,在深圳进一步举行了全国性的学术研讨会"中国共产党与马克思主义哲学创新",之后出版了论文集《中国共产党与马克思主义哲学创新》。也就是这一年,他开始了"马克思主义哲学体系创新"重大课题研究。之后,他在马克思主义哲学首要的基本的观点、关于马克思主义哲学体系的板块结构与一元结构等问题上提出了有说服力的见解,这些都在学术界产生了一定的影响,对构建马克思主义哲学体系的新形态有重大的理论指导作用。此外,黄枬森先生还进行了邓小平理论的哲学基础研究,主编了《邓小平理论的哲学基础研究》等书。他还对马克思主义中国化的成果——"三个代表"重要思想和科学发展观发表了自己的一些观点。晚年的黄枬森先生一直致力于马克思主义哲学的科学化研究,先后编辑出版了《哲学的科学之路》《哲学的科学化——黄枬森自选集》等书。以上思想发展历程充分显示,黄枬森先生哲学思想的形成过程是和中华人民共和国成立后马克思主义中国化的实际进程紧密联系在一起的,这一哲学思想的形成过程反映了中华人民共和国成立后实践发展的过程。从这个意义上来说,黄枬森先生哲学思想的形成过程就是中华人民共和国成立后我国哲学事业发展的一个缩影,研究这一哲学思想具有重要的理论意义和实践意义。

二、体现了对辩证唯物主义基本原理的科学坚守

改革开放以后,我国哲学理论界的学术研究呈现出一幅多姿多彩的画

面。随着学术流派的增多,对于马克思主义哲学,现在人们谈得比较多的一个问题是,以辩证唯物主义为核心的传统理论体系是不是过时了? 在这一过程中,由于受西方一些理论的影响和冲击,国内近年来出现了一股来势凶猛的批判甚至否定、拒斥辩证唯物主义体系的思潮。有不少学者根据各种理由质疑了辩证唯物主义理论体系的权威性,进而提出了"实践本体论""实践一元论""实践超越论"等观点。总结来看,这些质疑辩证唯物主义观点的理论根据主要有:实践是马克思主义哲学首要的基本的观点;辩证唯物主义和历史唯物主义是恩格斯及其之后苏联哲学家的哲学而不是马克思的哲学;辩证唯物主义是已经过时的近代直观唯物主义哲学而不是符合时代变化的现代哲学;等等。

面对上述理论局面,黄枬森先生始终坚持马克思主义哲学的精神实质,自觉肩负起坚持和发展辩证唯物主义的重任,坚持马克思主义哲学是辩证唯物主义哲学,成为国内哲学界捍卫辩证唯物主义的第一旗手。

首先,他对辩证唯物主义面临的挑战有着清醒的认识,他说:"马克思主义哲学在其萌芽、创立和发展的过程中已经建立了一个科学体系,那就是辩证唯物主义和历史唯物主义。但是,近三十年来,这一体系受到种种挑战。"①在黄枬森先生看来,在国际共产主义运动处于相对低潮的时候,马克思主义哲学受到了轻视甚至否定是可以理解的,但这只是暂时现象,越是这个时候,我们越应当深刻认识到,对现有的马克思主义哲学理论体系,我们不能根本否定,而应该抱着一种在坚持基础上加以创新的态度来发展和完善它。

其次,针对有的人不分青红皂白,污蔑辩证唯物主义实际上就是斯大林主义,黄枬森先生进行了澄清。他说:"尽管斯大林体系解放以后有几年流行,但毛泽东对斯大林体系的一些提法是有意见的,所以,在苏联批判斯大林以后,中国也就不用这个体系了。随后,胡绳、艾思奇在编写辩证唯物主义和历史唯物主义教材时,就恢复了20世纪二三十年代的体系。因此,不能说我们后来的辩证唯物主义和历史唯物主义体系是斯大林模式,这不符合历史事实。"②正因为如此,在黄枬森先生看来,现行的辩证唯物主义

---

① 黄枬森:《更完整严密构建马克思主义哲学体系的必要性与可行性》,载《北京大学学报》(哲学社会科学版)2007年第6期,第5页。

② 黄枬森:《关于马克思主义哲学新体系的构想》,载《北京行政学院学报》2006年第2期,第35页。

体系与所谓的斯大林体系实际上是有很大差别的。

再次，针对现在理论界有不少学者提出的，辩证唯物主义体系源于恩格斯，而与马克思的哲学观有较大差别的观点，黄枏森先生同样给予了深刻的分析和说明，从而澄清了一些误解。在黄枏森先生看来，虽然现在的辩证唯物主义体系中的很多核心观点，如客观辩证法、反映论等观点是恩格斯首先论证的，但在这一过程中，马克思与恩格斯是在进行分工的前提下各自开展相关研究工作的，实际上二人是共同完成者，并且恩格斯的这些观点马克思都是知道、同意和坚持的，甚至是直接参与了一部分工作，从这个意义上来说，说辩证唯物主义理论与马克思的观点有较大差异，因而不是马克思的哲学观站不住脚。

最后，黄枏森先生还对以认识史上的替代论观点来否定辩证唯物主义的观点进行了驳斥。这一观点认为任何理论总会有一个被取代更新的过程，即是说，即便辩证唯物主义体系曾经具有合理性，但随着历史的发展，这一理论体系总归也会经历一个被取代的过程。针对这一观点，黄枏森先生同样以人类认识史上的大量事实加以了批驳。在他看来，科学发展史证明，一种理论一旦被证明为基本正确，其存在的合理性就不会被否定，即使将来还会出现更好的学说，但也不是对这一理论的彻底否定，而只是意味着旧的理论的适用范围有了限制，旧理论的基本观点和核心因素也会被吸收到新学说中。因此，在黄枏森先生看来，辩证唯物主义同历史上的各种科学理论一样，只会不断发展而不会被推翻，它的基本观点不会过时，也不会被驳倒和推翻。他不仅批评了国内外借此替代论错误观点试图否定传统马克思主义哲学的社会思潮，而且指明了中国哲学界应该联系实际坚持马克思主义哲学最基本、最核心的观点，也就是辩证唯物主义。为此他曾严肃指出："科学史告诉我们一门科学一旦成立，它就不可能被推翻。科学具有一种绝对的真理性，它的使用范围可以缩小或扩大，它的内容中的某些错误因素可以被否定，新的因素可以补充进去，某些过时的因素可以修改，但由于它的绝对的真理性，是不可能被根本推翻的。辩证唯物主义自然也不例外。"[1]

可见，在黄枏森先生看来，辩证唯物主义实际上就是一门如同自然科学一样的科学理论，只会不断发展而不会被推翻，这已经经过了长时间的

---

[1] 黄枏森：《必须坚持辩证唯物主义》，载《北京大学学报》（哲学社会科学版）1998年第2期，第167页。

历史实践证明。当然要做到对这一理论的科学坚持和守正,还必须正确把握住其精神实质,按照科学建构的原则,对其进行科学化。对此,黄枬森先生提出,现有的辩证唯物主义体系的主体和核心的东西是科学的,是应该肯定和坚持的,这也为实现哲学科学化奠定了基础。从这个意义上来说,马克思主义哲学作为一门科学,后来的马克思主义者在循其哲学思路加以建设和发展的同时,坚持原有体系的主要和核心内容不但是可以的,而且是必要的。正如黄枬森先生所说,坚持一种理论体系,其根据不是这一理论说了什么,而在于这一理论是否经受住了社会实践和科学发展的检验。在他看来,辩证唯物主义和历史唯物主义是经过实践检验的真理,富有极强的生命力,能够随着时代的发展而发展,特别是在中国,中华人民共和国成立后中国化的辩证唯物主义和历史唯物主义已经逐步形成了自己的完整的理论体系,仍然能为中国特色社会主义建设实践服务。相反,如果我们不能科学地对待质疑甚至否定辩证唯物主义和历史唯物主义世界观的思潮,就不能正确捍卫马克思主义哲学在中国的主导意识形态地位。从这个意义上来说,对辩证唯物主义的科学守正,是我们必须要坚持且永远都不能放弃的,"丢掉辩证唯物主义的旗帜将是中华民族的一场历史性灾难"[1]。针对当前理论界不少学者认为实践唯物主义才是马克思主义哲学的最恰当名称,黄枬森先生指出,不应该把辩证唯物主义与实践唯物主义二者对立起来。在他看来,如果实践唯物主义这里的"实践"是指马克思主义哲学的特征而不是对象的话,其实际上就是与辩证唯物主义是一致的。在捍卫辩证唯物主义的过程中,黄枬森先生受到了一些人的肆意菲薄,甚至被污蔑为新时期的"顽固派"。对此,黄枬森先生微笑以待,他认为有反对声音很正常,这说明他的观点还是能引起一定的关注的,正因为如此,他将为真理奋斗不息。在研究黄枬森先生哲学思想的过程中,笔者强烈地感受到了黄枬森先生这种为科学而献身的奋斗精神。

---

[1] 黄楠森:《必须坚持辩证唯物主义》,载《北京大学学报》(哲学社会科学版)1998年第2期,第168页。

三、展现了对马克思主义哲学的当代创新

在今天的学术理论界，传统的辩证唯物主义理论体系受到了一系列的质疑和否定。面对这种局面，黄枬森先生不为所惧，保持头脑清醒。在看到传统的辩证唯物主义理论体系确实需要加以发展和完善的基础上，黄枬森先生认为辩证唯物主义的主体和核心内容是科学的，这是永远不能放弃的，为此他对辩证唯物主义理论做了国内学术界最为集中和系统的论述，成为捍卫辩证唯物主义理论体系的一面旗帜。也正因为黄枬森先生一贯坚持马克思主义哲学最基本、最核心的观点——辩证唯物主义，很多人就据此认为他因循守旧，缺乏创新，甚至给他冠以"保守主义者"的称号。

笔者认为这恰恰反映了这些人不了解黄枬森先生哲学思想的创新之处，或了解得不全面，甚至是对黄枬森先生哲学思想产生了误解。实际上，与此相反，黄枬森先生非常注重创新，可以说他的哲学思想体现了一种顺应时代发展的马克思主义哲学创新。比如，他早期在列宁《哲学笔记》的研究中以及对马克思主义哲学史的研究中都有着很强的创新意识，甚至在2001年庆祝他80岁生日的研讨会上，黄枬森先生还借此机会提出研讨会的主题应该是讨论21世纪的哲学创新问题，特别是马克思主义哲学的创新问题。也正是这一年，黄枬森先生开始了"马克思主义哲学体系创新"重大课题研究。之后，他在马克思主义哲学的当代体系创新、哲学的科学化等问题上提出了有重大创新价值的见解，这些都在学术界产生了一定的影响，从而对构建马克思主义哲学体系的当代新形态有着重大的理论指导作用。

认为黄枬森先生强调坚持辩证唯物主义就是缺乏创新思想，这在逻辑上是荒谬的。事实上，在黄枬森先生那里，他认为我们不能因为原有马克思主义哲学体系曾经有过僵化、有缺点，需要发展，就把它彻底抛弃、推倒重来，这样只会从一个极端走向另一个极端，所以在对待辩证唯物主义面临种种挑战的具体立场上，黄枬森先生更为强调的是坚持辩证唯物主义。即是说，面对否定辩证唯物主义的思潮，我们更迫切更重要的任务是坚持，当然也要发展，在发展中坚持。这不仅是因为辩证唯物主义其本身是经实

践检验证明为科学的理论,也是因为坚持辩证唯物主义是实现21世纪中国马克思主义哲学创新的基础。如果说就因为这种对马克思主义哲学的守正,而给有些论者留下了所谓的"保守主义"印象,显然这是一种误解。

黄枬森先生的创新思想无处不在。比如他一直强调马克思主义哲学当代发展的两大任务,即"一是捍卫马克思主义哲学——辩证唯物主义与历史唯物主义的基本观点,一是建构与当代社会发展水平相适应的有中国特色的马克思主义哲学的新形态,也就是振兴、弘扬和发展马克思主义哲学的任务"①。为了说明这一点,黄枬森先生在为王克孝等写作的《辩证法研究》一书写的《序》中指出:"马克思主义辩证法发展到今天,坚持和发展这两方面的任务都相当突出,而且艰巨。"②在此理论基础上,他更是观点鲜明地指出:"辩证唯物主义包含绝对真理的颗粒,但它的整个体系并不是绝对真理,时代变化发展了,它的一些观点就会过时,就需要修正或抛弃,还应用新的内容来丰富它,发展它。"③可见,在坚持马克思主义哲学本质的基础上,黄枬森先生是非常赞同和提倡马克思主义哲学的当代创新的。在他看来,马克思主义哲学的当代创新应该大体上包括:(1)把哲学作为一门科学来加以研究和建设,坚持哲学知识应该是一种客观的知识,应该力求同客观世界相一致;(2)认为哲学应该随着社会实践和自然科学、社会科学的发展而发展;(3)主张应该按照一定的建构原则来建构哲学体系,这个原则最主要的就是从抽象到具体、从简单到复杂;(4)应该强调哲学的应用价值,主张哲学应该指导我们认识世界和改造世界的活动。

不仅如此,在创新研究成果上,近70年的哲学求索使得黄枬森先生也在多方面取得了具有重大创新价值的研究成果。简单归纳起来,这些成果主要体现在以下几个方面:(1)国内最早突破苏联哲学教科书体系模式,开展《哲学笔记》与辩证法研究;(2)开创了中国马克思主义哲学史研究的先河,推动了中国马克思主义哲学史研究的发展;(3)开展了与时俱进的中国特色社会主义理论与哲学基础研究;(4)提出了创新的马克思主义哲学现代形态体系的哲学观;(5)某种程度上奠定了当代中国人学的理论基础,推

---

① 黄枬森:《辩证唯物主义世界观只会被发展而不会被消解》,载《北京大学学报》(哲学社会科学版)2001年第2期,第29页。

② 王克孝、彭燕韩、张在滋主编:《辩证法研究》,北京:人民出版社1993年版,序言。

③ 黄枬森:《论辩证唯物主义体系的不变性与可变性》,载《中共中央党校学报》2001年第4期,第7页。

动了人学研究的发展;(6)拓展了中国特色社会主义文化理论研究;(7)提出了当代中国哲学改革的目标——哲学的科学化思想;等等。就上述这些理论成果而言,可以毫不夸张地说都是价值相当重大的、影响较为深远的创新理论成果,这足以彰显黄枬森先生哲学思想的创新价值。

从马克思主义哲学史的具体发展历程来看,辩证唯物主义实际就是马克思、恩格斯、列宁以及之后的很多马克思主义哲学家们对他们当时的自然科学和社会科学思想的总结和概括。即使发展到今天,这一理论体系在实现中国化的具体过程中也是经受住了实践的再次检验。因此辩证唯物主义作为马克思主义哲学的代名词,这个核心的东西我们当然是要坚持而不能放弃。当然,马克思主义哲学也强调其自身不能教条主义,因此也需要随着时代的发展和变化而不断发展和变化。换句话说,辩证唯物主义理论体系自身不是不存在历史局限性的,它的某些观点可能也会过时,它的某些原理可能也会不再适用,这就需要修正或放弃,抑或用新的内容来丰富发展它。正如黄枬森先生所言:"辩证唯物主义虽然作为一门科学已基本建立,但其中也可能会有不完整、不严密、不深刻之处,以及过时、错误之处,一个是它本身问题,一个是由于实践、形势、科学的发展而出现的问题,因此它必须发展。"①从这个意义上来说,笔者认为黄枬森先生坚持正确科学的马克思主义哲学合理内核,同时针对马克思主义哲学在自身体系上的不足,倡议提出马克思主义哲学的"体系完善说"观点,是非常恰当稳妥的,也是符合时代要求的。黄枬森先生对待辩证唯物主义的态度,实际上就是对当代马克思主义哲学在守正基础上的创新。根据这一思路,我们"如果按照逻辑与历史相统一的原则来构建马克思主义哲学体系,一个比较科学的新体系是可以建立起来的。建构一个马克思主义哲学新的科学体系的工作不是一个人可以完成的,也不是十年、二十年能够完成的,而是一项长期的工作,当然也是一项会遇到不少困难的艰苦的工作。尽管如此,这项工作我们必须做,而且要努力把它做好。只要我们把哲学作为科学来建设,一代代坚持下去,总有一天我们的目的是可以达到的"②。

① 黄楠森:《必须坚持辩证唯物主义》,载《北京大学学报》(哲学社会科学版)1998年第2期,第168页。

② 黄枬森:《关于马克思主义哲学新体系的构想》,载《北京行政学院学报》2006年第2期,第38页。

四、为哲学科学化思想提供了
一种独特的哲学创新思路

　　黄枬森先生在强调马克思主义哲学创新的基础上,又独具慧眼地看到,我们今天之所以出现这种在马克思主义哲学创新认识上的众说纷纭、莫衷一是的局面,其重要原因之一是我们没有把哲学看成是一门科学,没有按照科学的建构要求来建设哲学,从而造成近乎各成一家之言的结果,以至于"哲学虽然已经有两千多年的历史,却始终没有出现一种哲学得到多数哲学家们的认同"①。

　　正是因为如此,尽管辩证唯物主义和历史唯物主义是根据马克思、恩格斯、列宁以及其他杰出马克思主义哲学家的言论和他们对当时的自然科学和社会科学的总结和概括,而形成的科学理论体系,并且某种程度上可以说结束了哲学的前科学阶段,甚至当时的马克思主义者都承认了马克思主义哲学已经把哲学变成了科学,但哲学理论问题是一种最基础的理论问题,在理解和认识过程中完全不如自然科学那样,只要一个结论出来了,如果这个结论有充分的根据就能够得到大多数人的认同。在黄枬森先生看来,也正因为这种在认知形式上的不同,造成哲学与科学被截然分开,甚至现在看来国内哲学界还是有很多人否定哲学的科学性,不承认哲学是科学,进而出现每个人有每个人的哲学的情况。

　　那么怎么来扭转这种局面呢?黄枬森先生认为,首先,要清醒地看到马克思主义哲学同西方哲学和传统的中国哲学有着本质的区别。在黄枬森先生看来,以辩证唯物主义为核心的马克思主义哲学就是对客观规律的正确反映,它具备科学都必须具备的一些基本条件。因此,与中国传统哲学和西方哲学等其他哲学理论不同,马克思主义哲学本质上就是科学。具体来说,黄枬森先生认为,一般一门学科能够成为科学往往须具备三个前提条件:(1)有一个明确的研究对象;(2)有一系列原理、判断和命题,而且这些原理、判断和命题是正确的,即与认识对象是一致的且相符合的;(3)这些原理、判断和命题构成一个逻辑体系。从这三个前提条件来看,马克

---

　　① 黄枬森:《哲学的科学化——黄枬森自选集》,北京:首都师范大学出版社2008年版,第331页。

思主义哲学符合这一基本要求，所以它可以成为一门科学。

其次，黄枬森先生认为，马克思主义哲学要在形式上完全走向科学，或者说如同自然科学那样能被广泛认同，除了在本质内容上进一步完善外，我们还应该坚持一条哲学的科学化之路。在他看来，这条哲学的科学化之路就是必须按照科学的建构原则来建构一个新的马克思主义哲学的当代科学理论体系，使之符合科学的发展要求和适应时代的需要。这个新的理论体系完全符合科学的建构原则要求，体现科学需要的理论形式。当然，这条哲学的科学化之路并不是单纯将哲学混同于科学，或者说走向实证化，而是科学设计一种既来自现实生活但又不断超越现实生活的哲学价值追求，实现在这条哲学科学化之路的推进过程中，马克思主义哲学越来越完善、越来越科学。

最后，黄枬森先生认为，当前马克思主义哲学的科学化之路就是把已经经过实践检验的辩证唯物主义看成是一门科学，并在这一基础上进而来讨论它的不变性与可变性，并不断根据科学的建构原则要求来进一步加以完善。具体来说，就是对辩证唯物主义理论体系中经过实践证明为科学合理的内容我们要坚守，对不太科学合理的一些过时的观点和内容要创新地修改或完善。也就是说，马克思主义哲学的当代改革与发展就是围绕马克思主义哲学的进一步科学化来展开的，也只有这样，改革才能形成统一思路和方向，马克思主义哲学才能越来越有生命活力。对此，黄枬森先生认为："如果马克思主义哲学家们不是循着哲学应该成为科学这个途径前进，而提倡哲学的个性化，哲学爱讲什么就讲什么，爱怎么讲就怎么讲，不是在求真中求新，而是为求新而求新，全无真假是非可言，那么，任何争论都是多余的了。"[1]

由于马克思主义哲学已经具备一般科学所必须具备的三个前提条件，黄枬森先生认为，在目前的情况下，只有辩证唯物主义和历史唯物主义是唯一相对符合建构成为一门科学的条件的哲学体系。为此他说："哲学史上有哪一个哲学体系符合上述条件呢？据我所知，似乎只有马克思主义哲学——辩证唯物主义和历史唯物主义基本上符合以上条件。它的核心部分是世界观，此外还有两个部门哲学——认识论和历史观。它的原理基本上经得起实践的检验。它的体系大体符合从抽象到具体的原则。"[2]因此，

---

① 金针：《黄枬森的哲学思想及其由来》，载《高校理论战线》2001年第7期，第57页。

② 黄枬森：《哲学的科学化——黄枬森自选集》，北京：首都师范大学出版社2008年版，第335页。

在黄枬森先生看来,辩证唯物主义和历史唯物主义体系作为目前唯一相对成熟的哲学体系,其本身就具备实现科学化的基本条件,甚至是曾经结束了哲学的前科学阶段。正是因为这一理论体系的进一步发展才使得哲学的科学化成为可能。因此,在当前坚持和发展马克思主义哲学的过程中,只有大力提倡哲学的科学化,也就是说按照科学的建构原则在原有辩证唯物主义和历史唯物主义理论体系的基础上,来建构一个新形态的马克思主义哲学科学体系,才能使得马克思主义哲学进一步保持青春活力和旺盛生命力。反过来说,在这一哲学科学化的过程中,也只有辩证唯物主义和历史唯物主义才最符合马克思主义哲学的科学化的构建要求,承担起哲学走向科学的重任。

为此,黄枬森先生以哲学的科学化为研究方向和根本指导原则,提出了他自己的关于建构新形态马克思主义哲学科学体系的设想。在这一设想中他特别强调了以下几个方面:(1)构建马克思主义哲学科学体系应该遵循几个前提,即真正承认哲学是一门学科,具体来说就是哲学一定要有自己的明确研究对象,哲学应当有许多经过实践检验而成立的原理,这些原理构成了前后一贯的完整严密体系。(2)要正确分析原有体系即辩证唯物主义与历史唯物主义体系的得失。(3)在分析得失基础上进一步弄清楚辩证唯物主义与历史唯物主义体系的不变性与可变性,从而在新体系中坚持不变性,修正和发展可变性。尽管这一体系安排仍然是一个远未实现的设想,其中也不乏一些不周全之处,但无论如何,黄枬森先生在这一设想中提出的哲学科学化观点,在某种程度上给当前的马克思主义哲学改革带来了一种启示,正如他自己所说:"马克思主义哲学不能不有一个理论体系,但这个体系不会是单一的,也不会是僵化的。说到底,真正的哲学既然是时代精神的精华,而时代及其精神总是不断发展的,马克思主义哲学及其体系当然是会相应地不断变化发展的。不存在一劳永逸的一成不变的绝对完美的哲学体系,我们只能不断地探索更加完整、更加严密的哲学体系。"①

总之,根据黄枬森先生的研究成果,在不断推进马克思主义哲学中国化的这一伟大进程中,马克思主义哲学事业的发展需要我们做到以下两方面:一方面,要坚持马克思主义哲学被实践证明为基本科学的体系——辩

---

① 黄枬森:《关于马克思主义哲学科学体系的讨论》,载《毛泽东邓小平理论研究》2010年第1期,第62页。

证唯物主义和历史唯物主义;另一方面,要不断创新、发展和完善这一体系,特别是要按照哲学科学化的要求建构一个与现时代相适应的能充分体现时代精神的马克思主义哲学体系新形态。如果这个新形态确实是一个能反映时代精神的科学体系,那么是能够在我国理论界和人民群众中取得优势地位而被信奉的。对此,黄枬森先生非常有信心地说:"人类认识史告诉我们,任何一门科学都有一个从学科转变为科学的过程,哲学是一门学科,哲学终将转变成科学。"①为此黄枬森先生给了我们以鼓励,尽管马克思主义哲学作为一门科学还没有得到全世界的认同,但这一天终会到来。

---

① 黄枬森:《哲学的科学化——黄枬森自选集》,北京:首都师范大学出版社2008年版,序言第4页。

附录：黄枬森先生访谈笔录

访谈笔录说明：黄枬森先生是我国当代著名的马克思主义哲学家、马克思主义哲学史家、马克思主义哲学教育家。他在马克思主义哲学研究的多个领域都做出了杰出贡献。为了有助于进一步了解和研究黄枬森先生的哲学思想，笔者曾在黄枬森先生生前，三次就其哲学思想的发展历程和主要观点采访了黄枬森先生，三次时间分别为2009年12月6日、2010年12月30日和2011年12月29日。

第一次访谈

时间：2009年12月6日；地点：北京大学朗润园黄枬森先生家中。

笔者：黄老师您好，感谢您能接受我的采访。首先，我想了解您小时候的一些成长、学习经历和当时您家庭的情况，您能就此简单谈谈吗？

黄枬森先生：我是四川富顺县人，生于公元1921年11月29日。我出生时，我家居住于四川富顺县城城郊的一个地方，那里是长江的一个著名支流——沱江流经的地方，当地物产丰富，人们生活也相对富足。我的家境也不错，在当时应该算得上是一个书香家庭。我的父亲名叫黄文杰，他是一位饱读诗书、满腹经纶的前清秀才，被我们当地人尊称为"文豪"。我的母亲姓殷，她也曾读过私塾，是一位知书达理的家庭主妇。我在家中排行老三，上边还有一个哥哥和一个姐姐，家中共有六个兄弟姐妹。我从小就在父亲的严格要求和教育下学习了很多的中国古代的经史子集，特别是父亲非常刻意对我进行语言和文字能力的训练和培养。母亲也非常关心我的学习和成长。

从六七岁到十四五岁左右,除了上过两年小学以外,我的大部分时间都是在私塾学习,在那里我主要接触和学习了中国古代的一些典籍,比如《百家姓》《三字经》《论语》《孟子》《史记》等。我直到16岁才上初中,18岁上自贡市蜀光中学高中部。在高中我开始学习并接受了一些西方近代科学文化。那时的蜀光中学由著名爱国教育家张伯苓、喻传鑑分别任董事长和校长,学校的氛围也比较民主、开明,特别是在办学模式上有自己的特色。我们学校把喻传鑑校长书写的"尽心为公,努力增能"八个大字作为校训,并据此详细规定了我们学生在德智体美劳几个方面全面发展的一系列具体措施,这就是"公能训练"。受学校良好氛围和小时候父亲的影响,那时我非常爱好写作,经常写一些文章和诗等。在写作上我是特别崇拜鲁迅的,也读过很多鲁迅的文章,深受鲁迅的反封建思想影响。同时也正因为我们学校的民主氛围,我才可以接触那时传播的一些马克思主义哲学著作,这让我产生了初步的兴趣。1942年我从蜀光中学高中部毕业。毕业前,我们当年高中毕业的同学大家共同集资在学校的体育场旁边修建了一座砖石平台作为纪念,取名"公能台"。大约20世纪80年代,我曾返回过那里,但那座"公能台"早已不存在了。对我而言,物质的"公能台"虽已不复存在,但精神的"公能台"将永远在蜀光学子心中闪闪发光。

笔者:谢谢您的回忆。您能谈谈您是如何走上马克思主义哲学道路的吗?

黄枬森先生:我走上这条道路既是我主观努力和选择的结果,更重要的是时代影响的结果。我在蜀光中学读书期间,尽管相对来说比较爱好文学与哲学,但我的各门功课成绩都比较突出,在老师眼中也是一位品学兼优的好学生。特别是在进行高中文理科组自选时,我还在别人的建议下选择了理科组。当时我的物理成绩是各科中最好的,我也深受物理老师的喜爱,因此在后来填报高考志愿时物理老师就推荐我报考了西南联大物理系。1942年我被西南联大物理系录取,但到第二年我转到了哲学系。那时的学校允许转系,经济、工程等专业在当时很吃香,很多同学都转学到经济、工程专业,并为将来出国做打算,因为那时出国也还比较容易,但我却因为自己的兴趣转到了哲学系。这主要有两方面的原因:一是我这人天生不喜欢教条枯燥的实验,比如像是物理实验,由于那时的仪器设备简陋,做出来的数据往往误差很大,因此我未能产生兴趣;二是我在高中时就深受哲学知识特别是马克思主义哲学理论的影响,可以说那时也是抱着能为将来进一步研究哲学打下自然科学基础,才选择报考了物理专业。在转到哲学系后,我学的主要是西方哲学。可以说,在西南联大时西方哲学对我影响很深,那时我比较崇拜黑格尔,因为他是集大成者,我个人认为黑格尔比康德更伟大。

然而就在我转系的第二年,日本帝国主义的侵略魔爪已经伸到了贵州的独山,西南联大校园也已经不再安静了。我们每个青年学子都对侵略者愤怒无比,爱国的热情开始沸腾。恰在此时,国民党政府开始招募抗日青年军,于是我和很多学子就毅然报名参军了。之后,我被统一分配到了中国援助印度的远征军当了炮兵,并由国民党政府安排经著名的驼峰航线空运到了印度加尔各答附近的赖加。我在那里和其他青年军战友一起在美国的援助之下接受了现代化的汽车驾驶训练。然而没过多久,抗日战场发生了很大变化,日本帝国主义投降了,我们也认识到了国民党政府的内战企图,因而纷纷离开部队回到学校复学。

由于西南联大解散,我选择了复学北京大学。但这个时候,我收到了家里父亲生病的信件,并且离开学的时间还早,于是我就立即赶回了四川富顺老家,因而并没有随校回到当时的北平。回到老家后,我遇到了同样回来的一些同学。那时的老家在军阀控制之下,没有任何民主可言。因此,具有革命激情的我们便聚在一起商讨如何打破这一局面。后来大家一致同意办一份小报,鉴于我的文字功底较好,大家推荐我当这份小报的主编,并将这份小报命名为《民主生活三日刊》。想不到这份小报很受欢迎,每期都销售一空。然而由于后来国民党县政府的压制,这份小报还是被关闭了,最后我甚至被国民党县政府列为"共党分子"加以通缉,为此我不得不离开了家乡。

大约1947年初,我回到了北京大学哲学系报到,重新开始了我的哲学专业学习。也就是这个时候我才开始再度真正接触到了马克思主义哲学。当时北京大学由于受革命形势发展的影响,成为中国共产党地下组织发展较为迅速的学府,往往通过读书会等形式来发展。于是我便参加了一个"腊月读书会"活动,可以说从这时起我便接受了党对我的教育。中华人民共和国成立后,特别是从1950年开始,我还被组织安排从事马克思主义政治理论课的教学工作。就这样马克思主义哲学成了我的终身事业。

笔者:谢谢,听说您在中华人民共和国成立初期就取得了不少研究成果,并且还出版了哲学专著?

黄枬森先生:我们这一代在中华人民共和国成立后第一批成长起来的研究马克思主义哲学的学者,赶上了一段好时光。中华人民共和国成立后,百废待兴,因而迫切需要作为科学指导思想的马克思主义理论。我也正是顺应这一时代要求,积极投身于马克思主义哲学理论的宣传和研究,说多少研究成果谈不上,算是有一点小小的收获吧。在教学上,我开列了马列主义基础理论课,并担任苏联专家助手,培养我国早期的马克思主义研究生。在研究上,我先后发表了十几篇论文,并协助我国老一辈的著名哲学家金岳霖、郑昕先生,创办了《光明日报》哲学副刊,在那里担任编辑。到了1956年,我还被借调到中共中央政治研究室参与编写哲学教科书。1958年,我出版了我的第一本哲学专著,即《群众路线——辩证唯物主义的认识论》,严格说,这仅是一本小册子,文字也不多,内容也不深刻和完整。

笔者:听说您在改革开放前的20多年里,经历了无数风雨和曲折,但您却在逆境中奋进,特别是在列宁的《哲学笔记》研究方面取得了重要进展,这一过程究竟是怎样的?

黄枬森先生:改革开放前,我们国家无论是政治生活还是经济建设都历经坎坷。我先是在反右斗争中受到错误打击,被剥夺了讲课的权利,甚至被错误开除党籍。后又在"文化大革命"中受到了一些冲击,还被安排到"五七干校"劳动。但这些挫折毕竟是暂时的,我坚信马克思主义哲学,也坚信以马克思主义为指导思想的中国共产党人能从这一低谷中走出来。事实上,正是依靠这种信念,我才在马克思主义事业和自己人生遭受挫折时,不被困难吓倒,矢志不渝,认真地做自己的事。对列宁的《哲学笔记》研究,主要是由于我在担任苏联哲学专家萨波日尼可夫的学术助手时,遇到了对列宁的辩证法十六条的一些问题的无法理解,从而产生了研究的想法。我的研究成果主要体现在两本书上,即《〈哲学笔记〉注释》和《〈哲学笔记〉与辩证法》,你可以看看。

笔者:您在马克思主义哲学史、辩证唯物主义、当代中国人学、马克思主义哲学体系的当代构建以及文化理论等研究领域,都做出了值得称道的成就,您能谈谈您在这些方面的一些主要观点吗?

黄枬森先生:我谈不上有多少研究成果,只是写的时间长了,写的东西多点而已。关于马克思主义哲学史,大家知道,中华人民共和国成立之初是没有这个课程的。那时候这样的一种观念普遍存在,即认为马克思主义哲学就等同于马列经典著作,也就是说原著怎么讲,马克思主义哲学就怎样。说白了,就是没有马克思主义哲学史概念,史论不分。而这种观念本身是违反马克思主义的,比如哲学思想是在一定历史条件下产生的,它总有是非功过的问题,或者说适应时代和不适应时代的问题。所以,客观地讲我们必须把马克思主义哲学看作一个客观历史过程,依据当时的历史条件来评价,也就是说马克思主义哲学经典著作"六经皆史"。可以说,马克思主义哲学史体现了历史与逻辑的统一。

关于辩证唯物主义,我是始终坚持的。但这在目前的哲学界争议很大。有学者借此批评我"保守",其实我是赞成和追求学术创新的,只是我反对为求新而丢真的不科学做法。在我心目中,辩证唯物主义世界观一直是马克思主义哲学最基本、最核心的观点,当然也是整个马克思主义的灵魂,并且这在理论和实践中都已得到证明。就此而言,我所坚持的不过是学术的尊严,我所追求的不过是科学的精神。遗憾的是,近些年来有不少学者反对和否定辩证唯物主义,甚至持这种观点的学者人数很多。他们的主要理由是辩证唯物主义不是马克思的哲学思想,其他的各种理由基本上也是由这一理由延伸出来的。对此,我很不赞成。从理论上来说,马克思和恩格斯创立马克思主义哲学的过程就是创立辩证唯物主义世界观的过程。因为马克思恩格斯在创立历史唯物主义时,可以证明其世界观前提就是辩证唯物主义,而绝不是其他任何唯物主义。也就是说,辩证唯物主义是作为哲学前提而逻辑地蕴涵于历史唯物主义中的。当然马克思、恩格斯在理论活动中存在一定的分工,马克思主要建设政治经济学,恩格斯主要建设世界观。如果现在以马克思没有使用过"辩证唯物主义"概念为根据来否定辩证唯物主义是没有道理的。人们的认识有一个从思想产生到用概念加以概括和表述的过程。马克思主义哲学也不例外。另外从实践上来说,辩证唯物主义也有一个不断获得检验证明的过程。可以说,马克思主义哲学诞生后100多年来人民群众的革命实践已经证明了它的正确性。仅就中国而言,如果现在突然说,中国共产党成立90年来被付诸实践的,竟然不是真正的马克思主义哲学,而是别的什么才"发现"的新理论,显然是荒谬的。当然,这么说,并不是说传统辩证唯物主义就是绝不可变的永恒真理。相反,我提倡在坚持基本原理不变的基础上,积极创新来对传统辩证唯物主义加以完善和补充,这在我的很多著作或文章中都可以看出来。

关于马克思主义人学，1978年以后，由于改革开放，"百家争鸣"方针的实行，恢复了正常的学术研究。30多年来，人学研究成为哲学研究的一个前沿问题，公开发表的学术论著数量也很多。20世纪80年代初，我国理论界提出了重新评价人道主义的问题，主要是批评过去那种对人道主义的全盘否定。我认为这是应该的和必要的，要给人道主义一个公正的评价，不能完全否定。但是，不能由此就认为马克思主义就是人道主义，因为人道主义有一个从价值观向历史观的转变过程。比如马克思的《1844年哲学经济学手稿》就并不是马克思的成熟的著作，而是过渡性的。所以我认为，不能把马克思主义归结为人道主义，但人道主义作为处理人与人之间关系的最基本的原则是可以肯定的。

关于当代马克思主义哲学体系的建构，我国哲学界也一直争议很大，没有形成比较一致的看法。在西方哲学和传统的中国哲学中，几乎一个人一个哲学体系。然而马克思主义哲学与它们有着本质的区别。这区别在于马克思主义哲学是对客观规律的最正确反映，所以它是一门科学。马克思主义哲学具备科学的三个基本条件：（1）有明确的研究对象；（2）它所包含的原理是与客观实际及其规律相一致的；（3）能成为一个相对独立的思想体系。当然目前的马克思主义哲学虽然已有一个相对合理的体系，但还不够完整和严密。对建构当代的马克思主义哲学体系，我有几点看法：第一，现有的传统辩证唯物主义体系，不能根本否定，而应该抱一种坚持和发展的态度。第二，现有的体系有其内容方面的局限性，因而需要结合时代发展和实践变化对其加以补充和完善。三是现有的体系自身没能充分贯彻它原来提出的建构体系的原则，因此必须根据哲学科学化的根本原则对它的失误和不足加以修正和完善。比如，首先我们就要明确马克思主义哲学研究的对象是什么，然后根据对象来确定马克思主义哲学的内容及体系。在我看来，马克思主义哲学的对象有三个层次，最大的、最高层次的对象，是作为整体的世界观。第二个层次的对象是人类社会历史，因而马克思主义哲学的第二部分是历史观，也就是唯物史观。第三个层次的对象是意识，因而马克思主义哲学的第三部分就是意识论的内容，即认识论、价值论、方法论。另外马克思主义哲学新体系的建构，还要遵循以下这些原则，比如从抽象到具体、从简单到复杂等。

关于文化研究，我近些年来，对此思考不少，也写了不少关于这方面的文章。文化问题是一个热门话题,但关于文化的一些基本理论问题,比如文化的基本概念等,大家的理解有不少分歧。对文化研究我想谈以下几个方面问题,你可以参考我的《我的哲学思想》一文。第一是如何理解文化。我本人比较赞成狭义的文化概念,即指精神文化。第二是文化同经济、政治的关系。我认为唯物史观视域中的文化是经济、政治的反映,但又具有相对独立性和反作用。第三是如何进行文化的分类。我认为最根本的分类是能反映文化最本质属性的分类,当然不同类型文化之间的影响是相互的,但在总体上这能反映文化的一种历史进步。第四是文化的具体内容,即文化的外延。这方面你可以具体看我的相关文章。第五是中国传统文化与现代文化的关系。在我看来,中国传统文化作为一个整体性质的文化已经成为历史了,也不可能和不必再恢复了。但传统文化的许多优秀元素应当保留下来,成为我们现在建设中国特色社会主义现代文化的一个重要借鉴资源。当然同样与此相联系,对于西方文化我也是这样的观点,我们不能照搬西方文化,但其中的许多优秀元素可以为我所用。

笔者: 再次谢谢您能接受我的采访。我想和您合个影可以吗?

黄枬森先生: 可以。

第二次访谈

时间:2010年12月30日;地点:北京大学朗润园黄枬森先生家中。

笔者: 黄老师您好,首先感谢您上次送我的书。今天我想进一步了解您大学毕业后的一些工作经历和担任职务情况,您能再具体介绍一下吗?

黄枬森先生: 不客气,这方面情况其实没什么好说的。我是1948年大学毕业,并再次进入北京大学哲学系做研究生,师从大师郑昕先生,专攻康德哲学以及德国古典哲学。当然让我永远不能忘记的是,那一年我加入了中国共产党。同时我还参加了一些地下组织工作,比如秘密收听陕北的广播电台,再根据收听内容刻印出来并暗中进行传阅。从1949年到1950年,我还担任了北大研究生会的会长,做了一些组织工作。之后,我被组织安排参加教学工作,开始了自己的专业工作。1951年至1952年,我又在人大进修了一年。之后我担任了苏联专家的助手,协助培养我国的研究生。从

1950年起我就在北京大学任教,后于1981年开始担任哲学系主任职务及博士生导师。除此之外,大约从1981年到1996年,我主要还担任过国务院学位委员会学科评议组成员、召集人;大约从1983年到2000年,担任国家社科基金学科评议组成员、召集人;1990年起任北京大学文科学报的主编、编委会主任、顾问;1991年起任北京大学人学研究中心主任。另外还历任了中国马克思主义哲学史学会会长、名誉会长,中国人学学会会长、名誉会长,中国马克思恩格斯研究会会长、名誉会长,北京市哲学学会会长、名誉会长,以及北京社科联副主席、顾问等。

笔者: 听了黄老师您的经历,我大体了解了像您这样在中华人民共和国成长起来的第一批马克思哲学家为中国哲学事业所做的贡献。听说您最近主编了一套关于马克思主义哲学创新研究的书,并即将出版,您能为我简单介绍一下这套书的内容吗?

黄枏森先生: 好的,等这套书出版后,我给你寄送一套。情况是这样的,我主持的课题"马克思主义哲学体系的坚持、发展与创新研究"作为国家重点课题立项,后又得到北京社科联出版基金资助,现在已经基本完成了最终成果写作。最终成果为《马克思主义哲学创新研究》,分为4部:第1部《马克思主义哲学体系的当代构建》、第2部《时代精神与马克思主义哲学创新》、第3部《现代科学技术与马克思主义哲学创新》、第4部《中西哲学的当代研究与马克思主义哲学创新》。其中,第1部《马克思主义哲学体系的当代构建》由我主编完成,拟分为上下册,对辩证唯物主义世界观、历史观、人学、认识论、价值论、方法论等分别展开论述。

笔者: 这么说,这是黄老师您关于当代马克思主义哲学体系建构的集大成之作了,书中您的观点主要是什么?

黄枏森先生: 马克思主义哲学体系从20世纪30年代以来就被公认为是辩证唯物主义和历史唯物主义。改革开放后,由于时代变化、西方哲学思潮传入,传统马克思主义哲学体系便逐渐成为学者热烈讨论的话题。有学者认为马克思主义哲学不需要体系,也有学者认为要彻底改造传统体系。但在我看来,这些都是不妥的。一方面,马克思主义哲学不能没有一个体系;另一方面,传统体系经过了长期的实践检验,甚至结束了哲学的前科学历史,现在完全丢掉原有体系,另立门户,很有可能会背离马克思主义哲学的根本精神。因此,我主张当代的马克思主义哲学体系建构必须以原有体系为基础,进而根据实践和时代变化加以补充和完善。

笔者:谢谢您。

第三次访谈

时间:2011年11月29日;地点:北京大学朗润园黄枬森先生家中。

笔者:今天是黄老师您90岁生日。我衷心祝愿您身体健康! 90年人生中,您正式投入学习、研究哲学也已经近70年了,您能谈谈您这七十年的体会吗?

黄枬森先生:谢谢你! 走过的近70年学习、研究哲学的历程确实不算短了。70年来,我的哲学之旅虽经历了不少坎坷,但更多的是机遇。我感觉一个哲学工作者的成长是与他所处的时代分不开的。当然一个哲学工作者也只有把他的哲学学习和研究与时代实践结合起来才能有所收获。我不认为我有什么自己的哲学思想体系,我只是努力尝试将自己的哲学学习、研究自觉与中国特色社会主义建设实践联系起来,说出自己的一些想法。比如就马克思主义哲学来讲,它的生命活力和当代性就体现在将其与中国特色社会主义建设伟大实践结合起来,尊重历史、尊重实践、敢于创新。当然这里的创新必须是源于实践需要的,有理论根据的创新,而不是随意剪裁,只唯新,不求真。

笔者:您近些年来,一直倡导哲学科学化的思想,但很多人认为哲学并不等同科学,您对此是如何理解的?

黄枬森先生:我倡导的哲学科学化思想,并不是说哲学等同于科学。持这样看法的观点是对我哲学科学化思想的一种误解。就哲学与科学的关系来说,二者有相同的地方,但也有不同的地方。比如,在我看来,哲学就具有科学性,且这是最主要的。当然,哲学还具有其他一些科学不具备的特征,比如直觉性等。过去人们普遍认为哲学是一种知识,是一门学科。但现在很多人都不承认这一点了,进而认为哲学只是主体性的哲学,也就是说各人有各人的哲学,因而并不存在什么公认的科学的哲学。正是因为这一理论倾向的开始盛行,我才努力倡导哲学的科学化,主张把哲学的科学性建设摆在第一位,并按照科学的建构原则来建构当代的马克思主义哲学体系,使其进一步完整和严密,这就是我的观点。

笔者：今天也是您的文集正式出版之日，您能为我简单介绍一下您的文集情况吗？

黄枬森先生：承蒙中央编译局的大力支持，以及中央编译出版社和我的文集编辑委员会的同志们的努力，将我这些年积累的一些文字梳理、编纂起来。回顾我的学术道路，其实，我并没有刻意去写一部部专著，而大多是和别人合作，多是集体成果的一部分。按照计划，我的文集分四个部分，八卷书，总字数约430万。由一、二卷构成的第一部分主要收录我关于马克思主义哲学史、辩证唯物主义、马克思主义人学、马克思主义哲学体系创新以及文化理论等方面的著作20多部，近110万字。由三、四、五、六卷构成的第二部分主要收录了我这些年来公开发表的一些论文，其中三、四卷主要为哲学论文，近100万字；第五卷为人学方面的论文，近50万字；第六卷为社会文化理论方面的论文，50多万字。由第七卷构成的第三部分主要为评论，收录了自1956年以来我的各方面评论文章，约60万字。由第八卷构成的第四部分为我的未发表手稿，主要收录自1954年以来我的备课稿、讲稿和学术专题报告等，也有60万字。因为工作量太大，现在一、二、五卷先出版，其他各卷以后将陆续出版。

笔者：谢谢您的解答，再次祝您生日快乐！也祝贺您的文集出版！

黄枬森先生：不客气。

参考文献

著作类

［1］马克思恩格斯选集 第1—4卷［M］.北京：人民出版社，2012.

［2］黄枬森.群众路线——辩证唯物主义的认识论［M］.石家庄：河北人民出版社，1958.

［3］黄枬森.《哲学笔记》注释［M］.北京：北京大学出版社，1981.

［4］黄楠森.《哲学笔记》与辩证法［M］.北京：北京出版社，1984.

［5］黄楠森.问题中的哲学［M］.广州：广东人民出版社，1985.

［6］黄楠森，施德福，宋一秀.马克思主义哲学史（上、中、下册）［M］.北京：北京大学出版社，1987.

［7］黄枬森.哲学的足迹［M］.北京：中国社会科学出版社，1987.

［8］黄楠森，夏甄陶，陈志尚.人学词典［M］.北京：中国国际广播出版社，1990.

［9］黄楠森.马克思主义哲学史［M］.北京：高等教育出版社，1998.

［10］黄楠森.黄楠森自选集［M］.重庆：重庆出版社，1999.

［11］黄楠森.有中国特色社会主义文化建设研究［M］.济南：山东人民出版社，1999.

［12］黄楠森.人学的足迹［M］.南宁：广西人民出版社，1999.

［13］黄楠森.人学原理［M］.南宁：广西人民出版社，2000.

［14］黄楠森.邓小平理论的哲学基础研究［M］.北京：中国人民大学出版社，2004.

［15］黄枬森.哲学的科学之路——马克思主义哲学的科学体系研究

[M].北京:北京师范大学出版社,2005.

　　[16]黄枬森.黄枬森自选集[M].北京:学习出版社,2005.

　　[17]黄楠森,王东.邓小平理论与当代中国哲学[M].北京:北京大学出版社,2005.

　　[18]黄枬森.哲学的科学化——黄枬森自选集[M].北京:首都师范大学出版社,2008.

　　[19]黄楠森.人学的科学之路[M].郑州:河南人民出版社,2011.

　　[20]黄枬森.马克思主义哲学体系的当代构建[M].北京:人民出版社,2011.

　　[21]黄枬森.黄枬森文集 第一卷[M].北京:中央编译出版社,2011.

　　[22]黄枬森.黄枬森文集 第二卷[M].北京:中央编译出版社,2011.

　　[23]黄枬森.黄枬森文集 第五卷[M].北京:中央编译出版社,2011.

　　[24]黄枬森.黄枬森文集 第三卷[M].北京:中央编译出版社,2012.

　　[25]黄枬森.黄枬森文集 第四卷[M].北京:中央编译出版社,2012.

　　[26]黄枬森.黄枬森文集 第六卷[M].北京:中央编译出版社,2012.

　　[27]陈先达.被肢解的马克思[M].上海:上海人民出版社,1990.

　　[28]陈志尚.人的自由全面发展论[M].北京:中国人民大学出版社,2004.

　　[29]高清海.哲学与主体自我意识[M].长春:吉林大学出版社,1988.

　　[30]孙伯鍨.探索者道路的探索[M].南京:南京大学出版社,2002.

　　[31]陶德麟.哲学的现实与现实的哲学[M].北京:北京师范大学出版社,2005.

　　[32]陶富源.形上智慧论——哲学的当代沉思[M].南京:南京大学出版社,1999.

　　[33]陶富源.实践主导论——哲学的前言探索[M].合肥:安徽人民出版社,2001.

　　[34]陶富源.终极关怀论——人的哲学之悟[M].合肥:安徽大学出版社,2004.

　　[35]陶富源.陶富源哲学论著集——唯物辩证法与实践智慧[M].合肥:合肥工业大学出版社,2006.

　　[36]王东.21世纪哲学创新[M].北京:中央编译出版社,2001.

　　[37]王克孝,彭燕韩,张在滋.辩证法研究[M].北京:人民出版社,1993.

［38］杨耕.为马克思辩护——对马克思哲学的一种新解读［M］.北京：北京师范大学出版社，2004.

［39］俞吾金.重新理解马克思：对马克思哲学的基础理论和当代意义的反思［M］.北京：北京师范大学出版社，2005.

［40］庄福龄.马克思主义哲学史纲要［M］.北京：中国青年出版社，1983.

期刊类

［1］黄枬森.列宁如何批判地继承黑格尔的辩证法［J］.北京大学学报（哲学社会科学版），1963（6）.

［2］黄枬森.读列宁论辩证法十六要素［J］.北京大学学报（哲学社会科学版），1964（2）.

［3］黄枬森.列宁论真理的实践标准［J］.哲学研究，1978（9）.

［4］黄枬森.认识怎样成为真理［J］.哲学研究，1980（11）.

［5］黄枬森.哲学基本问题和哲学党性原则［J］.哲学研究，1981（10）.

［6］黄枬森.要区分辩证法和辩证法的核心——与卞敏同志商榷［J］.中国社会科学，1982（3）.

［7］黄枬森.关于人的理论的若干问题［J］.哲学研究，1983（4）.

［8］黄楠森.关于人道主义和异化的几个理论问题［J］.中国高等教育，1984（1）.

［9］黄楠森.西方马克思主义与人道主义［J］.北京大学学报（哲学社会科学版），1987（1）.

［10］黄楠森.真理不是多元的［J］.哲学动态，1987（1）.

［11］黄楠森.我对实践唯物主义的理解［J］.哲学动态，1988（12）.

［12］黄枬森.十年来马克思主义哲学在中国的发展［J］.高校社会科学，1989（1）.

［13］黄枬森.评对实践唯物主义的一种理解［J］.哲学研究，1989（11）.

［14］黄楠森.在马克思主义哲学中怎样加强关于人、实践和主体性的内容［J］.哲学动态，1990（1）.

［15］黄楠森.人学研究的重要意义［J］.北京大学学报（哲学社会科学版），1990（1）.

[16] 黄枬森.关于主体性和主体性原则[J].哲学动态,1991(2).

[17] 黄楠森.论人权的普遍性和阶级性[J].马克思主义与现实,1991(3).

[18] 黄枬森.关于马克思主义哲学史的几个问题[J].中国社会科学,1991(6).

[19] 黄楠森.唯物辩证法与市场经济[J].高校理论战线,1993(1).

[20] 黄枬森.关于建立社会主义市场经济的几个哲学问题[J].哲学研究,1993(7).

[21] 韩庆祥.辩证唯物主义、实践唯物主义和历史唯物主义的关系辨析[J].天津社会科学,1993(1).

[22] 黄楠森.对冯友兰先生"抽象继承法"的重新认识[J].北京大学学报(哲学社会科学版),1994(6).

[23] 黄楠森.正确评价恩格斯关于哲学基本问题的理论[J].马克思主义与现实,1995(3).

[24] 黄楠森.建构马克思主义哲学现代形态的可贵尝试[J].中国社会科学,1995(3).

[25] 黄楠森.关于价值观的几个问题[J].求是,1995(5).

[26] 黄楠森.人道主义和人权理论的重大突破[J].马克思主义与现实,1996(1).

[27] 黄楠森.论实践论在马克思主义哲学中的地位[J].教学与研究,1996(1).

[28] 黄楠森.人的发展规律[J].江海学刊,1997(2).

[29] 黄楠森.论文化的内涵与外延[J].北京社会科学,1997(4).

[30] 黄枬森.唯物史观与文化的共性和个性[J].哲学研究,1997(4).

[31] 黄楠森.必须坚持辩证唯物主义[J].北京大学学报(哲学社会科学版),1998(2).

[32] 黄楠森.辩证唯物主义和历史唯物主义不能推翻,只能发展[J].高校理论战线,1998(6).

[33] 黄楠森.对马克思主义哲学在中国50年的回顾[J].中国特色社会主义研究,1999(5).

[34] 杨曾宪.试论文化的本质与分类——兼向黄枬森先生请教[J].理论学刊,1999(3).

［35］黄楠森.谈谈我国马克思主义哲学的现状与前景［J］.哲学动态，2000（2）.

［36］黄楠森.怎样建构马克思主义哲学的当代形态［J］.山东社会科学，2001（1）.

［37］黄楠森.辩证唯物主义世界观只会被发展而不会被消解［J］.北京大学学报（哲学社会科学版），2001（2）.

［38］金针.黄楠森的哲学思想及其由来［J］.高校理论战线，2001（7）.

［39］孙伯鍨.再论马克思主义哲学的体系与方法［J］.江海学刊，2001（2）.

［40］朱宝信.实践唯物主义还是辩证唯物主义？——黄楠森先生《必须坚持辩证唯物主义》献疑［J］.青海社会科学，2001（1）.

［41］黄楠森.科学性与实践性的统一［J］.马克思主义与现实，2002（5）.

［42］黄楠森.辩证唯物主义是不是马克思的哲学？［J］.高校理论战线，2003（5）.

［43］袁吉富.黄楠森的马克思主义哲学观述评［J］.北京大学学报（哲学社会科学版），2003（6）.

［44］黄楠森.立足"笔记"文本，发掘现实价值［J］.中国人民大学学报，2004（5）.

［45］陈先达.马克思主义哲学繁荣之路——关于哲学学科建设的思考［J］.东岳论丛，2004（1）.

［46］黄枏森.关于马克思主义哲学新体系的构想［J］.北京行政学院学报，2006（2）.

［47］黄枏森.关于以人为本的若干理论问题［J］.中共中央党校学报，2007（2）.

［48］黄枏森.马克思主义哲学理论体系的构建应当注意的问题［J］.北京大学学报（哲学社会科学版），2007（6）.

［49］陶富源.也谈"实践"在马克思主义哲学体系中的地位［J］.学术界，2007（1）.

［50］安启念.马克思主义哲学体系构建中的三个重要问题——兼评黄楠森先生的马克思主义哲学体系构想［J］.北京行政学院学报，2007（2）.

［51］俞吾金.马克思对物质本体论的扬弃［J］.哲学研究，2008（3）.

［52］陶富源.世界观·人类史观与历史唯物主义［J］.马克思主义研究,2009(6).

［53］黄枬森.关于马克思主义哲学科学体系的讨论［J］.毛泽东邓小平理论研究,2010(1).

［54］黄枬森.也谈哲学就是哲学史的含义和意义［J］.北京大学学报(哲学社会科学版),2011(5).

后　　记

　　这十多年来,我一直在高校从事马克思主义理论的教学和研究,可以说这本著作是我在教学与科研过程中,对辩证唯物主义基本原理、马克思主义人学、马克思主义哲学史、马克思主义哲学当代体系建构等问题进行深入思考的基础上,对黄枬森先生丰厚研究成果、严谨治学之道与高尚学者品格十分敬仰的前提下,长期收集、梳理、思考黄枬森先生哲学思想的研究成果。

　　十分悲痛黄枬森先生的离世。清晰记得2009年参加全国人学会议时,我第一次见到先生。在会议休息时间,我和他进行了短暂的思想交流,并冒昧提出想到他家中做客,先生欣然应允。第二天,我如约而至,先生已在家中等候。先生古今中外,哲学人生,与我谈了整整一个上午。之后,我提出想研究他的哲学思想,先生却十分谦虚。其后,我每次去北大求教先生,他都给予了热情接待,并把他新出版的著作送我。2011年先生九十华诞之日,我参加了北大为他举行的一个学术性庆祝会,有不少外地来宾和重量级学者参加。会后先生推却众多应酬,特邀我去他家里畅叙,一谈又是很长时间。先生鼓励我要解放思想,敢于创新,这对我影响很大,并将使我受益终生。

　　本书的出版,还要十分感谢陶富源先生。陶老师是我的博士生导师,他德高望重、为人谦和。我跟随他求学以来,陶老师一直给予我细致入微的学术指导,带我参加全国性学术会议,帮助我修改论文,指导我填写项目申报书。可以说,这本书从选题定纲到布局谋篇、从搜集资料到梳理取舍、从观点提炼到文字斟酌,无不凝聚着陶老师的智慧和心血。我的学术基础不好,也缺乏哲学逻辑思维能力,这些都让陶老师在指导我的过程中耗费不少心血。不仅如此,在得知这一书稿计划出版后,陶老师又不辞辛劳,欣然应邀为本书写序,真是一份厚厚的爱生之情。

本书是我主持的国家社科基金项目结项最终成果。因此在本书的写作过程中,离不开项目参与人以及其他诸位师友的鼎力相助,是他们的参与、鼓励和帮助给了我信心和力量,与他们的相处和每次的讨论都开拓了我的视野,激发了我的思维。在此,向为本书写作做出奉献的汪盛玉教授、葛贤平教授、方芳博士、张涛博士、杨晶博士等表示由衷的感谢!

不觉夜幕已经降临,望着书桌前一排厚实的《黄枬森文集》,无限缅怀,窗外灯火摇曳……